DESARROLLO PERSONAL

Dinámicas, juegos y actividades

BORJA QUICIOS ABERGEL

LIBSA

Este libro está dedicado a mi familia.
Aquellos que son mi mayor apoyo y compañía en este largo camino que ha comenzado con el crecimiento emocional, continúa ahora con el desarrollo personal y finalizará con el perfeccionamiento de las habilidades sociales.
Esta segunda parada del viaje va dedicada en especial a Valentina.
A todos, GRACIAS.

© 2024, Editorial LIBSA
C/ Puerto de Navacerrada, 88
28935 Móstoles (Madrid)
Tel.: (34) 91 657 25 80
e-mail: libsa@libsa.es
www.libsa.es

Ilustración: Archivo LIBSA, Shutterstock images
Textos: Borja Quicios Abergel
Maquetación: Javier García Pastor
Edición y diseño: Equipo Editorial Libsa

ISBN: 978-84-662-4038-3

DL: M 2384-2024

Contenido

INTRODUCCIÓN

Conócete a ti mismo.
TEMPLO DE APOLO EN DELFOS

A menudo esta frase se atribuye a Sócrates debido a su aparición en varios de los diálogos escritos por Platón. Sin embargo, su origen es más antiguo y se dice que fue el propio Apolo quien la pronunció como respuesta a Quilón, uno de los Siete Sabios, cuando consultó al oráculo de Delfos para conocer qué era lo más valioso que los seres humanos podían adquirir en su aprendizaje. En ella se encuentran encerradas las claves para responder a las preguntas más antiguas del pensamiento filosófico: ¿quién soy?, ¿de dónde vengo?, ¿adónde voy?, interrogantes por medio de los cuales tratamos de comprendernos y definirnos a nosotros mismos.

Esta antigua recomendación, «conócete a ti mismo», se puede encontrar en la entrada del templo de Apolo en Delfos, y sigue resonando con mucha fuerza en la actualidad. La idea de esta frase se relaciona directamente con nuestra autoestima; nos previene en nuestro camino hacia el desarrollo personal, dando a entender que es fundamental que, como personas, seamos capaces de comprendernos, de conocer nuestros sentimientos y entender las razones que nos mueven para no dejarnos arrastrar por los deseos de otro. En este sentido, es una frase clave en la inteligencia emocional.

Conocerse a uno mismo es un concepto atemporal. Podemos constatar que esta idea ha sido citada en la literatura del siglo XVII, como cuando Don Quijote aconseja a Sancho Panza sobre la importancia de saber realmente quiénes somos: «Lo segundo, has de poner los ojos en quién eres, procurando conocerte a ti mismo, que es el más difícil conocimiento que puede imaginarse. Del conocerte saldrá el no hincharte, como la rana que quiso igualarse con el buey». En ella, el caballero de la triste figura enfatiza la importancia de mirar hacia adentro para entender quiénes somos realmente, lo cual es un proceso desafiante, pero esencial. Destaca que conocerse a uno mismo es más difícil que conocer el mundo exterior. Además, hace entender a Sancho que el autoconocimiento sirve como una protección contra la vanidad y la arrogancia. En resumen, la cita subraya la relevancia de la humildad, la autenticidad y la comprensión de nuestras capacidades y limitaciones para evitar al sobrevalorado ego y mantener una perspectiva equilibrada.

A lo largo del siglo xx, la búsqueda del autoconocimiento y el desarrollo personal adoptó diversas formas, influenciadas por los cambios culturales y sociales de la época. En los años sesenta y setenta, el movimiento de contracultura fomentó la exploración de la identidad y la autenticidad, con la que los jóvenes buscaban comprenderse a sí mismos a través de la espiritualidad alternativa y la experimentación con sustancias psicodélicas. Paralelamente, los movimientos feministas subrayaban la autoafirmación y el empoderamiento de las mujeres, incorporando la consigna «Lo personal es político» para enfatizar la importancia de entender las experiencias personales en un contexto social más amplio.

Además, los movimientos espirituales y filosofías orientales encontraron un público occidental receptivo en su búsqueda de la autorreflexión y el autoconocimiento. El yoga, la meditación y las filosofías budistas y taoístas ofrecieron herramientas para alcanzar la paz interior y el equilibrio a través de la introspección.

Hacia la década de 1980, la búsqueda del desarrollo personal se extendió al ámbito empresarial. Programas de entrenamiento en desarrollo personal, liderazgo y comunicación se convirtieron en recursos populares para mejorar las habilidades tanto personales como profesionales de los individuos.

En el siglo xxi, la búsqueda y el desarrollo del «Conócete a ti mismo» continúan evolucionando en respuesta a la creciente interconexión global y a las transformaciones tecnológicas. Hoy en día vivimos en una época de constantes cambios, en la que la información fluye incesantemente, las redes sociales dominan la interacción y las presiones sociales y las expectativas pueden afectar a la percepción que tenemos de nosotros mismos. La búsqueda de desarrollo personal implica el compromiso constante de explorar y expandir nuestros conocimientos y habilidades emocionales. Además, requieren introspección y autenticidad. Así como los antiguos peregrinos debían mirar hacia dentro antes de buscar respuestas en los oráculos, nosotros también debemos examinarnos a nosotros mismos. Esto implica cuestionarnos nuestras motivaciones, valores y metas. Significa cultivar una relación sólida con uno mismo, en lugar de depender de la aprobación externa para nuestra autoestima.

En conclusión, el recordatorio de que el conocimiento yace en nuestro interior sigue siendo una verdad poderosa. A menudo, en la vorágine de la vida moderna, buscamos respuestas fuera de nosotros mismos, en el ruido y la distracción externa. Sin embargo, este antiguo consejo nos insta a invertir tiempo y energía para explorar nuestras propias cualidades y capacidades. Nos apremia a hacer un viaje hacia nuestro interior, al igual que lo hacían los ciudadanos de la antigua Grecia para adentrarse en el ádyton (el lugar del templo donde se hallaban las sacerdotisas que interpretaban los mensajes de Apolo) con el fin de encontrar respuesta a sus preguntas y preocupaciones. En él se encontraba la siguiente inscripción:

«Te advierto, quien quiera que fueses, ¡Oh! Tú, que deseas sondear los arcanos de la naturaleza, que si no hallas dentro de ti mismo aquello que buscas, tampoco podrás hallarlo fuera.

Si tú ignoras las excelencias de tu propia casa, ¿cómo pretendes encontrar ctras excelencias?

En ti se halla oculto el tesoro de los tesoros.

¡Oh! Hombre, conócete a ti mismo y conocerás al universo y a los dioses».

CONOCIÉNDOTE A TI MISMO

¿A qué esperas para encontrar tu tesoro oculto? A continuación, te propongo una serie de ejercicios con el fin de que comiences tu búsqueda. Cada uno de ellos te brindará una oportunidad para explorar diferentes facetas de ti mismo y comprender tus cualidades, defectos y metas con mayor profundidad. A medida que te sumerjas en este proceso, estarás en un camino de crecimiento y autodescubrimiento constante.

AUTOEVALUACIÓN EN CONTRASTE

Escribe en un papel cómo te percibes en términos de tus relaciones, trabajo, personalidad y metas futuras. Luego, dedica tiempo a investigar y explorar aspectos desconocidos de ti mismo. Puede ser practicar un nuevo *hobby*, una actividad o incluso incorporarte a un nuevo círculo social. Una vez que hayas experimentado estas nuevas facetas, vuelve a tu primera lista y compara cómo se contrastan con tu imagen inicial.

- ¿Qué diferencias notas?
- ¿Cómo han influido estas nuevas experiencias en tu autopercepción?

Ejemplo. Imagina que inicialmente te percibes como alguien introvertido, que disfruta de la tranquilidad. Sin embargo, decides explorar actividades sociales que normalmente evitarías, como un taller de improvisación. Participas en el taller y te sorprendes al darte cuenta de que tienes habilidades para interactuar y divertirte en grupo. Al comparar esta experiencia con tu imagen inicial, descubres que eres más versátil y adaptable de lo que pensabas.

EJERCICIO: EL ESPEJO DE NUESTRAS RELACIONES

Escoge a tres personas cercanas a ti, ya sean amigos o familiares. Tómate un momento para reflexionar sobre cómo te relacionas con cada una de ellas.

- ¿Cómo crees que te ven?
- ¿Qué cualidades resaltan en ti?

Luego, ten una conversación honesta con cada persona y pídeles que compartan cómo te ven. Compara sus perspectivas con tus propias observaciones.

- ¿Encuentras similitudes o diferencias?
- ¿Qué puedes aprender de estas percepciones para conocer mejor tus fortalezas y que áreas puedes mejorar?

Ejemplo. Escoges a tu hermana, tu mejor amigo y tu compañero cercano de trabajo para este ejercicio. Reflexionas sobre cómo los tratas y cómo crees que te ven en relación con ellos. Luego, tienes conversaciones individuales con cada uno de ellos y les preguntas cómo te perciben. Descubres que tu hermana admira tu paciencia y empatía, tu mejor amigo te considera creativo y amigable, y tu compañero de trabajo destaca tu compromiso y habilidad para resolver problemas.

EJERCICIO: VOLVER AL PASADO

Busca entre tus objetos personales, como diarios, álbumes de fotos o recuerdos sentimentales, y escoge un momento del pasado que sea significativo para ti. Sumérgete en ese recuerdo y escribe sobre tus pensamientos, emociones y deseos en ese momento. Luego, reflexiona sobre cómo ese evento ha influido en tu camino hasta hoy.

- ¿Qué aprendizajes puedes extraer de ese pasado vivido?
- ¿Cómo ha influido en tu crecimiento y desarrollo personal?

Ejemplo. Encuentras un diario que escribiste en la universidad y te sumerges en una entrada en la que describías tus aspiraciones y metas profesionales. Lees cómo deseabas trabajar en una organización benéfica para ayudar a los demás. Comparas esto con tu carrera actual en marketing y te das cuenta de que, aunque has tenido éxito, sientes una desconexión con tus objetivos originales. Esto te inspira a explorar cómo puedes incorporar tu deseo de impactar positivamente en la sociedad en tu trabajo actual.

EJERCICIO: ENFRENTAR SITUACIONES LÍMITES

Piensa en un momento de tu vida en el que te enfrentaste a un desafío o situación que te sacó de tu zona de confort. Describe la situación, tus emociones y cómo reaccionaste.

- ¿Cómo superaste ese desafío?
- ¿Qué aprendiste sobre ti mismo en ese proceso?

Identifica además situaciones actuales que te hagan sentir incómodo o nervioso. Aborda estos desafíos con la misma actitud de superación, recordando cómo has afrontado situaciones límites en el pasado.

Ejemplo. Recuerdas un momento en el que te enfrentaste al miedo escénico al hacer una presentación importante en el trabajo. A pesar de tus nervios, lograste transmitir tus ideas de manera efectiva y ganaste el reconocimiento de tus colegas. Ahora, valoras la posibilidad de dar una charla en un evento local sobre tu pasión por la fotografía. Recordando cómo superaste tu miedo en el pasado, decides aceptar el desafío y descubres que eres capaz de enfrentar situaciones intimidantes con valentía.

EJERCICIO: LOS PROYECTOS Y EL SENTIDO

Haz una lista de proyectos o actividades que has deseado emprender, pero aún no has realizado. Selecciona uno de ellos y comprométete a llevarlo a cabo en los próximos meses. Mientras te involucras en este proyecto, observa cómo te sientes, cuán motivado estás y cómo te impacta emocionalmente.

- ¿Qué puedes aprender de tu dedicación a este proyecto?
- ¿Cómo se alinea con tus valores y deseos internos?

Ejemplo. Siempre has tenido curiosidad por la cocina, pero nunca has explorado esa pasión más allá de preparar platos simples. Decides inscribirte en un curso de cocina gourmet. A medida que te sumerges en el aprendizaje y la creatividad culinaria, te das cuenta de que te sientes emocionado y satisfecho. Este proyecto te permite conectar con tu sentido de aventura y experimentación, y te enseña que perseguir tus intereses puede dar un nuevo significado a tu vida cotidiana.

Cada una de estas situaciones te otorga una lente distinta para examinar tu ser interior, valorar tus cualidades y defectos, y discernir hacia dónde quieres enfocar tu energía. A través de este proceso de introspección y autodescubrimiento, podrás trazar un camino de crecimiento personal que te lleve a ser la mejor versión de ti mismo.

¿CÓMO QUIERES QUE SEA TU VIDA?

> *La vida es una obra teatral que no importa cuánto haya durado, sino lo bien que haya sido representada.*
> SÉNECA

La vida es como una emocionante obra de teatro en la que tú eres el protagonista, donde interpretas diferentes papeles en diversos ámbitos: profesional, personal y familiar. Estos roles y guiones que sigues influyen en tu forma de ver el mundo y en cómo te comportas ante los demás.

No importa cuánto tiempo dure esta representación, sino cómo decides vivirla y cómo aprovechas cada momento para desarrollar tu potencial. Al igual que en el teatro, la vida nos presenta desafíos, giros inesperados y momentos de felicidad y tristeza. Eres el guionista, director y actor de tu propia vida, y por tanto eres responsable de tus propias decisiones y de las acciones que llevas a cabo. Por eso, tienes la capacidad de elegir qué papel interpretar y cómo quieres que sea tu actuación. Puedes ser espectador de tu propia vida y decidir si lo que ves te satisface o si quieres cambiar algo.

Para dar lo mejor de ti en la vida y alcanzar tu desarrollo personal, debes identificar qué es lo que realmente quieres. ¿Qué te apasiona?, ¿cuál es tu sueño más profundo?, ¿qué te satisface? Al responder a estas preguntas, podrás descubrir tu propósito en la vida.

EJERCICIO: CAMBIA DE GUION

Reflexiona sobre los papeles que interpretas en tu vida y explora la posibilidad de cambiar el guion para alcanzar un mayor desarrollo personal y una autoestima saludable. Para ello:

1. Reflexiona sobre tus roles en la vida

Tómate un momento para reflexionar sobre los diferentes roles que desempeñas en tu vida. Pueden ser roles relacionados con tu trabajo, familia, amistades, pareja, etc. Anota en una hoja los papeles que sientes que estás interpretando actualmente en cada área.

Ejemplo. Identifico que en mi vida desempeño los roles de «trabajador responsable», «amigo leal» e «hijo obediente».

2. Identifica los guiones que hay detrás de tus roles

Para cada papel que hayas identificado, piensa en el guion que en la actualidad estás siguiendo.

- ¿Qué creencias, emociones o hábitos están influyendo en tu actuación?

Anota estos guiones al lado de cada papel.

Ejemplo. Para el papel de «trabajador responsable», mi guion podría ser: «debo trabajar más para impresionar a mi jefe y obtener un ascenso». Para «amigo leal», el guion podría ser: «debo estar siempre disponible para mis amigos, aunque eso signifique sacrificar mi tiempo personal». Y para «hijo obediente», el guion podría ser: «debo cumplir con las expectativas de mis padres, aunque eso signifique descuidar mis propios deseos».

3. Evalúa si esos guiones te benefician

Examina los guiones que has identificado y pregúntate:

- ¿Estos guiones me están ayudando a crecer y alcanzar mi potencial?
- ¿Me hacen feliz?
- ¿Me permiten ser auténtico y sincero conmigo mismo y con los demás?

Ejemplo. Me doy cuenta de que estos guiones me están llevando a sentirme agotado, estresado y sin tiempo para mí mismo. No me permiten ser auténtico y expresar mis propias necesidades.

4. Diseña nuevos guiones para una vida plena

Ahora, imagina cómo te gustaría que fuera la actuación de tu vida.

- ¿Qué papeles te gustaría interpretar?
- ¿Qué guiones te llevarían a una vida más plena y significativa?

Escribe estos nuevos guiones con una visión positiva y realista.

Ejemplo. Para el papel de «trabajador responsable», quiero cambiar el guion por el de: «trabajaré de manera eficiente y me esforzaré en proyectos que me interesen y aporten valor». Para «amigo leal», el nuevo guion será: «estaré presente para mis amigos, y también estableceré límites para cuidar de mí mismo». Y para «hijo obediente», el nuevo guion será: «comunicaré abiertamente mis deseos y aspiraciones a mis padres, con un diálogo honesto y respetuoso».

5. Practica la actuación con los nuevos guiones

A lo largo de la semana, practica ser consciente de los roles que desempeñas y de los guiones que sigues en diferentes situaciones. Cuando te encuentres actuando según un guion que no te beneficia, detente y recuerda los nuevos guiones que has creado. Intenta cambiar tu actuación y ajustar tu comportamiento en línea con tus nuevos guiones.

Ejemplo. Empiezo a establecer límites en mi trabajo, diciendo «no» a tareas adicionales que me sobrecargan. En mis relaciones de amistad, encuentro momentos para mí mismo y comunico mis límites de forma asertiva. Con mis padres, tengo una conversación sincera sobre mis metas personales y cómo puedo combinarlas con sus expectativas.

6. Reflexiona sobre el impacto del cambio de guiones en tu vida

Al final de la semana, reflexiona sobre cómo te has sentido al cambiar los guiones en tu vida.

- ¿Has experimentado algún cambio positivo en tu desarrollo personal y en tu autoestima?
- ¿Qué aprendizaje has obtenido de este ejercicio?

LOS SUEÑOS Y LOS DESEOS SON TU «MOTOR» EN LA VIDA

Los **sueños** son nuestras aspiraciones a largo plazo. Pueden ser ambiciosos, como convertirse en un exitoso empresario, viajar por el mundo o encontrar el amor verdadero. Representan la visión idealizada de cómo queremos que sea nuestra vida.

Los **deseos,** por otro lado, son anhelos más inmediatos y específicos. Tienden a ser más prácticos y realistas que los sueños. Además, son una parte esencial de nuestra identidad y nos conectan con nuestros valores más profundos. Son una expresión de quiénes somos realmente y lo que consideramos significativo.

Ambos, sueños y deseos, son fuerzas poderosas que te impulsarán a tomar las riendas de tu propia vida. Te inspirarán para asumir un papel activo, tomar decisiones valientes y trazar objetivos para alcanzar lo que anhelas. A veces, la línea entre los sueños y los deseos se desvanece, y lo que comenzó como un deseo es posible que se convierta en un poderoso sueño que guíe tu trayectoria en la vida.

En este viaje fascinante que es la vida, puedes encontrarte con momentos de incertidumbre, donde no sepas exactamente qué camino tomar. Pero al igual que el Gato de Cheshire sugirió a Alicia, es importante tener claro a dónde quieres llegar antes de decidir el camino que escogerás. Los sueños y los deseos se convertirán en una brújula, guiándote hacia un destino más significativo para ti.

Así que, permítete soñar en grande y honrar tus deseos más auténticos. Con objetivos claros, podrás tomar decisiones conscientes y valientes que te acerquen cada vez más a la vida que deseas. El camino puede tener obstáculos y desafíos. Se requiere esfuerzo y perseverancia, pero cada paso que des hacia tus sueños te acercará más a su realización y te permitirá crecer como individuo en el proceso.

¿Te has parado a pensar cuáles son esos deseos que te mueven hacia tus objetivos y metas?

EJERCICIO: TU LISTA DE DESEOS

Haz una lista con todos los deseos que quieras que se hagan realidad en tu vida, sin censurarte. Pueden ser desde pequeños detalles hasta grandes logros. Piensa en todo aquello que anhelas ser, hacer o tener antes de partir. Por ejemplo, si sueñas con vivir una temporada en una ciudad con playa, escríbelo. Si aspiras a alcanzar la cima del Everest, inclúyelo también en tu lista. Sé sincero contigo mismo y descarta aquellas ideas que te parezcan interesantes, pero que no te despierten una verdadera pasión.

Una vez que hayas creado la lista de deseos, asigna a cada uno una puntuación del 1 al 10, según cuánto anhelas que se hagan realidad. Observa las puntuaciones y, por ahora, concéntrate en los diez deseos más importantes en tu vida actual. Establece fechas para hacerlos realidad y escribe las acciones concretas que te acercarán a cada uno de ellos.

Finalmente, en otro papel, escribe cuál será tu siguiente paso en la vida:

- ¿Cuál es tu próximo objetivo?
- ¿Qué deseo te comprometerás a perseguir con pasión?

Asegúrate de tenerlo claro en tu mente y plásmalo por escrito. Al hacerlo, estarás enfocando tu mente y activando el poder de la intención para alcanzar tus sueños. ¡Adelante, elige tus deseos con determinación y pon en marcha el camino hacia su realización!

CONVÉNCETE DE QUE ES POSIBLE CUMPLIR TUS SUEÑOS

¿Alguna vez has tenido sueños y metas que te emocionan y te hacen sentir lleno de energía? Todos hemos tenido esas ilusiones en algún momento de nuestras vidas, ¿verdad? Pero, ¿te has encontrado alguna vez en una situación en la que esos sueños parecieran estar muy lejos de hacerse realidad?

Es normal sentirse frustrado cuando las cosas no salen como esperas. A veces, las trampas de la vida cotidiana y las pequeñas frustraciones diarias pueden hacer que nos desanimemos y pensemos que nuestros sueños son inalcanzables. Pero, ¿sabes qué? Muchas más veces de las que pensamos, ¡podemos hacer que nuestros deseos se cumplan!

Imagina que siempre has querido aprender a bailar salsa, pero te sientes desalentado al ver tus primeros intentos torpes. En esos momentos, es fácil tirar la toalla y pensar que nunca podrás lograrlo. Pero, ¿te has detenido a pensar cuánto has avanzado desde el día en que empezaste a aprender? Quizás al principio no podías coordinar tres pasos seguidos, pero ahora ya puedes hacer algunas coreografías sencillas. Eso es un gran logro y muestra que tienes el potencial para seguir mejorando.

Ahora, déjame preguntarte algo más. ¿Te has dado cuenta de que en muchas ocasiones son precisamente nuestros miedos e inseguridades los que nos impiden seguir adelante? Supón que tienes el sueño de emprender tu propio negocio, pero tienes miedo de fracasar y eso te detiene. ¿Qué pasaría si te atrevieras a enfrentar ese miedo y dieras pequeños pasos hacia tu objetivo? Quizás podrías investigar más sobre cómo comenzar un negocio o hablar con personas que ya lo han hecho para obtener consejos.

Y aquí va otra pregunta: ¿te has imaginado cómo sería tu vida si tus sueños se hicieran realidad? Cierra los ojos por un momento e imagina cómo te sentirías si lograras aquello que tanto deseas. ¿Qué cambios habría en tu vida? ¿Qué emociones experimentarías? Visualizar tus sueños cumplidos puede ayudarte a mantener la fe y la motivación para seguir adelante.

EJERCICIO: VISUALIZA Y HAZ REALIDAD TUS SUEÑOS

Te propongo un emocionante ejercicio de visualización. Cierra los ojos por un momento y deja que tu mente vuele libremente. Piensa que estás sobre un escenario, rodeado de luces brillantes y expectación.

Visualiza esos sueños y metas que te emocionan y te llenan de energía. ¿Qué deseos están en tu corazón? Puede ser aprender a tocar un instrumento musical, comenzar tu propio negocio o cualquier otra pasión que te haga vibrar. Observa cómo cada paso que das hacia esos sueños te llena de satisfacción y te acerca cada vez más a su realización.

Ejemplo. Imagina cómo sería tener tu propia tienda, restaurante o cualquier tipo de comercio que siempre hayas deseado. Comienzas investigando sobre la clase de negocio que deseas abrir, identificando tu mercado objetivo y planificando cómo hacerlo realidad. Cada pequeño avance en tu plan te motiva y te impulsa a seguir adelante.

Pero, como en toda obra teatral, sabemos que habrá momentos desafiantes. Imagina que te encuentras en uno de esos momentos, en el que las dudas y los miedos intentan detenerte.

Ejemplo. Quizás te preocupa si contarás con suficiente capital para invertir o si tendrás éxito en un mercado competitivo. ¿Qué harías en ese escenario? ¿Te enfrentarías a esos miedos y seguirías adelante, o te dejarías llevar por la incertidumbre? Puedes visualizarte a ti mismo enfrentando esos miedos con valentía, buscando asesoramiento y apoyo, y recordando que todos los emprendedores se tropiezan con desafíos en el camino hacia el éxito.

Ahora, cambia el escenario nuevamente. Visualiza que tus sueños se han hecho realidad. ¿Cómo te sientes? ¿Qué cambios positivos han traído a tu vida? Permítete saborear la satisfacción y la felicidad de alcanzar lo que tanto deseas.

Ejemplo. Imagina que tienes clientes felices que disfrutan de tus productos o servicios, y que estás logrando tus metas financieras y personales.

De vuelta al presente, sé consciente de que tienes el poder para escribir el guion de tu vida. ¿Qué acciones pequeñas podrías emprender hoy mismo para acercarte a tus sueños? Quizás investigar, tomar un curso o hablar con alguien que pueda inspirarte y guiarte en tu camino.

Ejemplo. Podrías comenzar investigando sobre los trámites y requisitos para establecer un negocio, elaborar un plan de negocios o buscar cursos o talleres para emprendedores que te ayuden a desarrollar tus habilidades.

LA VOLUNTAD

La voluntad es una poderosa capacidad humana que nos permite posponer la recompensa y la gratificación instantánea en busca de objetivos a largo plazo (nuestros sueños). Se fundamenta en una determinación sólida y sostenida en el tiempo, basada en esfuerzo y renuncias. A través de este trabajo personal continuo, nos convertimos en personas fuertes y coherentes, capaces de buscar lo que es mejor para nosotros en lugar de lo más fácil. La voluntad no es innata, sino adquirida; es el resultado de un esfuerzo constante y perseverante.

Seguro que coincides conmigo al pensar que la voluntad se ve perfectamente representada en la oscarizada película *Rocky*, junto con la icónica canción *Eye of the Tiger* del grupo musical Survivor, cuya letra habla de determinación y perseverancia. En la película, vemos cómo Rocky Balboa, un boxeador poco convencional, se enfrenta a grandes desafíos mientras se prepara para luchar contra el campeón del mundo en un combate de boxeo. A pesar de las adversidades y las probabilidades en su contra, Rocky no se rinde y muestra una voluntad inquebrantable para seguir adelante.

La canción *Eye of the Tiger* se convierte en el himno motivacional de la película y capta perfectamente el espíritu de la voluntad de Rocky. La letra habla sobre tener el «ojo del tigre», que es una metáfora de la perseverancia y el enfoque mental necesario para enfrentarse a cualquier desafío con valentía y confianza.

Ambos, la película y la canción, nos inspiran para no rendirnos nunca y luchar por nuestros sueños y metas, sin importar lo difícil que sea el camino. Pero no todos somos como Rocky, reconócelo: tú también juraste alguna vez ante el espejo que nunca más abandonarías el gimnasio. Así que vamos a intentarlo.

EJERCICIO: FORTALECE TU FUERZA DE VOLUNTAD

Desarrolla y fortalece la fuerza de voluntad a través de la constancia y el compromiso con un objetivo.

1. Establece un objetivo claro

Define un objetivo específico y alcanzable que desees lograr a través de la fuerza de voluntad. Puede ser cualquier meta ya sea relacionada con la salud, el trabajo, las relaciones personales u otros aspectos de tu vida.

Ejemplo. Mi objetivo es mejorar mi resistencia cardiovascular y lograr correr cinco kilómetros sin detenerme y conseguir este objetivo en un plazo de tres meses.

2. Crea un plan de acción

Una vez que tengas tu objetivo claro, elabora un plan de acción que te permita alcanzarlo. Divide tu objetivo en pasos pequeños y factibles, y establece un plan concreto con fechas límite para cada paso.

Ejemplo. Iré al gimnasio cinco días a la semana, alternando entre sesiones de carrera en la cinta y entrenamiento de fuerza para mejorar mi resistencia y fortalecer mis músculos.

3. Establece un horario fijo

Para desarrollar la fuerza de voluntad, es esencial establecer un horario fijo para trabajar en tu objetivo. Asigna tiempo específico en tu rutina diaria o semanal para dedicarlo a trabajar hacia tu meta.

Ejemplo. Ir al gimnasio de lunes a viernes después del trabajo, a las 18.00, y los sábados por la mañana a las 9:00.

4. Supera la resistencia inicial

Es normal encontrar resistencia interna cuando comienzas a trabajar en tu objetivo. Identifica los obstáculos y barreras que puedan surgir y comprométete a superarlos. Cultiva una mentalidad positiva y enfocada en el progreso.

Ejemplo. Aunque me siento cansado después del trabajo, me recordaré a mí mismo mi objetivo y la importancia de ser constante para alcanzarlo.

5. Date una recompensa por los logros

Reconoce y celebra tus logros por pequeños que sean. Establece recompensas para ti mismo cada vez que alcances un hito en tu camino hacia el objetivo. Estas recompensas actuarán como motivadores para mantener tu fuerza de voluntad alta.

Ejemplo. Cada vez que alcance un nuevo hito en mi entrenamiento, disfrutaré de un día de descanso adicional o un pequeño capricho que me guste.

6. Mantén la constancia a largo plazo

La clave para fortalecer la fuerza de voluntad es mantener la constancia a lo largo del tiempo. No te desanimes por los obstáculos o contratiempos; mantén el enfoque en tu objetivo y sigue trabajando en él día tras día.

Ejemplo. Me comprometo a continuar mi rutina de entrenamiento en el gimnasio incluso después de alcanzar mi objetivo inicial, ya que quiero mantener mi resistencia y seguir mejorando mi salud.

TU PROPÓSITO EN LA VIDA

¿Cuál es el sentido de la vida? Es la eterna pregunta que han tratado de responder filósofos y pensadores a lo largo de la historia. Algunos argumentan que el sentido de la vida se encuentra en alcanzar la felicidad y el bienestar personal, mientras que otros sugieren que está relacionado con contribuir al bien común y aportar al mundo de alguna manera significativa.

Lo que queda claro es que el sentido de la vida es un tema profundamente subjetivo y complejo, ya que cada uno de nosotros puede tener una perspectiva única y personal sobre su **propósito en la vida** y su significado en el mundo. Requiere introspección, reflexión profunda y disposición para explorar diferentes aspectos de nuestra existencia. Por lo tanto, no existe una respuesta universal o única para todos, pero la búsqueda misma puede enriquecernos.

Encontrar tu propósito en la vida se sostiene en tus **valores**, en lo que te **apasiona** y teniendo claro hacia **dónde vas**.

LOS VALORES SON FUNDAMENTALES

Los valores desempeñan un papel fundamental en la búsqueda del sentido de la vida. Nuestros valores personales, aquellos principios que consideramos primordiales y nos guían en nuestras decisiones y acciones, pueden influir en nuestra visión del propósito de la vida.

Es esencial reflexionar sobre ellos y asegurarnos de que nuestras acciones estén alineadas con ellos. Por ejemplo, si valoramos la honestidad y la justicia, es probable que busquemos vivir una vida en la que nuestras acciones estén guiadas por estos principios.

Además, nuestros propósitos en la vida pueden surgir de nuestros valores, que son los que nos encaminan hacia acciones que reflejen lo que es verdaderamente importante para nosotros. Por ejemplo, si valoramos el cuidado y el bienestar de los demás, es posible que encontremos nuestro propósito en trabajar en el campo de la salud o el bienestar social.

Asimismo, los valores nos ayudan a mantenernos centrados en nuestra senda hacia el sentido de la vida, especialmente cuando enfrentamos desafíos y momentos de duda. Cuando nuestras acciones están alineadas con nuestros valores, encontramos una mayor satisfacción y significado en lo que hacemos, lo que nos motiva a seguir adelante en nuestra búsqueda.

EJERCICIO: TU CASA ESTÁ EN LLAMAS

Este ejercicio es una representación simbólica de lo que consideras valioso en tu vida. No necesariamente significa que vivas solo con esos objetos, pero te ayudará a reflexionar sobre lo que realmente es importante para ti y para que no olvides por qué haces las cosas.

Imagina que te encuentras en tu casa y, de repente, se desata un incendio devastador. Solo tienes un minuto para escoger algunos objetos que llevarás contigo y salir corriendo. Se trata de un momento de conflicto, ya que debes elegir entre lo que consideras práctico, lo que crees valioso y lo que para ti posee un significado sentimental. Tus decisiones en este ejercicio reflejarán tus intereses, prioridades y tus lazos emocionales con ciertos objetos, así como lo que estimas verdaderamente importante en tu vida. Ahora:

1. Selecciona tus tesoros personales

Elige cuidadosamente los objetos que consideras más significativos y que llevarías contigo en caso de emergencia. Piensa en aquellos elementos que no podrías reemplazar fácilmente o que tienen un valor sentimental importante.

2. Captura tus recuerdos

Una vez que hayas elegido los objetos que quieras poner a salvo, hazles una fotografía real o mental, lo que prefieras, y elabora una lista con los detalles de cada uno. Esto te ayudará a reflexionar sobre tu elección y a comprender mejor lo que esos objetos significan para ti.

3. Reflexiona sobre tus elecciones

Después de completar el ejercicio, tómate un momento para reflexionar sobre tus elecciones.

- ¿Qué reflejan tus objetos sobre ti y tus valores?
- ¿Te sientes satisfecho con tu selección?
- ¿Te sorprendió alguna de tus decisiones?

Este ejercicio te permitirá conocer más sobre ti mismo y qué es lo que realmente valoras en tu vida.

LA PASIÓN NOS MUEVE

La pasión es una emoción intensa y un fuerte fervor por algo que nos gusta. Es aquello que nos mueve emocionalmente y nos llena de energía y entusiasmo. Cuando nos dedicamos a lo que amamos y disfrutamos, experimentamos un profundo sentido de plenitud y realización personal. Puede manifestarse en diferentes áreas de nuestra vida, como en nuestros intereses, *hobbies*, relaciones, carrera profesional o causas que nos importan.

Por ejemplo, una persona puede sentir una profunda pasión por la música y dedicar su tiempo libre a tocar un instrumento o componer canciones. La música se convierte en una fuente de alegría y satisfacción, y puede llegar a ser una parte importante de su propósito de vida. Si no, que se lo pregunten a algunos paticipantes de los concursos de talentos.

Cuando tenemos pasión por algo, encontramos un propósito oculto detrás de nuestras acciones. El porqué hacemos las cosas se convierte en un motor poderoso que nos da significado y dirección en la vida. Nos conecta con nuestros valores, nuestras creencias y nuestros deseos más profundos.

EJERCICIO: JUEGO DEL MILLONARIO

En este ejercicio, te invito a sumergirte en un viaje de autoexploración para descubrir aquello que te apasiona y te llena de satisfacción. Imagina que eres millonario y que el dinero no es un obstáculo para ti. ¿Qué actividades y proyectos emprenderías con esa libertad financiera?

Piensa en esas actividades que te hacen sentir realmente feliz y realizado. Aquellas en las que te sumerges con entusiasmo y con las que el tiempo parece desvanecerse. Identifica esos momentos en los que te sientes pleno y conectado contigo mismo.

Si hay alguna actividad que realizarías sin recibir nada a cambio, has encontrado un verdadero *hobby*. Anota todas esas pasiones y pasatiempos que te llenan de alegría, incluso cuando no hay recompensa monetaria de por medio.

Cierra los ojos y visualiza un futuro en el que tienes todos los recursos para llevar a cabo tus sueños.

- ¿Qué actividades elegirías para desarrollar tu potencial al máximo?
- ¿En qué áreas te gustaría destacar y dejar huella?

A partir de tus reflexiones anteriores, identifica aquellas actividades o proyectos que se alinean más con tu esencia y valores. Son pistas valiosas para encontrar tu verdadera pasión y propósito en la vida.

No te apresures en encontrar tu pasión, un proceso único y personal. Permítete explorar diferentes experiencias y descubrir nuevas facetas de ti mismo. Aprende de cada paso que des en esta búsqueda apasionante.

DEBES SABER ADÓNDE VAS

En ocasiones, nos presionamos demasiado y nos exigimos alcanzar metas desmesuradas. Otras veces, el entorno nos arrastra con una fuerza abrumadora, dejándonos exhaustos, y nos empuja a centrarnos únicamente en el trabajo y a completar una interminable lista de tareas que parece no tener fin.

Este proceso sutil, poco a poco, va provocando cambios en nuestra vida. Sin notarlo, dejamos de dedicar tiempo a las cosas que realmente nos gustan y nos desviamos hacia otras actividades que nos alejan del camino que queremos seguir. ¿Cuándo fue la última vez que supiste claramente hacia dónde ibas?

Es crucial ser consciente de esta situación y detenerse a reflexionar sobre nuestras prioridades y metas en la vida. Necesitamos reconectar con nuestros propósitos y objetivos, asegurándonos de que cada paso que damos nos lleve en la dirección que realmente deseamos seguir.

En lugar de permitir que las exigencias externas o internas nos desvíen, debemos tomar las riendas de nuestra vida y tener un enfoque claro en lo que verdaderamente nos importa. Así, podremos disfrutar de las cosas que nos apasionan y construir una vida más satisfactoria y significativa.

«He de encontrar
Una senda que me lleve a un lugar
Y no me siento capaz de iniciar
Nueva vida sin más.

Quisiera emprender
La aventura que no me haga volver
Dejar de una vez
Lo que yo mismo no puedo entender».
SENDA, HÉROES DEL SILENCIO.

EJERCICIO: ¿QUIERES SABER ADÓNDE VAS?

Realiza un ejercicio de autorreflexión y detecta los pequeños cambios que podrías implementar en tu vida. Observa qué actividades te ocupan demasiado tiempo y cuáles has dejado de hacer de aquellas que realmente te gustan y te hacen disfrutar.

Ahora es un buen momento para detenerte, respirar y dedicar tiempo a planificar tu día de una manera más consciente, ya que la vida se compone principalmente de tiempo. Permítete este regalo. Analiza qué áreas de tu vida podrías mejorar y qué cosas podrías dejar de hacer. Limpia, aclara y decide qué es lo realmente importante para ti, porque tú eres lo más valioso.

Incluye en tu agenda momentos para ti, para detenerte y disfrutar de las pequeñas cosas que te llenan de felicidad: leer, caminar descalzo sobre la hierba, contemplar el mar o los árboles, escuchar música, meditar, llamar a algún amigo, planear un viaje o simplemente darte un merecido premio.

Al final del día, lo que realmente importa es la calidad de vida que experimentamos, y esto es algo que se encuentra estrechamente ligado a nuestra calidad de vida emocional, independientemente de las circunstancias. Es nuestro deber cuidarnos y mimarnos para alcanzar ese equilibrio emocional que todos merecemos y necesitamos.

LA CARRERA DE LA RATA

Trabajas en una empresa en la que te pagan un salario decente, pero no te sientes satisfecho con tus ingresos ni con tu calidad de vida. Te das cuenta de que, para mantener tu nivel de vida actual y pagar tu hipoteca, necesitas ganar más dinero. Decides entonces trabajar horas extras y asumir más responsabilidades en tu trabajo, lo que significa pasar más tiempo en la oficina y mucho menos tiempo en casa con tu familia.

A medida que ganas más dinero debido a las horas extras, comienzas a gastar más en cosas que te complacen, como un coche nuevo, una televisión de pantalla grande y vacaciones lujosas. Sin embargo, tu deseo de mantener este estilo de vida te lleva a aceptar aún más trabajo y a vivir constantemente estresado al creer que no podrás ganar lo suficiente para mantener tus gastos.

A pesar de tener un salario más alto que antes, te sientes atrapado en una rutina agotadora y estresante. A menudo, te encuentras pensando en el dinero, preocupado por tus finanzas y apenas tienes tiempo para disfrutar de las cosas que realmente te importan, como pasar tiempo con los tuyos o desarrollar tus pasiones y aficiones. Aunque parece que estás avanzando en tu carrera y ganando más dinero, en realidad, estás atrapado en la carrera de la rata, persiguiendo constantemente un nivel de vida cada vez más alto sin encontrar satisfacción ni equilibrio en tu vida.

AUTOEVALUACIÓN: ¿ESTÁS EN LA CARRERA DE LA RATA?

Este cuestionario es solo una herramienta de autoevaluación y no un diagnóstico. Si sientes que la carrera de la rata está teniendo un impacto negativo en tu vida y bienestar, considera la posibilidad de hablar con algún profesional que pueda orientarte.

Responde «sí» o «no» a las siguientes afirmaciones:

1. Dedico la mayoría de mi tiempo a trabajar o pensar en mi trabajo, incluso fuera del horario laboral.
2. Siento que necesito constantemente aumentar mis ingresos y posesiones materiales para sentirme satisfecho.
3. Me comparo a menudo con amigos, colegas o vecinos en términos de éxito profesional o posesiones.
4. Me siento atrapado en una rutina donde me despierto, trabajo largas horas, regreso a casa y luego repito lo mismo cada día, esperando el fin de semana o las vacaciones para relajarme.
5. He descuidado mi salud, mis relaciones e intereses personales debido a las demandas de mi trabajo.
6. Estoy persiguiendo metas profesionales o materiales principalmente para complacer a otros o ganar su aprobación.
7. Mi autoestima está vinculada en gran medida a mi éxito en el trabajo o a mis posesiones materiales.

Resultados:

- **0-2 respuestas afirmativas.** No estás inmerso en la carrera de la rata. Mantienes un equilibrio saludable entre tu faceta profesional y otros aspectos de tu vida.
- **3-4 respuestas afirmativas.** Podrías estar experimentando algunos signos de la carrera de la rata. Es importante considerar si deseas realizar cambios para lograr un mayor equilibrio y bienestar en tu vida.
- **5-7 respuestas afirmativas.** Es probable que estés inmerso en la carrera de la rata. Esto podría estar afectando negativamente a tu bienestar emocional y a otros aspectos de tu vida. Considera buscar formas de cambiar tu enfoque y prioridades para lograr un mayor equilibrio.

DESDE BIEN PEQUEÑITO

Desde una edad temprana, la sociedad nos enseña un camino predefinido para seguir con lo establecido: estudia, consigue un trabajo «bien pagado», cómprate casa y coche, ten hijos, gasta todo lo que ganas en tus «caprichos», los cuales son muy necesarios, y así serás feliz.

¿Recuerdas cuando estabas en el colegio y tus padres y profesores te felicitaban cada vez que obtenías buenas calificaciones? Eso te hacía sentir que el éxito académico era fundamental para tu futuro.

A medida que crecías, esta idea se reforzaba. Tus padres te alentaban a esforzarte en el colegio para obtener buena nota y entrar así en una buena universidad. Sabías que, si obtenías buenas calificaciones, tendrías más posibilidades de acceder a becas, así que la educación formal se convirtió en tu objetivo principal.

Ahora, visualízate ya adulto. Después de graduarte de la universidad, comenzaste a buscar un trabajo. La idea de un empleo estable en una gran empresa se ajustaba al patrón que te habían presentado como ideal. Entonces conseguiste un trabajo en una empresa de renombre y comenzaste a avanzar en tu carrera. Años más tarde, te encuentras atrapado en una rutina insatisfactoria, trabajando largas horas y luchando por alcanzar puestos de mayor jerarquía. Este es un ejemplo típico de cómo la búsqueda de un empleo seguro y estable puede conducir a la carrera de la rata.

A medida que avanzas en tu profesión, sientes una presión constante para demostrar tu valía. Esto se relaciona con la competencia y la comparación con los demás. Por ejemplo, te esfuerzas por tener un mejor puesto que tu compañero de trabajo de la misma edad, lo que te genera estrés y ansiedad.

La acumulación de riqueza material también es parte de este ciclo. Decides comprar una casa grande en una zona exclusiva de tu ciudad y un coche de moda, siguiendo la creencia de que estas posesiones son indicativas de éxito y estatus social. Sin embargo, estos gastos a menudo te llevan a una mayor presión financiera y a la necesidad de mantener un trabajo que quizás no te satisface completamente.

Finalmente, llega un momento en que te das cuenta de que estás atrapado en esta rueda. Has seguido un camino que se te presentó desde que eras bien pequeño, pero te sientes insatisfecho y te cuestionas si estas metas y valores son realmente tuyos.

La clave para salir de este patrón es cuestionar estas creencias y valores, y buscar un equilibrio entre el éxito material y la satisfacción personal.

EJERCICIO: TU DEFINICIÓN DE ÉXITO Y SATISFACCIÓN

Este ejercicio te ayudará a explorar y redefinir tus metas y valores personales, lo que te permitirá alejarte de la carrera de la rata y buscar un camino que te brinde satisfacción y éxito según tus propios términos.

1. Define tus propias metas y valores

Tómate un tiempo para reflexionar sobre tus propias metas y valores en la vida: ¿qué es importante para ti?, ¿qué te hace sentir realizado y satisfecho?

Ejemplo. Después de una profunda reflexión, descubrí que valoro mucho pasar tiempo de calidad con mi familia y amigos, así como contribuir al bienestar de mi comunidad. También me di cuenta de que la creatividad y la autenticidad son aspectos importantes para mí en mi carrera.

Haz una lista de las cosas que valoras profundamente tanto en términos de relaciones y logros personales como de bienestar emocional o cualquier otro aspecto de tu vida.

2. Evalúa tus creencias actuales

Examina tus creencias y valores actuales en relación con el éxito y la satisfacción. ¿Están alineados con los que has identificado en el punto 1?

Ejemplo. Me di cuenta de que había estado persiguiendo un ascenso en mi trabajo principalmente porque sentía que era lo que se esperaba de mí para ser exitoso. Esto estaba en conflicto con mi valor de pasar tiempo de calidad con mi familia, ya que el ascenso requería más tiempo en la oficina.

Piensa en cómo tus creencias actuales pueden haber sido influenciadas por la sociedad, la familia o las expectativas externas. ¿Te sientes presionado a seguir un cierto camino en la vida debido a estas influencias?

3. Cuestiona y reajusta tus creencias

Cuestiona cualquier creencia que sientas que no se encuentra alineada con tus metas y valores personales. Por ejemplo, si sientes que has estado persiguiendo el éxito material sin sentirte satisfecho, pregúntate por qué lo has estado haciendo.

Haz ajustes en tus creencias y valores. Esto puede incluir cambiar tu definición de éxito para que sea más acorde con lo que realmente deseas en lugar de con lo que la sociedad te dice que deberías querer.

Ejemplo. Cuestioné la creencia de que el éxito profesional solo se logra a través de ascensos y aumentos salariales. En su lugar, comencé a creer que el éxito puede ser definido por el equilibrio entre el trabajo y la vida personal, así como por el impacto positivo que puedo tener en mi comunidad.

4. Establece metas basadas en tus valores

A partir de tus valores y creencias reajustados, establece metas realistas y significativas para ti. Estas metas deben reflejar lo que valoras en la vida y lo que te hace sentir realizado.

Ejemplo. He establecido una meta basada en mi valor de contribuir a la comunidad. He decidido dedicar tiempo cada mes como voluntario en un albergue para personas sin hogar.

5. Actúa de acuerdo con tus nuevos valores

Toma medidas concretas para encaminarte hacia tus nuevas metas y valores. Esto puede incluir cambios en tu carrera, tus relaciones, tu estilo de vida o cualquier otra área de tu vida que desees ajustar.

Ejemplo. He comenzado a dedicar un día al mes como voluntario en el refugio. Esto significó ajustar mi horario de trabajo y comprometerme a estar presente en el refugio durante ese tiempo.

6. Evalúa tu progreso

Regularmente, evalúa tu progreso y verifica si estás avanzando hacia un equilibrio entre el éxito material y la satisfacción personal. Ajusta tus acciones y metas según sea necesario.

Ejemplo. Después de algunos meses, he evaluado mi progreso y me he dado cuenta de que me siento más satisfecho con mi vida.

7. Practica la autoaceptación

A medida que realices estos cambios, recuerda practicar la autoaceptación. Aceptar que es normal cuestionar y ajustar tus valores a lo largo de la vida te ayudará en este proceso de búsqueda de equilibrio.

Ejemplo. A lo largo de este proceso, me recuerdo a mí mismo que está bien cuestionar y ajustar mis valores a medida que evoluciono. Acepté que mi definición de éxito estaba cambiando y que eso estaba bien.

¿QUÉ ES LA AUTOESTIMA?

> *Una persona no puede estar cómoda
> sin su propia aprobación.*
> Mark Twain

«Tengo una baja autoestima», «me va mal en mi vida porque no tengo autoestima». Estas son algunas frases que últimamente se escuchan muy a menudo. Pero ¿sabemos de verdad en qué consiste la autoestima y para lo que nos es útil?

Cuando hablamos de autoestima, a menudo nos encontramos con **creencias populares,** de carácter simplificado y superficial, que pueden llevarnos por caminos equivocados, impidiéndonos descubrir el verdadero significado y poder transformador de la autoestima. Es hora de desafiar esas creencias.

En la sabiduría popular, se nos ha hecho creer que la autoestima está íntimamente **ligada a nuestra apariencia física.** Se nos dice que tener un cuerpo perfecto y un aspecto impecable es la clave para una autoestima saludable. Pero, ¿acaso nuestra valía como personas se reduce a un mero reflejo en el espejo? La realidad es que la autoestima va mucho más allá de nuestra apariencia externa.

Fíjate en el caso de Ana. Se siente insegura debido a su peso, y esa inseguridad nubla la percepción que tiene de sí misma. Sin embargo, si Ana comienza a valorar todas las cualidades y talentos que posee, descubrirá que su autoestima no tiene por qué basarse exclusivamente en su apariencia física. Su habilidad artística, su bondad y su generosidad son aspectos importantes que también contribuyen a su valía como persona. La verdadera autoestima reconoce y valora todo nuestro ser, más allá de los estándares superficiales impuestos por la sociedad.

Otra creencia que nos limita es que la autoestima depende de la **aprobación y aceptación de los demás.** Nos han enseñado que necesitamos constantes elogios y reconocimiento externo para sentirnos bien. Sin embargo, esta perspectiva nos convierte en rehenes de las opiniones ajenas, dejando nuestra autoestima a merced de las fluctuaciones y cambios en la forma en que los demás nos perciben.

Si no, mira el caso de Pedro, quien busca la aprobación de los demás para sentirse valorado. Esto hace que se encuentre en una montaña rusa emocional, siempre en busca de la próxima dosis de validación. Pero ¿y si Pedro se permitiera valorar sus propios logros y cualidades? Así no dependería de la aprobación de los demás. La verdadera autoestima se nutre desde dentro, es un amor propio que se construye sobre una base sólida de autoaceptación y autovaloración.

EJERCICIO: DEJA DE LADO LAS CREENCIAS POPULARES

Cambiar creencias arraigadas lleva tiempo y esfuerzo. Sé paciente contigo mismo y date el permiso para desafiar y cambiar las creencias populares negativas que puedan estar limitándote. Al trabajar en estas creencias, estarás construyendo una base sólida para una autoestima saludable.

1. Identifica tus creencias negativas sobre la autoestima

Haz una lista de las creencias populares negativas sobre la autoestima que has escuchado o que te han influenciado de alguna manera.

Ejemplo. Mi valor como persona depende de mi apariencia física o necesito la aprobación de los demás para sentirme bien conmigo mismo.

2. Cuestiona las creencias limitantes sobre la autoestima

Fíjate en las creencias que has identificado y cuestiónalas. Pregúntate a ti mismo si son realmente ciertas y basadas en hechos objetivos.

- ¿Tienes pruebas concretas de que tu valor como persona está directamente relacionado con tu apariencia física?
- ¿Es realmente necesario depender de la aprobación de los demás para sentirte bien contigo mismo?

3. Busca ejemplos que desafíen creencias populares

Una vez que hayas cuestionado las creencias populares, busca evidencias que las contradigan. Piensa en ejemplos de personas exitosas y admiradas que las desafían.

Ejemplo. Puedes recordar a personas que han logrado grandes cosas a pesar de no cumplir con los estándares de belleza convencionales, como Frida Kahlo o Serena Williams.

4. Crea afirmaciones positivas para fortalecer la autoestima

Crea afirmaciones positivas y realistas sobre ti mismo y tu autoestima.

Ejemplo. Mi valor como persona va más allá de mi apariencia física. Me valoro por mis cualidades y logros o confío en mis propias opiniones y no necesito la aprobación constante de los demás para sentirme bien conmigo mismo.

5. Practica afirmaciones positivas para el crecimiento personal

Repite estas afirmaciones positivas regularmente. Te sugiero que las escribas en una nota y las coloques en un lugar bien visible, como el espejo del baño o la puerta de la nevera. Repítelas en voz alta todas las mañanas. A medida que practiques estas nuevas creencias, comenzarás a internalizarlas y a fortalecer tu autoestima.

DIFERENCIA ENTRE AUTOCONCEPTO Y AUTOESTIMA

Ahora que hemos comenzado a desenmascarar las creencias populares que limitan nuestra comprensión de la autoestima, es importante destacar la diferencia entre autoestima y autoconcepto.

Imagina a María, una estudiante universitaria. Su autoconcepto se refiere a cómo se ve a sí misma y cómo se describe teniendo en cuenta sus características y habilidades. María se considera una estudiante inteligente, trabajadora y responsable. Además, se ve a sí misma como una buena amiga. Este autoconcepto se basa en su percepción interna de quién es ella como persona.

Por otro lado, la autoestima de María se refiere a cómo se valora a sí misma y cómo se siente respecto a su valía personal. Si ella tiene una autoestima positiva, se sentirá confiada y satisfecha consigo misma. Se aceptará y se valorará por sus cualidades y logros. Por ejemplo, si obtiene una calificación alta en un examen, se sentirá orgullosa y reforzará su autoestima. En cambio, si tiene una autoestima negativa, se sentirá insegura y no se valorará lo suficiente. En este segundo caso si María comete un error en una presentación en clase, puede sentirse avergonzada y su autoestima puede verse afectada negativamente.

La mayoría de nosotros solemos confundir estos dos términos, pensando que son lo mismo. Sin embargo, aunque se complementan, puedes ver que tienen características diferentes.

	Autoconcepto	Autoestima
Naturaleza	Descripción interna de uno mismo	Valoración y evaluación emocional de uno mismo
Contenido	Características, habilidades, intereses	Sentimientos de valía y satisfacción personal
Enfoque	Descriptivo	Valorativo
Estabilidad	Relativamente estable	Puede fluctuar en respuesta a eventos y situaciones
Componentes	Aspectos cognitivos (conocimiento y percepción)	Aspectos emocionales (sentimientos)

EL AUTOCONCEPTO

Tiene que ver con lo **social,** con la manera en la que interactuamos con los demás y nos adaptamos a lo que nos rodea. La opinión de los demás nos influye a la hora de vernos a nosotros mismos. Es decir, si, por ejemplo, dejamos que los demás nos convenzan de que somos unos bordes, eso asimilaremos. En este aspecto, la opinión que más peso tiene en nosotros es la de la familia.

También es la idea que tenemos de nuestro **aspecto físico y nuestra forma de relacionarnos** con los demás a través de él. Por ejemplo, si nos insisten en que somos bajos a pesar de medir 1,83 metros, llegaremos a creerlo.

Por último, también tiene que ver con la relación que mantenemos con nuestras **emociones** y su influencia en nosotros. Por ejemplo, si dejamos que el entorno nos influya en pensar que estamos tristes, al final lo estaremos.

En conclusión, el autoconcepto se crea a través de las experiencias que vamos teniendo, y dependerá de nuestras emociones. Nos ayuda a adaptarnos al entorno que nos rodea.

EJERCICIO: REFLEXIONA SOBRE TU AUTOCONCEPTO

Piensa en cinco adjetivos positivos sobre ti mismo y en cinco adjetivos negativos.

Ejemplo:

Positivos: *amable, generoso, decidido, creativo, empático...*
Negativos: *impaciente, desorganizado, crítico, inseguro, perfeccionista...*

Después, responde a las siguientes preguntas de forma sincera:

- ¿Te ha costado encontrar adjetivos positivos sobre ti mismo?
- ¿Estos adjetivos están relacionados con lo que te ha dicho toda la vida tu gente más cercana?
- ¿Has encontrado más de cinco adjetivos? Si es así, ¿cuáles son?
- ¿Te ha costado encontrar adjetivos negativos sobre ti mismo?
- ¿Piensas eso negativo de ti mismo o es algo que te ha dicho la gente que te rodea a menudo?

LA AUTOESTIMA

Como puedes ver, la autoestima es algo más profunda y nos viene de serie; algo muy sutil. Sus efectos no se aprecian tanto en lo que uno dice como en la forma en que uno vive.

La autoestima influye en la forma en que nos enfrentamos a los desafíos, en cómo nos valoramos y nos tratamos a nosotros mismos y en cómo nos permitimos perseguir nuestros sueños y metas. Es una fuerza subyacente que impulsa nuestras acciones, decisiones y actitudes hacia la vida.

EJERCICIO: VALORA LA PERCEPCIÓN EMOCIONAL QUE TIENES DE TI MISMO

Toma un papel y un lápiz y haz una lista de tus cualidades, habilidades y logros. Escribe todo lo positivo que puedas pensar sobre ti mismo, desde tus características físicas y personalidad hasta tus logros académicos, profesionales, creativos o personales.

Una vez que hayas creado tu lista, observa cada elemento y evalúa tu nivel de satisfacción o felicidad con respecto a él. Asigna una puntuación del 1 al 5 donde 1 significa «insatisfecho» y 5 quiere decir «muy satisfecho».

Luego, reflexiona sobre las puntuaciones que has asignado. Observa si hay algún patrón o tendencia:

- ¿Hay áreas en las que te sientes más satisfecho y valorado?
- ¿Ves aspectos con los que te encuentras menos satisfecho?

Examina las áreas con las que te sientes menos satisfecho. Pregúntate por qué te percibes así y si hay alguna creencia negativa sobre ti mismo que esté influyendo en esa evaluación emocional.

Ejemplo. Si te sientes insatisfecho con tu apariencia física, pregúntate si tienes creencias negativas arraigadas sobre la belleza o si estás comparándote constantemente con los estándares externos.

A continuación, trabaja en reemplazar las creencias negativas por pensamientos más positivos y realistas. Desafía los pensamientos negativos y enfócate en tus cualidades y logros. Recuerda que todos tenemos áreas de mejora, pero eso no define nuestra valía como personas.

TIPOS DE AUTOESTIMA

La autoestima siempre nos acompaña desde lo más profundo de nuestro ser y puede ser influenciada por diversas circunstancias y experiencias. Es como una fiel compañera de vida, siempre está presente. Sería incorrecto decir que alguien carece de ella. Por lo general, caminamos, como un equilibrista, por un fino hilo que separa la **baja autoestima** y la **autoestima alta.** A menudo, nuestra autoestima fluctúa a lo largo del tiempo.

LA AUTOESTIMA BAJA

En esta versión, la **autoestima baja,** es como un velo que cubre nuestra mirada, distorsionando la realidad y haciéndonos creer que somos menos de lo que realmente somos. Nos envuelve en una neblina de dudas y autocríticas implacables, alimentando nuestras inseguridades y limitándonos en nuestras posibilidades. Puede surgir cuando enfrentamos desafíos, fracasos o críticas.

Una persona con autoestima baja se caracteriza por...

- La autocrítica severa y constante.
- La inseguridad y la falta de confianza en sí misma.
- Los sentimientos de no ser lo suficientemente buena.
- La comparación constante con los demás.
- El miedo al fracaso y la evitación de tomar riesgos.
- La necesidad excesiva de aprobación y validación externa.
- La dificultad para aceptar cumplidos y elogios.
- La sensibilidad extrema a las críticas y el rechazo.
- La baja valoración de la autoimagen y los sentimientos de inferioridad.
- La tendencia a priorizar las necesidades y los deseos de los demás antes que los propios.
- La dificultad para establecer límites y defender los propios derechos.
- La evitación de desafíos y oportunidades de crecimiento personal.
- Los sentimientos de no merecer amor, respeto o éxito.
- La baja tolerancia a la frustración y la dificultad para recuperarse de los fracasos.
- La dificultad para expresar opiniones y afirmarse a sí misma.

AUTOEVALUACIÓN: TEST DE AUTOESTIMA BAJA

Lee cada afirmación y elige la respuesta que mejor se ajuste a tus pensamientos y sentimientos actuales. Asigna un valor del 1 al 5 a cada respuesta, siendo:

1. Estoy totalmente en desacuerdo.
2. No estoy muy de acuerdo.
3. Neutral.
4. Estoy de acuerdo.
5. Estoy totalmente de acuerdo.

No me siento seguro de mí mismo.	1	2	3	4	5
Tiendo a compararme con los demás y sentir que no soy lo suficientemente bueno.	1	2	3	4	5
Siento que mis logros y éxitos no son lo bastante valiosos o significativos.	1	2	3	4	5

Me preocupo mucho por lo que los demás piensan de mí.	1	2	3	4	5
A menudo me critico y me hablo de manera negativa.	1	2	3	4	5
Me cuesta aceptar cumplidos y elogios.	1	2	3	4	5
Me siento inferior a los demás en muchas áreas de mi vida.	1	2	3	4	5
Me resulta difícil establecer límites y defender mis propias necesidades.	1	2	3	4	5
Evito asumir riesgos por miedo al fracaso o al rechazo.	1	2	3	4	5
Siento que no merezco ser amado o apreciado.	1	2	3	4	5

Ahora, suma tus puntuaciones y evalúa tu autoestima baja:

- **10-20 puntos.** No tienes la autoestima baja, no obstante, es esencial que continúes descubriéndote.
- **21-30 puntos.** Tienes algunas señales de autoestima baja. Puede ser útil trabajar en fortalecer tu confianza y autovaloración.
- **31-40 puntos.** Es probable que estés experimentando una autoestima baja. Considera buscar apoyo y herramientas para desarrollar una autoestima más saludable.
- **41-50 puntos.** Tu autoestima parece ser bastante baja. Es importante que busques apoyo profesional para trabajar en la mejora de tu autoestima y bienestar emocional.

LA AUTOESTIMA ALTA

Por otro lado, la **autoestima alta** se despliega como unas alas que impulsan hacia alturas insospechadas. Sentimos un brillo en nuestros ojos, una confianza radiante que nos hace creer que podemos conquistar el mundo. Sin embargo, si esta autoestima **se descontrola, no es saludable,** y puede encaminarnos al abismo de la arrogancia y la desconexión con la realidad. Este tipo de autoestima se alimenta de logros, la aceptación social y un sentido firme e inflexible de autovaloración.

Una persona con autoestima alta se caracteriza por...

- La sobrevaloración excesiva que hace de sí misma.
- Una actitud de superioridad o arrogancia.
- La necesidad constante de ser el centro de atención.
- La falta de empatía hacia los demás.
- La dificultad para aceptar críticas o sugerencias de mejora.
- Un perfeccionismo extremo y el miedo al fracaso.
- Una dependencia excesiva de la validación externa.
- Una competitividad desmedida y la necesidad de demostrar superioridad.
- La dificultad para reconocer y aceptar los propios errores.

- La tendencia a menospreciar los logros y éxitos de los demás.
- Una sensibilidad exagerada a la crítica o el rechazo.
- Unas relaciones interpersonales superficiales y basadas en el ego.
- La baja tolerancia a la frustración y la dificultad para lidiar con el fracaso.
- La dificultad para establecer límites adecuados con los demás.
- Los sentimientos de vacío interior a pesar de los logros externos.

AUTOEVALUACIÓN: TEST DE AUTOESTIMA ALTA (NO SALUDABLE)

Lee cada afirmación y elige la respuesta que mejor se ajuste a tus pensamientos y sentimientos actuales. Asigna un valor del 1 al 5 a cada respuesta:

1. Estoy totalmente en desacuerdo.
2. No estoy muy de acuerdo.
3. Neutral.
4. Estoy de acuerdo.
5. Estoy totalmente de acuerdo.

Tiendo a menospreciar los logros y éxitos de los demás.	1	2	3	4	5
Busco constantemente la validación y la atención de los demás.	1	2	3	4	5
Me cuesta aceptar críticas y sugerencias de mejora.	1	2	3	4	5
Me siento superior o mejor que los demás en muchas áreas de mi vida.	1	2	3	4	5
Me siento frustrado o enfadado si no obtengo el reconocimiento que creo merecer.	1	2	3	4	5
Tiendo a ser demasiado autocrítico y perfeccionista.	1	2	3	4	5
No suelo reconocer mis propias limitaciones o errores.	1	2	3	4	5
Me resulta difícil aceptar los fracasos y aprender de ellos.	1	2	3	4	5
Mi autoestima depende en gran medida de las opiniones y elogios de los demás.	1	2	3	4	5
Siento la necesidad de estar demostrando mi valía constantemente.	1	2	3	4	5

Suma tus puntuaciones y evalúa si tienes una autoestima muy alta:

- **10-20 puntos.** No tienes autoestima alta. Aun así, es esencial que continúes descubriéndote.
- **21-30 puntos.** Tienes algunas señales de una autoestima alta pero no saludable. Considera reflexionar acerca de tus patrones de pensamiento y de comportamiento.

- **31-40 puntos.** Es posible que tengas una autoestima muy alta pero no saludable. Te recomendaría examinar cómo tus actitudes pueden estar afectando a tus relaciones y a tu bienestar general.
- **41-50 puntos.** Tu autoestima es muy alta pero no saludable. Puede ser útil buscar apoyo para trabajar en la construcción de una autoestima más equilibrada y basada en una valoración realista de ti mismo.

LA AUTOESTIMA INTERMEDIA

Aunque el equilibrio se encuentra en el delicado punto intermedio, hay que tener cuidado y no confundirlo con la llamada **autoestima intermedia.**

Este tipo de autoestima nos hace creer que existe una aparente estabilidad, que hay armonía, y, sin embargo, está en constante inestabilidad. Se ve afectada por las opiniones y comparaciones externas, por las victorias y los fracasos que nos rodean. En un momento dado, podemos sentirnos confiados y satisfechos, y al siguiente, dudar de nuestras capacidades y cuestionar nuestro valor.

Una persona con autoestima intermedia se caracteriza por...

- Una autovaloración variable dependiendo de las circunstancias.
- La comparación constante con los demás.
- La sensibilidad excesiva a las críticas o el rechazo.
- La duda frecuente de las propias capacidades y valor personal.
- La búsqueda constante de validación externa.
- La inseguridad en la toma de decisiones y establecimiento de límites.
- La falta de confianza en la propia imagen y apariencia.
- La necesidad de cumplir con estándares externos para sentirse valioso.
- Tendencia a menospreciar los propios logros y éxitos.
- El miedo al fracaso y la evitación de asumir riesgos.
- Una baja autoaceptación y autocompasión.
- La dificultad para recibir y aceptar cumplidos.
- El exceso de autocrítica y autodescalificación.
- La tendencia a descuidar las propias necesidades y deseos.
- Los sentimientos de insatisfacción y vacío interior.

AUTOEVALUACIÓN: TEST DE AUTOESTIMA INTERMEDIA (NO SALUDABLE)

Lee cada afirmación y elige la respuesta que mejor se ajuste a tus pensamientos y sentimientos actuales. Asigna un valor del 1 al 5 a cada respuesta:

1. Estoy totalmente en desacuerdo.
2. No estoy muy de acuerdo.

3. Neutral.
4. Estoy de acuerdo.
5. Estoy totalmente de acuerdo.

Mi autoestima puede variar dependiendo de las circunstancias o las opiniones de los demás.	1	2	3	4	5
A veces me siento confiado y satisfecho conmigo mismo, pero otras veces dudo de mis capacidades.	1	2	3	4	5
Compararme con los demás puede influir en cómo me siento acerca de mí mismo.	1	2	3	4	5
Me preocupo por lo que los demás piensan de mí y cómo me ven.	1	2	3	4	5
Aunque reconozco mis logros y fortalezas, también soy consciente de mis debilidades y áreas de mejora.	1	2	3	4	5
Puedo recibir cumplidos y elogios, pero a veces me cuesta aceptarlos plenamente.	1	2	3	4	5
En ocasiones me siento inferior a los demás en ciertos aspectos de mi vida.	1	2	3	4	5
Me resulta difícil establecer límites y defender mis propias necesidades en todas las situaciones.	1	2	3	4	5
Aunque puedo asumir riesgos, a veces tengo miedo de fracasar o ser rechazado.	1	2	3	4	5
Aunque generalmente me siento merecedor de ser querido y respetado, hay días en que dudo de mi valía.	1	2	3	4	5

Suma tus puntuaciones y evalúa tu autoestima intermedia:

- **10-20 puntos.** No tienes la autoestima intermedia; no obstante, debes seguir descubriéndote.
- **21-30 puntos.** Tienes algunas señales de autoestima intermedia. Puede ser útil trabajar en el fortalecimiento de tu confianza y valoración personal.
- **31-40 puntos.** Es probable que estés experimentando una autoestima intermedia. Considera explorar cómo las fluctuaciones emocionales y las comparaciones afectan a tu bienestar y a tu relación contigo mismo.
- **41-50 puntos.** Tu autoestima es principalmente intermedia. Puede ser valioso buscar apoyo para desarrollar una autoestima más sólida y estable.

LA AUTOESTIMA REAL

Es entonces cuando descubrimos que el **verdadero equilibrio** en la autoestima va más allá de ese punto medio ilusorio. Requiere una mirada introspectiva, una conexión profunda con nuestro ser interior. Significa aceptarnos y amarnos con todas nuestras luces y sombras, sin depender de la validación externa ni de las comparaciones con los demás.

El equilibrio en la autoestima es como un baile fluido entre la autoaceptación y el crecimiento personal. Es comprender que nuestras debilidades no nos definen, sino que son oportunidades para aprender y mejorar. Es abrazar nuestras fortalezas sin caer en la arrogancia, reconociendo que todos somos seres en constante evolución.

Una persona con autoestima real se caracteriza por...

- Una aceptación y valoración equilibrada de sí misma.
- El reconocimiento de sus fortalezas y áreas de mejora.
- La confianza en sus habilidades y capacidades.
- El establecimiento de límites saludables y la defensa de sus derechos.
- La autoaceptación y autocompasión.
- La disposición para aprender de los errores y fracasos.
- Saber hacer una valoración propia basada en la conexión interna, no en la validación externa.
- El respeto y la empatía que muestra hacia los demás sin menospreciarse a sí misma.
- Saber celebrar los logros y éxitos personales sin arrogancia.
- La aceptación de la individualidad y respeto por la diversidad.
- Tomar decisiones basadas en los propios valores y necesidades.
- La capacidad para recibir y aceptar tanto las críticas constructivas como los cumplidos.
- El equilibrio emocional y la capacidad para manejar los altibajos de la vida.
- Unas relaciones interpersonales saludables y auténticas.
- El sentimiento general de valía y amor propio.

En ese proceso de equilibrar nuestra autoestima, podemos encontrar la serenidad de ser auténticos, de confiar en nuestras habilidades y en nuestra capacidad para enfrentar los desafíos. A medida que cultivamos una relación sana y amorosa con nosotros mismos, encontramos una base sólida en la que apoyarnos, independientemente de las circunstancias externas.

Así, en ese vaivén de emociones y reflexiones, nos adentramos en el verdadero equilibrio.

AUTOEVALUACIÓN: TEST DE AUTOESTIMA REAL

Lee cada afirmación y elige la respuesta que mejor se ajuste a tus pensamientos y sentimientos actuales. Asigna un valor del 1 al 5 a cada respuesta:

1. Estoy totalmente en desacuerdo.
2. No estoy muy de acuerdo.
3. Neutral.
4. Estoy de acuerdo.
5. Estoy totalmente de acuerdo.

Reconozco y valoro mis propias fortalezas y logros.	1	2	3	4	5
Acepto y respeto mis debilidades y áreas de mejora.	1	2	3	4	5
Siento confianza en mis habilidades y capacidades.	1	2	3	4	5
Establezco límites saludables y defiendo mis derechos.	1	2	3	4	5
Me acepto y me trato con compasión y amabilidad.	1	2	3	4	5
Aprendo de mis errores y los veo como oportunidades de crecimiento.	1	2	3	4	5
Me valoro a mí mismo basándome en mi propio criterio, no en la validación externa.	1	2	3	4	5
Tengo empatía y respeto hacia los demás sin menospreciarme a mí mismo.	1	2	3	4	5
Celebro mis logros sin caer en la arrogancia.	1	2	3	4	5
Tomo decisiones basadas en mis valores y necesidades personales.	1	2	3	4	5

Suma tus puntuaciones y evalúa si tu autoestima es real:

- **10-20 puntos.** Tu autoestima parece ser real y saludable, pero debes continuar trabajando en ella.
- **21-30 puntos.** Tienes algunas señales de una autoestima real. Sigue trabajando en el fortalecimiento de tu confianza y valoración personal.
- **31-40 puntos.** Es posible que tengas una autoestima real en general, pero aún hay áreas en las que puedes crecer y desarrollarte.
- **41-50 puntos.** Tu autoestima parece inclinada hacia una perspectiva más positiva, lo que es muy bueno. Asegúrate de mantener un equilibrio realista.

LAS BASES DE UNA AUTOESTIMA ESTABLE

Una autoestima saludable te brinda una sensación de bienestar, seguridad y plenitud en tu vida. Te permite tener una relación positiva contigo mismo y con los demás y te impulsa a vivir de acuerdo con tus propios valores y aspiraciones. Es un regalo valioso que podrás cultivar y fortalecer a lo largo de tu vida. Para que esto sea posible debes conocer los pilares fundamentales que la constituyen, que son: tu actitud, cómo te valoras, cómo procesas la información y cómo te comportas según tus sentimientos y pensamientos.

Cada pilar se entrelaza con los demás y entre ellos se refuerzan mutuamente. De esta manera se construye un «todo» que te lleva al autodescubrimiento y al crecimiento personal.

Recuerda que tú eres el protagonista de esta historia. Tienes el poder de cambiar tu actitud, valorarte a ti mismo, procesar tus experiencias de manera constructiva y practicar acciones que fortalezcan tu autoestima.

Permítete embarcarte en este apasionante viaje que te conducirá hacia una relación sana contigo mismo.

LA ACTITUD

La actitud es como un faro que ilumina nuestro camino interior. Mira el caso de Susana, una chica que solía criticarse constantemente. Cada vez que cometía un error o se enfrentaba a un desafío, se «llenaba» de autocrítica y pensamientos negativos. Se repetía constantemente frases como «no soy lo suficientemente buena» o «siempre fallo en todo».

Estas creencias limitantes afectaban a su autoestima y a su capacidad para avanzar en la vida. Se daba cuenta de que su diálogo interno estaba lleno de desprecio hacia sí misma y autocrítica.

Sin embargo, un día decidió cambiar su actitud. Aprendió a ver los errores como oportunidades de aprendizaje y crecimiento en lugar de como fracasos. Comenzó a cultivar pensamientos de amabilidad y autocompasión. Se recordaba a sí misma que todos somos seres humanos imperfectos y que merecemos amor y aceptación.

Por tanto, una actitud positiva puede reforzar nuestra autoestima. En el mismo momento en que adoptas una mentalidad optimista y enfocada en soluciones, te brindas apoyo y te recuerdas a ti mismo que eres capaz de superar los obstáculos. Esto fortalece la confianza en tus habilidades y contribuye a una imagen positiva de ti mismo.

EJERCICIO: VISUALIZACIÓN CREATIVA PARA MEJORAR TU ACTITUD POSITIVA

¿Has notado alguna vez que, cuando algo captura tu interés, de repente lo ves por todas partes? Por ejemplo, cuando te encaprichas de un modelo de coche en particular, te parece que lo ves en cada esquina.

Este fenómeno tiene que ver con la forma en que funciona nuestra mente. Tenemos la capacidad de dirigir nuestra atención hacia aquello en lo que estamos enfocados. De este modo, si visualizamos con regularidad nuestros sueños y metas, nuestro cerebro se vuelve más receptivo a las oportunidades y opciones relacionadas con ellos. Esto ocurre porque estamos diseñados para detectar aquello en lo que centramos nuestra atención. Para conectar nuestros sueños y metas con las oportunidades y opciones reales que los harán posibles solo tienes que imaginar algo positivo antes de dormir y dedicar un tiempo a pensar en ello; de nuevo, repite lo mismo al despertarte. Así, un día tras otro. Este pensamiento te reconfortará, te hará ser más positivo y, con el tiempo, es posible que se haga realidad.

CÓMO TE VALORAS

La valoración que haces de ti mismo es como el agua que nutre tu autoestima. Es fundamental que te respetes y aceptes tal y como eres.

El objetivo de la valoración es ser consciente de tus necesidades y satisfacerlas sin causarte dolor ni a ti ni a los demás. Al ser consciente de tus necesidades internas, podrás enfrentar las dificultades de la vida con resiliencia y ver el lado positivo de las situaciones. La autovaloración implica autoconfianza y la capacidad de hacer y decir lo que realmente queremos, a pesar de las limitaciones.

Supongamos que disfrutas mucho jugando al baloncesto y te esfuerzas por mejorar tu rendimiento en cada entrenamiento y cada partido. Sin embargo, en tu equipo también hay otro jugador que es muy bueno en ese deporte y a menudo recibe todos los elogios y reconocimiento por sus habilidades.

A medida que avanza la temporada, comparas tus destrezas con las de dicho compañero y te sientes un poco desanimado. Te preguntas si alguna vez podrás alcanzar su nivel y recibir el mismo tipo de elogios. Empiezas a dudar de ti mismo y tu autoestima se ve afectada.

En este contexto, será fundamental que puedas conocer tus fortalezas y debilidades, ya que de este modo contarás con una perspectiva equilibrada de ti mismo y de las circunstancias a las que te enfrentas. ¿Quieres probar?

EJERCICIO: FORTALEZAS Y DEBILIDADES PERSONALES

El objetivo de este ejercicio será el de identificar y evaluar tus fortalezas y debilidades en diferentes áreas de tu vida.

Las fortalezas y debilidades son aspectos naturales de cada persona y todos tenemos áreas en las que destacamos y otras en las que podemos mejorar. Utiliza la información como una oportunidad para potenciar las fortalezas y trabajar en tus debilidades. En este caso, te pondré un ejemplo en el área de las relaciones interpersonales.

Relaciones interpersonales	
Fortalezas	**Debilidades**
Empatía: *tengo la capacidad de comprender y ponerme en el lugar de los demás, lo que me permite establecer conexiones significativas y mostrar apoyo emocional.*	**Establecer límites:** *puedo trabajar en establecer límites saludables en mis relaciones para proteger mi bienestar emocional y evitar el agotamiento.*
Comunicación efectiva: *me expreso de manera clara y asertiva, lo que facilita la transmisión de mis ideas y la resolución de conflictos de manera constructiva.*	**Manejo del conflicto:** *necesito desarrollar habilidades para manejar los desacuerdos y conflictos de manera constructiva, promoviendo un ambiente de respeto y comprensión mutua.*
Escucha activa: *presto atención y muestro interés por lo que los demás tienen que decir, lo cual promueve una comunicación más profunda y una comprensión mutua.*	**Autoafirmación:** *puedo trabajar en expresar mis necesidades, opiniones y deseos de una manera clara y asertiva, sin temor a la desaprobación de los demás.*
Generosidad: *estoy dispuesto a ayudar y apoyar a los demás de manera desinteresada, lo que fomenta relaciones de confianza y reciprocidad.*	**Tolerancia a la frustración:** *necesito aprender a manejar la frustración de manera saludable, reconociendo que no siempre puedo controlar los resultados, y encontrar formas de adaptarme y seguir adelante.*
Flexibilidad: *soy capaz de adaptarme a diferentes situaciones y puntos de vista, lo que facilita la resolución de conflictos y la colaboración con los demás.*	**Autocuidado:** *es importante que priorice mi propio bienestar emocional y que establezca rutinas y prácticas de autocuidado que me ayuden a mantener un equilibrio saludable en mis relaciones.*

PROCESAMIENTO DE LA INFORMACIÓN

El procesamiento es como un filtro que transforma nuestras experiencias. En este caso fíjate en Marta, que tenía creencias negativas sobre sí misma basadas en experiencias pasadas dolorosas. Había estado en una relación tóxica durante varios años. Su pareja constantemente la hacía sentir inferior. Marta había interiorizado esas palabras y creía que no merecía ser amada ni valorada. Su autoestima estaba en el punto más bajo y se sentía atrapada en un ciclo de sufrimiento emocional.

Un día, Marta tuvo un momento de lucidez: se dio cuenta de que merecía ser tratada con amor y respeto, y que la relación en la que se encontraba no le estaba aportando nada positivo. Fue un punto de inflexión en su vida y decidió que era hora de reconstruir su autoestima. Buscó apoyo emocional en amigos y familiares, quienes le recordaron su valía como persona. También comenzó a asistir a terapia para trabajar en sanar las heridas emocionales y reconstruir una imagen saludable de sí misma.

Marta comenzó a valorarse a sí misma y a establecer límites saludables en sus relaciones. Aprendió a decir «no» cuando algo no estaba en línea con sus valores y a rodearse de personas que la apoyaban y la animaban a crecer.

EJERCICIO: ESCRÍBETE A TI MISMO

Se trata de reflexionar sobre el mensaje que un amigo cercano y preocupado por ti te transmitiría acerca de la situación que te está causando sufrimiento. Imagina que te escribes una carta a ti mismo desde tu versión más amable y compasiva. Visualiza a tu «yo futuro» que te habla con cariño: ¿qué consejos te ofrecería?, ¿qué mensajes amorosos o consoladores te transmitiría?

Es importante enfatizar que no se trata de engañarte o darte mensajes irreales, evitando frases como «todo saldrá perfecto» o «eres la mejor persona del mundo». Se trata de establecer una conexión contigo mismo, validar tus emociones, ofrecerte un consejo sincero y hablarte con un tono cariñoso.

Si imaginas a tu «yo futuro» como alguien que tiene una buena relación consigo mismo, posee autoconfianza y está relajado, hazte estas preguntas: ¿cómo llegó hasta ese punto?, ¿qué acciones tomó en el pasado?, ¿qué haría él si estuviera en tu situación actual?

Al reflexionar sobre estas cuestiones, podrás obtener valiosas perspectivas sobre cómo fortalecer tu relación contigo mismo y alcanzar una mayor autoconfianza. Puedes descubrir qué pasos dar y qué enfoques adoptar para cuidarte y apoyarte durante este desafío en particular. Te pongo estas cartas de Marta como ejemplo:

Querida yo futura:

Hoy me dirijo a ti en busca de orientación y consuelo en medio de la situación que estoy atravesando. Sé que tú, desde tu perspectiva más empoderada y equilibrada, puedes ofrecerme valiosos consejos y mensajes amorosos, así que permíteme plantearte algunas preguntas y conectarme contigo en busca de sabiduría.

Para llegar hasta donde te encuentras ahora, imagino que has recorrido un camino de autodescubrimiento y crecimiento personal. Me gustaría saber qué acciones has tomado para establecer una buena relación contigo misma y cultivar esa autoconfianza y relajación que tanto admiro. Además, me gustaría recibir tu guía sobre cómo manejar mi situación actual. ¿Qué consejos me darías para enfrentar este desafío de manera más constructiva y resiliente? Sé que no se trata de negar las emociones, sino de validarlas y encontrar un enfoque sincero y compasivo para lidiar con ellas.

Te pido que me hables con sinceridad. Necesito saber que estás aquí para mí, brindándome el apoyo y la comprensión que tanto necesito en este momento. Recuerda, no estoy buscando mensajes irreales o promesas vacías, sino una conexión auténtica contigo y tus experiencias pasadas. Confío en tu sabiduría y en la perspectiva que has obtenido a lo largo de tu viaje. Eres un ejemplo inspirador para mí, y quiero aprender de ti para convertirme en la mejor versión de mí misma.

Gracias por escuchar y responder a mis preguntas. Estoy ansiosa por recibir tus palabras de aliento y orientación.

Con cariño, Marta.

Querida Marta del pasado:

Es un placer recibir tu carta y poder responder desde mi posición como tu yo futura. Antes que nada, quiero transmitirte mi amor y apoyo incondicional en este momento de tu vida. Entiendo las dificultades y desafíos que estás enfrentando, pero quiero que sepas que eres fuerte y capaz de superar cualquier obstáculo.

Para llegar hasta donde estoy ahora, he recorrido un camino de autodescubrimiento y crecimiento personal. He aprendido a valorarme y amarme a mí misma, reconociendo mis fortalezas y aceptando mis áreas de mejora. También he descubierto la importancia de la autocompasión y la aceptación de quien soy.

En cuanto a tu situación actual, quiero recordarte que eres más poderosa de lo que crees. Te animo a que te tomes un tiempo para reflexionar sobre tus recursos internos y externos. Identifica las fortalezas y habilidades que te han llevado a superar desafíos en el pasado. Confía en tu intuición y en tu capacidad para tomar decisiones. Recuerda que no estás sola en este viaje. Busca apoyo en aquellos que te rodean, ya sean amigos, familiares o mentores. No tengas miedo de pedir ayuda cuando lo necesites, ya que eso demuestra fortaleza y sabiduría.

Te sugiero que te tomes tiempo para procesar tus emociones y validar tus sentimientos. Permítete sentir lo que necesites sentir, sin juzgarte. Luego, trata de adoptar una perspectiva más amplia y objetiva. Busca soluciones creativas y enfoques alternativos para abordar el desafío desde diferentes ángulos. Recuerda que la vida está llena de altibajos y que los momentos difíciles también ofrecen oportunidades de crecimiento y aprendizaje. ¡Aprovecha cada experiencia!

Eres más valiente y poderosa de lo que crees. Sé amable contigo misma en este proceso y recuerda que mereces amor y felicidad en todas las etapas de tu vida.

Un saludo, Marta del futuro.

CÓMO TE COMPORTAS

El modo en el que te comportas es como una semilla que germina y florece. ¿Cómo suele materializarse lo que piensas y sientes?

En el caso de Miguel, solía dudar de sus capacidades y evitaba enfrentarse a desafíos. Pero un día decidió ser valiente. Se fijó metas realistas y se esforzó por alcanzarlas. Su vida será completa si va consiguiendo esos objetivos que se va marcando, sin la influencia de nadie.

AUTOEVALUACIÓN: LA TABLA DE TUS LOGROS

Es fundamental que periódicamente registres tus logros, aquellos objetivos que has alcanzado mediante esfuerzo y dedicación, en los que has invertido lo mejor de ti mismo. Estos logros pueden haber sido beneficiosos tanto para ti como para aquellos a quienes aprecias. No es necesario que sean acciones que hayan sido reconocidas o valoradas por los demás, lo importante es que cuenten con tu aprobación.

Una vez que los hayas anotado, en una columna adicional, evalúa los recursos que has utilizado para lograr ese objetivo en particular. ¿Qué capacidades, habilidades o destrezas te han ayudado en el proceso?

Logros	Recursos utilizados
Completé un proyecto importante en el trabajo.	Planificación estratégica, habilidades de organización, capacidad de comunicación efectiva, perseverancia, resiliencia.
Aprendí a tocar una canción en el piano y la interpreté en un concierto *amateur*.	Paciencia, práctica regular, capacidad de concentración, disposición para aprender de los errores, apreciación de la música.
Ayudé a un amigo a superar un desafío emocional.	Empatía, escucha activa, consejos reflexivos, apoyo emocional, capacidad de motivar y animar.

¿Eres consciente de tus fortalezas físicas y mentales? Completa una tabla como la que te propongo como ejemplo:

Fortalezas físicas	Fortalezas mentales
Resistencia	Creatividad
Coordinación	Resiliencia

En este ejercicio de autoevaluación, estarás reconociendo y valorando tus logros, reconociendo tus esfuerzos y dedicación. Al registrar y reflexionar sobre los recursos que has utilizado para alcanzar esos logros, estarás tomando conciencia de tus capacidades y fortalezas, tanto a nivel físico como mental.

¿CÓMO SE CONSTRUYE LA AUTOESTIMA?

La construcción de la autoestima es un proceso continuo y personal que implica desarrollar una valoración positiva y saludable de uno mismo. No hay una fórmula mágica ni un solo camino para alcanzarla, ya que cada uno de nosotros somos únicos y tenemos experiencias y circunstancias diferentes.

Componer una autoestima sólida es como edificar ese castillo desde cero para que el sol (nosotros mismos) se pueda cobijar. Comienza por los cimientos del **autoconocimiento,** ese sólido fundamento que te permite comprender quién eres y qué te hace único. Imagina que eres un arquitecto que examina cada rincón de tu ser: tus fortalezas, tus intereses, tus valores y tus metas personales. Al descubrir tus habilidades y aceptar tus áreas de mejora, te das cuenta de que nadie es perfecto, pero que todos tenemos algo valioso que aportar al mundo.

A medida que levantas las paredes de tu autoestima, te das cuenta de la importancia del **pensamiento positivo.** Te enfrentas a los obstáculos de la vida y desafías los pensamientos negativos o autocríticos que intentan derribar tu confianza. Por ejemplo, cuando alcanzas un logro, en lugar de minimizarlo, lo celebras y te felicitas por ello. Reconoces tus cualidades y te enfocas en tus aspectos positivos, construyendo así una imagen de ti mismo más sólida y positiva.

Continuando con la construcción de tu autoestima, estableces **metas realistas** como si fueran las ventanas de tu castillo. Sabes que estos objetivos deben ser alcanzables y realistas para sentirte motivado y satisfecho. Los divides en pequeños pasos y te regocijas con cada avance. Por ejemplo, si tienes la meta de aprender a tocar un instrumento, te marcas pequeños propósitos semanales para practicar y celebrar cada vez que dominas una nueva melodía. Esto te permite ver tu propio progreso y te refuerza en la búsqueda de tu autoestima.

Cuando decoras tu castillo, te das cuenta de la importancia del **autocuidado.** Te aseguras de que tu cuerpo, mente y espíritu estén en armonía. Te nutres con una alimentación equilibrada, te ejercitas regularmente para mantener tu energía en movimiento y te brindas el descanso adecuado para recargar tus baterías. Por ejemplo, al dedicar tiempo a leer un libro, dar un paseo por la naturaleza o practicar técnicas de relajación, te das cuenta de que cuidar de ti mismo contribuye a tu bienestar emocional y fortalece tu autoestima.

Mientras trabajas en la construcción de tu autoestima, **aprendes a aceptarte y a ser amable contigo mismo.** Entiendes que cometer errores y enfrentar desafíos son parte natural del crecimiento y aprendizaje. Cultivas la compasión hacia ti mismo, tratándote con la misma amabilidad y apoyo que brindarías a un ser querido. Por ejemplo, cuando enfrentas una situación difícil y cometes un error, en lugar de castigarte y culparte, te das permiso para aprender de la experiencia y te hablas con palabras de aliento y comprensión.

Además, te rodeas de personas que te apoyan y te valoran. Te aseguras de que estas **relaciones** sean **sólidas** y **saludables,** como los pilares de tu casa. Te rodeas de amigos y familiares que te inspiran y te motivan a crecer.

EL AUTOCONOCIMIENTO

El autoconocimiento nos dicta la verdad de nuestro ser. Cuando estamos cara a cara frente a él, lo que hacemos es encontrarnos con nuestra propia esencia, nuestras luces y sombras, nuestras fortalezas y debilidades.

Es como aquel espejo mágico del cuento de Blancanieves, donde la bruja malvada, obsesionada con la belleza exterior, consultaba al espejo para validar su propia valía: «Espejito, espejito, ¿quién es la más hermosa del reino?». Sin embargo, el espejo le mostraba únicamente la verdad: «Blancanieves», lo cual amenazaba su autoestima frágil y basada en estándares externos.

En contraste, cuando Blancanieves se encuentra con el espejo, este refleja su belleza interior y su bondad. El espejo le muestra su verdadera esencia, más allá de su apariencia física. A través de este encuentro, Blancanieves aprende a valorarse por su carácter, su amabilidad y su generosidad, cultivando así una autoestima basada en su **verdadero ser.**

Al mirarnos en el espejo del autoconocimiento, podemos explorar y aceptar nuestra verdadera esencia, comprender quiénes somos. Es el momento de hacer introspección y mejorar la imagen que tenemos de nosotros mismos.

EJERCICIO: ¿QUIÉN SOY YO?

Para hacer este ejercicio no usaremos un espejo mágico; utiliza fotos tuyas recientes, con las que te sientas bien y creas que te «definen».

Después de todas ellas, elige una en la que salgas tú solo; si no tienes, procura hacerte una antes de comenzar a hacer el ejercicio. Una vez que hayas escogido la foto, obsérvala. Mientras lo haces, intenta conectar con tu verdadero yo y responde a estas preguntas de forma sincera:

- ¿Cómo te ves físicamente?
- ¿Qué expresa tu mirada?
- ¿Ves si «esa persona» de la foto es insegura?
- ¿Tienes miedo de algo?
- ¿Crees que eres una víctima?
- ¿Con quién puedes ser realmente tú?

- ¿Te dedicas tiempo a ti mismo?
- ¿Tienes confianza en ti mismo?
- ¿Qué metas tienes hoy?
- ¿Cuánta fuerza de voluntad posees?
- ¿Crees que gozas de algún talento?
- ¿Tienes claro lo que quieres en tu vida?

Seguramente alguna de las respuestas que hayas dado te ha hecho sentirte mal. Atreverte a indagar en estos aspectos internos te permitirá avanzar. Saber quién eres «de verdad» te ayudará a reeducar tu autoestima.

EL PENSAMIENTO POSITIVO

El pensamiento positivo implica cultivar una actitud positiva hacia la vida y desarrollar una mentalidad constructiva y esperanzadora. Se basa en la creencia de que nuestros pensamientos y actitudes influyen en nuestra realidad y en cómo percibimos y experimentamos el mundo que nos rodea.

Un ejemplo de ello lo tenemos en otro personaje icónico de los cuentos de hadas. A pesar de las dificultades y el trato injusto que recibe de su madrastra y hermanastras, Cenicienta mantiene una actitud positiva y nunca pierde la esperanza. Su perseverancia y su creencia en la bondad y el amor la llevan a encontrar su final feliz.

Desarrollar un pensamiento positivo requiere práctica y compromiso. Implica entrenar la mente para ser consciente de los pensamientos negativos y reemplazarlos con pensamientos más constructivos y optimistas. Vamos a empezar con estas técnicas.

TÉCNICAS: REFUERZA TU PENSAMIENTO POSITIVO

Explora diferentes técnicas de pensamiento positivo para fortalecer tu mentalidad optimista. A través de ellas, aprenderás a enfocarte en lo positivo, cultivar la resiliencia y enfrentar los desafíos con una actitud positiva.

- **La pizarra.** Imagina una pizarra en blanco frente a ti, lista para ser rellenada con tus deseos y metas. Toma una tiza en tus manos y comienza a escribir en ella con confianza y determinación. Visualízate mientras escribes frases inspiradoras como las siguientes:

- «Estoy sereno y tranquilo en todas las situaciones».
- «Cada día logro mis objetivos y me acerco más a mis sueños».
- «Soy valiente y enfrento los desafíos con determinación».
- «Mi mente está llena de pensamientos positivos y constructivos».
- «Me quiero y me acepto tal como soy, con todas mis fortalezas y debilidades».
- «Atraigo abundancia y prosperidad en todas las áreas de mi vida».
- «Me rodeo de personas que me apoyan y me inspiran».
- «Cada obstáculo es una oportunidad para crecer y aprender».

Permite que estas palabras cobren vida en tu mente y siente cómo te llenan de confianza y motivación. Visualiza tus metas y sueños materializándose mientras observas las palabras escritas en la pizarra.

- **Evitar las afirmaciones rotundas.** Cuando hablamos de nosotros mismos y de nuestras metas, es importante tener cuidado con las palabras que elegimos. Las palabras tienen un poderoso impacto en nuestra mente y en nuestra realidad. Evita el uso de expresiones rotundas y negativas, como «nunca», «no llegaré a ningún sitio» o «esto no es para mí». En su lugar, prueba a utilizar afirmaciones positivas y motivadoras, como «lo voy a conseguir», «hoy he logrado mejorar» o «cada día estoy más seguro de mí mismo».

Estas palabras positivas te ayudarán a construir una mentalidad optimista. Al utilizar frases como «lo voy a conseguir», estás estableciendo una actitud de confianza en tus propias capacidades y abriendo las posibilidades hacia el éxito.

- **Palabras mágicas.** Con esta técnica vas a utilizar el poder de las palabras positivas para nutrir tu mente y crear una mentalidad optimista. Escribe los siguientes términos: ÉXITO, RIQUEZA, SALUD, RELAJACIÓN, CONFIANZA, SERENIDAD, FUERZA, ALEGRÍA, AMOR, FELICIDAD, HOY, PAZ. Además, escribe estas frases motivadoras en pequeñas tarjetas con un rotulador de un color alegre:

- «Cada día, de todas maneras, me voy sintiendo mejor».
- «Día a día, en todas las facetas de mi vida, me siento más seguro de mí mismo».
- «Tengo confianza en mí mismo, en los demás, en la vida».
- «Insistiré hasta alcanzar el éxito».
- «Tengo seguridad en mí mismo».
- «Puedo hacer cualquier cosa».

Coloca estas tarjetas en tu mesilla de noche, de manera que sean lo primero que veas antes de acostarte cada día. Tómate un momento para leer las palabras y las frases en voz alta, de modo que sus significados positivos se impregnen en tu mente.

Al repetir estas palabras y frases diariamente, estarás alimentando tu mente subconsciente con mensajes positivos y fortalecedores. Con el tiempo, empezarás a internalizar estas afirmaciones y a vivir de acuerdo con ellas. Sentirás cómo tu confianza y tu actitud positiva se fortalecen, lo que te permitirá enfrentar los desafíos de la vida con mayor determinación y optimismo.

• **El método Coué.** Es una técnica que utiliza la sugestión mental a través de la repetición diaria de una frase poderosa. Esta frase es: «Cada día, en todos los aspectos, me siento mejor y mejor».

Para aplicar este método, se recomienda pronunciar esta frase veinte veces seguidas tanto por la mañana al despertar como por la noche antes de dormir. Es importante decirlo en voz alta, cerrar los ojos y prestar atención a cada palabra que se formula.

Este sencillo ritual se integra en la vida diaria con el propósito de que el mensaje, expresado de manera consciente, llegue al subconsciente y se convierta en una realidad tangible.

A través del método Coué, uno desarrolla una predisposición diaria para mejorar como persona y, con el tiempo, alcanzar la mejor versión de uno mismo. Se establece un equilibrio armónico entre la mente y el cuerpo que impulsa un crecimiento personal continuo.

Es importante tener en cuenta que la efectividad de este método radica en la fe en las palabras que se repiten. Al cultivar una actitud positiva y receptiva, se abre la puerta para que los cambios deseados se manifiesten en la vida cotidiana.

ESTABLECER METAS REALISTAS

Establecer metas realistas y gestionar nuestras expectativas es esencial para un crecimiento personal saludable y satisfactorio. Un ejemplo que nos puede ayudar en este caso a comprenderlo es la fábula clásica de *La liebre y la tortuga* ¿Te acuerdas?

«Había una vez una liebre que siempre se burlaba de una tortuga por ser lenta. La liebre, alardeando de su velocidad, retó a la tortuga a una carrera. La tortuga, a pesar de ser consciente de su lentitud, aceptó el desafío. Acordaron una fecha y una hora para la gran carrera.

La noticia de la carrera se extendió rápidamente por el bosque, y todos los animales se reunieron para verla. La liebre estaba tan segura de su victoria que decidió dormir una siesta justo antes de comenzar la carrera.

Cuando llegó la hora de la carrera, la tortuga y la liebre se pusieron en la línea de salida. La liebre, con su gran velocidad, se adelantó rápidamente y desapareció de la vista de su contrincante. Mientras tanto, la tortuga avanzaba a paso lento pero constante.

A mitad de la carrera, la liebre estaba tan lejos que decidió dormir otra siesta en el camino. Pensó que tenía tiempo de sobra para recuperarse y ganar fácilmente. Sin embargo, lo que no sabía era que la tortuga seguía avanzando sin descansar.

Finalmente, cuando la liebre se despertó y corrió hacia la línea de meta, se sorprendió al descubrir que la tortuga ya estaba allí, esperándola. La tortuga había ganado la carrera».

Esta fábula nos puede enseñar una lección valiosa sobre la importancia de fijarnos objetivos realistas y mantener una actitud constante. La liebre establece altas expectativas y se confía en su velocidad, mientras que la tortuga se enfoca en su propio ritmo constante y se marca metas realistas para llegar a la meta. Aunque la liebre comienza con una gran ventaja, se distrae y subestima el enfoque y la perseverancia de la tortuga. Al final, la tortuga alcanza la meta, con lo que demuestra que establecer metas realistas y mantener una actitud constante puede conducir al éxito. ¿Te gustaría aprender a alcanzar tus metas como la tortuga?

EJERCICIO: ALCANZA TUS METAS EN TRES PASOS

Encuentra un momento de tranquilidad para ti, durante el cual puedas relajarte y sentirte cómodo. Puedes buscar un rincón acogedor en tu casa o poner música suave que te haga sentir bien. Prepara tu mente y tu espacio para este ejercicio de transformación personal. Para ello, te invito a seguir los siguientes tres pasos para comenzar este viaje:

1. **Analiza qué motivos te impidieron alcanzar metas anteriores**
   Reflexiona sobre estas preguntas que te planteo:

   - ¿Cuáles fueron tus propósitos en años anteriores?
     Piensa en aquellas metas que te habías propuesto, como hacer ejercicio, dejar de fumar, cambiar de trabajo, buscar nuevos amigos, entre otras.
   - ¿Qué metas no lograste alcanzar?
     Identifica aquellas metas que no pudiste alcanzar a pesar de tus es-

fuerzos. Reconoce cuáles fueron los obstáculos o desafíos que encontraste en el camino.
- ¿Qué fue lo que te impidió alcanzar esas metas?
Explora las razones o circunstancias que te impidieron lograr esas metas. Pudo ser falta de tiempo o de motivación, miedo al cambio o cualquier otro factor que influyera en tu camino hacia el éxito.

Al responder a estas cuestiones podrás obtener información valiosa sobre tu enfoque al establecer metas y los obstáculos que encontraste en el pasado. Esta reflexión te brindará una mayor comprensión sobre tu forma de abordar la consecución de metas y te ayudará a identificar las áreas en las que podrías necesitar apoyo o trabajar en ti mismo.

2. Para alcanzar tus metas proponte objetivos alcanzables
El objetivo es generar cambios en nuestro comportamiento, y cuanto más específicos y concretos sean nuestras metas mayor será la probabilidad de comprometernos con el cambio.

Recuerda que tus metas deben ser alcanzables, específicas y medibles, y debes definir los pasos concretos para lograrlas. Por ejemplo, el propósito de «mejorar mis habilidades de comunicación en el trabajo», es una buena meta, pero necesitamos afinarla aún más. Tenemos que pensar qué significa para nosotros comunicar mejor, qué necesitamos para alcanzar ese objetivo y qué acciones concretas debemos tomar. Entonces puedo establecer metas intermedias.

Ejemplos:

- *Participar activamente en reuniones de equipo al menos una vez por semana, aportando ideas y opiniones de manera clara y concisa.*
- *Realizar al menos una presentación o exposición frente a un grupo de compañeros de trabajo en los próximos dos meses.*
- *Mejorar mi capacidad para escuchar activamente a mis colegas, prestando atención y mostrando interés genuino en sus ideas y preocupaciones.*
- *Practicar técnicas de comunicación asertiva para expresar mis opiniones de manera respetuosa y constructiva, evitando conflictos innecesarios.*

Para alcanzar estas metas intermedias, necesitamos identificar los pasos concretos y alcanzables que nos acercarán a ellas en un corto plazo.

- *Tomar notas durante las reuniones para estar preparado y poder aportar comentarios o formular preguntas relevantes.*

- *Practicar presentaciones frente a un espejo o grabarme para evaluar mi lenguaje corporal y expresión verbal.*
- *Participar en actividades de desarrollo profesional relacionadas con la comunicación, como talleres o cursos en línea.*
- *Leer libros o artículos sobre comunicación efectiva y aplicar los conceptos aprendidos en situaciones reales.*

3. Haz balance de las decisiones

El balance de decisiones es una herramienta efectiva para reflexionar sobre los beneficios y costos de mejorar, siguiendo el mismo ejemplo, la comunicación en el trabajo.

Este paso te permite evaluar los aspectos positivos y negativos de mejorar la comunicación en el trabajo, y te ayuda a tomar decisiones informadas sobre cómo abordar este aspecto crucial en tu entorno laboral.

Haz una tabla como la siguiente para evaluar de manera más objetiva los beneficios y costos de mejorar, en este caso, la comunicación en el trabajo.

Mejorar la comunicación en el trabajo	
Pros	Contras
• Fomentar un ambiente de trabajo más armonioso y colaborativo.	• Requerir tiempo y esfuerzo para aprender y aplicar nuevas habilidades de comunicación.
• Aumentar la eficiencia y productividad en las tareas y proyectos.	• Enfrentar resistencia o falta de apoyo de algunos colegas o superiores.
• Fortalecer las relaciones laborales y promover un mejor trabajo en equipo.	• Tener que superar la comodidad de las dinámicas de comunicación establecidas.
• Reducir conflictos y malentendidos.	• Exponerse a críticas o confrontaciones posibles al abordar problemas de comunicación.
• Impulsar la satisfacción laboral y el compromiso con la organización.	
• Evitar cambios y perturbaciones en las dinámicas de comunicación existentes.	• Perpetuar malentendidos y falta de claridad en las tareas y proyectos.
• Minimizar el riesgo de enfrentar resistencia o conflictos al introducir nuevas prácticas.	• Contribuir a un ambiente laboral tenso, con conflictos y falta de colaboración.
	• Limitar el crecimiento personal y profesional al no desarrollar habilidades de comunicación efectivas.
• Mantener la zona de confort y familiaridad con los patrones de comunicación establecidos.	• Generar insatisfacción y desmotivación en el equipo de trabajo.

EL AUTOCUIDADO

El autocuidado es una forma tangible de demostrar respeto hacia nosotros mismos. Implica reconocer que tú eres el protagonista de tu propia historia y que tienes la responsabilidad de cuidar de ti mismo en todos los aspectos de tu vida.

Ser el protagonista significa tomar decisiones conscientes y saludables que promuevan tu propia salud y felicidad. Supone establecer límites saludables, aprender a decir «no» cuando sea necesario y buscar actividades que te brinden alegría y bienestar. Además, implica tomar el control de tu vida y no depender únicamente de otras personas o circunstancias externas para tu felicidad.

Ya lo dice Fangoria en su canción llamada *Nadie mejor que tú*: «Empieza por reconocer / Qué es lo que eres / Tienes que recuperar / Tu identidad».

Esta canción invita a reflexionar sobre el papel activo que cada uno de nosotros interpretamos en nuestra propia vida. Resalta la importancia de cuidarnos a nosotros mismos, de tomar las riendas y decidir qué camino seguir en nuestra experiencia.

Es importante destacar que tu autocuidado no es egoísmo, sino una forma de asegurarte de que estás en un estado óptimo para cuidar de los demás y cumplir con tus responsabilidades.

¿Cuántas veces te apetece decir «no» y no te sale? A menudo, sentimos la presión de complacer a los demás, evitar conflictos, o que no piensen que somos egoístas.

EJERCICIO: DESCÚBRETE A TI MISMO DICIENDO «SÍ» EN LUGAR DE «NO»

Haz una lista de todas las veces en las que dices «sí» cuando en realidad quieres decir «no». Observa en cuántas ocasiones te encuentras en situaciones en las que no estás siendo congruente con tus verdaderos sentimientos, pensamientos y acciones.

Ejemplos:

- *Aceptar una invitación a una fiesta cuando en realidad no te apetece socializar y preferirías tener tiempo para ti mismo.*
- *Asumir responsabilidades adicionales en el trabajo cuando ya te encuentras sobrecargado y necesitas descansar.*
- *Ceder ante las demandas o exigencias de alguien, hasta el punto de comprometer tus propios límites y necesidades.*
- *Participar en actividades que no te interesan solo para complacer a los demás, en lugar de elegir lo que realmente te gusta.*
- *Asumir tareas o responsabilidades familiares o domésticas que exceden tus capacidades y te generan estrés.*

Una vez que hayas creado tu lista, reflexiona sobre lo que está sucediendo y valora las consecuencias que tiene en tu salud física, emocional y mental. También presta atención a cómo esta falta de congruencia afecta a tu comunicación con otras personas.

Es hora de poner tus propios límites y decir ese «no» cuando lo desees. Es momento de darle prioridad a tus necesidades.

EJERCICIO: DI «NO» SIN REMORDIMIENTOS
Practica en establecer límites. Consiste en ser sincero al expresar un «no» a través de palabras, gestos e incluso lenguaje corporal.

Comienza con los «noes» que son menos difíciles y avanza hacia los más complejos (normalmente aquellos relacionados con personas cercanas a tu entorno). Recuerda que la práctica lleva a la maestría.

Ejemplos:

- *Un amigo te invita a ver una película que no te interesa. Puedes decir amablemente: «Gracias por la invitación, pero prefiero descansar en casa esta noche».*
- *Tu jefe te pide que asumas una tarea adicional que sabes que te sobrecargará. Puedes decir de manera respetuosa pero firme: «Agradezco la oportunidad, pero actualmente tengo varias responsabilidades y no puedo asumir más trabajo. ¿Hay alguna forma de repartir la carga de trabajo?».*
- *Un familiar te pide que le prestes una suma considerable de dinero, pero sabes que no podrás recuperarlo fácilmente. Puedes decir: «Entiendo que necesitas ayuda financiera, pero en este momento no puedo prestarte esa cantidad. Podemos buscar otras formas de apoyarte».*
- *Una persona cercana te pide que hagas algo que va en contra de tus valores o te hace sentir incómodo. Puedes decir con claridad y asertividad: «entiendo que esto es importante para ti, pero no puedo hacerlo. No está alineado con lo que creo que es correcto. Espero que lo comprendas».*

EL ORIGEN DE TU AUTOESTIMA

> *Todo comienza con una historia.*
> Anónimo

Con esa frase se anunciaba una gran compañía de *streaming*, para subrayar la importancia y el poder de las historias en nuestras vidas. Y es que la autoestima no tiene un origen único y definido. Es una mezcla compleja de experiencias, interacciones y creencias que se entrelazan en el tejido de nuestra identidad. Es decir, nuestras historias.

Desde nuestros primeros días, cuando comenzamos a descubrir el mundo y a interactuar con quienes nos rodean, la semilla de la autoestima se planta. Las sonrisas y palabras de aliento de nuestros seres queridos nutren nuestra percepción de nosotros mismos, mientras que la crítica constante y el desprecio pueden arañar esa capa protectora que construimos.

En los patios de los colegios, en las aulas de los centros de enseñanza, en el trabajo y a lo largo de la vida, nuestras interacciones sociales moldean la forma en que nos vemos a nosotros mismos. Los elogios y reconocimientos por nuestros logros nos levantan al fortalecer nuestra imagen y confianza. Al mismo tiempo, esos momentos de rechazo y burlas pueden minar nuestra seguridad y sembrar dudas.

A medida que maduramos, los éxitos y fracasos personales se convierten en una pieza clave del rompecabezas de la autoestima. Los logros en el trabajo, en el deporte o en nuestros *hobbies* nos susurran al oído que somos capaces, que podemos enfrentar cualquier desafío.

Sin embargo, los tropiezos y decepciones también dejan su marca, haciéndonos cuestionar nuestras capacidades y provocando grietas en nuestra confianza.

Y en lo más profundo de nuestras mentes, resuenan las voces del pasado: los mensajes internalizados, tanto positivos como negativos. Las palabras de aliento de aquella persona que te inspiraba junto con los comentarios desalentadores que nos hicieron sentir pequeños. Estos mensajes se entrelazan con nuestras creencias sobre nosotros mismos, dando forma a la imagen que proyectamos hacia el mundo y a cómo nos valoramos internamente.

En este entramado complejo, encontramos el origen de la autoestima. Pero a medida que comprendemos las piezas que componen este puzle, podemos empezar a trabajar en fortalecernos y construir una base sólida de confianza y aceptación de nosotros mismos

LA IMPORTANCIA DEL APEGO

Te voy a contar la historia de Ana, Juan y María. Los tres se criaron en un pequeño pueblo cerca de mi ciudad.

Ana había crecido en un entorno familiar donde se sentía amada, valorada y apoyada. Sus padres siempre estuvieron presentes para ella, brindándole consuelo cuando lo necesitaba y fomentando su independencia. Ana desarrolló un **apego seguro**, lo que le proporcionó una sólida base para explorar el mundo y confiar en sí misma. Siempre se sentía valiosa y querida, lo que le brindaba una autoestima saludable.

Juan había experimentado un **apego inseguro** en su infancia. Sus padres tenían dificultades para proporcionarle el apoyo emocional que necesitaba. A menudo se sentía abandonado y no sabía si podía confiar en ellos. Esta inseguridad en su relación de apego afectaba a su autoestima, generando dudas sobre su valía y sus habilidades para relacionarse con los demás.

Por último, estaba María, quien había experimentado un **apego ansioso.** Sus padres eran impredecibles en su atención y cariño. A veces estaban disponibles y afectuosos, pero otras veces eran distantes y fríos. Esto generaba en María una necesidad constante de buscar la aprobación y atención de los demás, lo que afectaba a su autoestima. Sentía que solo era valiosa si recibía validación externa.

A medida que Ana, Juan y María crecían, estas experiencias de apego influían en su forma de verse a sí mismos y de relacionarse con los demás. Ana, con su apego seguro, mantenía una autoestima saludable y establecía relaciones equilibradas y satisfactorias. Juan, por su parte, luchaba con sentimientos de inseguridad y baja autoestima, lo que dificultaba el establecimiento de relaciones cercanas. María, con su apego ansioso, buscaba desesperadamente la validación externa, lo que podía llevar a una autoestima inestable y dependiente.

¿Qué tipo de apego crees que es el tuyo? Compruébalo con el siguiente test.

CUESTIONARIO: ¿CUÁL ES MI TIPO DE APEGO?

Este cuestionario breve te ayudará a evaluar tu estilo de apego. Responde a cada pregunta según cómo te sientas o cómo actúes en general. Elige la opción que mejor describa tus experiencias y sentimientos.

1. En situaciones de trabajo en equipo, ¿cómo te sientes al confiar en los demás para completar tareas importantes?

a. Confío en la capacidad y responsabilidad de los demás para realizar su parte del trabajo.

b. A veces me preocupa que los demás no cumplan con sus responsabilidades, pero puedo delegar y confiar en general.

c. Me siento ansioso y necesito controlar y supervisar todo para asegurarme de que se haga correctamente.

2. ¿Cómo te sientes cuando alguien te ofrece ayuda o apoyo emocional en momentos de dificultad?

a. Aprecio y acepto la ayuda y el apoyo de los demás.

b. A veces me siento un poco incómodo, pero puedo aceptar y agradecer la ayuda en general.

c. Me resulta difícil aceptar la ayuda y me siento inseguro de si realmente merezco su apoyo.

3. En situaciones de toma de decisiones, ¿cómo te sientes al confiar en tu propio juicio?

a. Confío en mis habilidades para tomar decisiones y en mi intuición.

b. A veces dudo de mis decisiones, pero en general confío en mi capacidad para elegir.

c. Me siento inseguro y necesito la aprobación de los demás antes de tomar decisiones importantes.

4. ¿Cómo te sientes cuando alguien expresa emociones fuertes, como enojo o tristeza, cerca de ti?

a. Me siento cómodo y capaz de ofrecer apoyo emocional y escucha activa.

b. A veces me siento un poco incómodo, pero puedo ser solidario y brindar apoyo en general.

c. Me siento abrumado y ansioso, porque temo que su emoción me afecte negativamente.

5. En situaciones de conflicto interpersonal, ¿cómo te sientes al expresar tus preocupaciones y límites?

a. Me siento capaz de expresar mis preocupaciones y establecer límites de manera asertiva.

b. A veces me cuesta expresar mis preocupaciones, pero puedo hacerlo con esfuerzo y práctica.

c. Me resulta difícil expresar mis preocupaciones y establecer límites, y evito el conflicto a toda costa.

6. ¿Cómo te sientes cuando alguien te elogia o te hace cumplidos por tus logros?
a. Aprecio los elogios y los tomo como reconocimiento de mis esfuerzos.
b. A veces me siento un poco incómodo, pero puedo aceptar los elogios en general.
c. Me siento inseguro y tiendo a minimizar o desvalorizar los elogios que recibo.

7. En situaciones sociales, ¿cómo te sientes al conocer a nuevas personas y participar en conversaciones grupales?
a. Me siento cómodo y disfruto de conocer a nuevas personas y participar activamente en las conversaciones.
b. A veces me siento un poco tímido o inseguro, pero puedo participar y conectarme en general.
c. Me siento ansioso y autocrítico, y temo el rechazo o no encajar en el grupo.

8. ¿Cómo te sientes cuando alguien expresa desacuerdo y critica tus opiniones o ideas?
a. Puedo manejar el desacuerdo y la crítica de manera constructiva y abierta.
b. A veces me siento un poco sensible, pero puedo escuchar y considerar diferentes perspectivas.
c. Me siento muy afectado por el desacuerdo o la crítica, lo que me genera inseguridad y dudas sobre mí mismo.

9. En situaciones de intimidad emocional, ¿cómo te sientes al compartir tus emociones más profundas y vulnerables?
a. Me siento cómodo y seguro compartiendo mis emociones íntimas con personas de confianza.
b. A veces me siento un poco reservado, pero puedo compartir mis emociones con cierta apertura.
c. Me resulta difícil y temo ser juzgado o rechazado si muestro mi vulnerabilidad emocional.

10. ¿Cómo te sientes cuando estás solo y no tienes interacciones sociales durante un tiempo prolongado?
a. Disfruto de mi tiempo a solas y me siento cómodo en mi propia compañía.
b. A veces me siento un poco solitario, pero puedo disfrutar de mi tiempo a solas.
c. Me siento muy ansioso y desesperado por la compañía de otras personas.

Puntuación:
- Cada respuesta «a» corresponde a 3 puntos.
- Cada respuesta «b» corresponde a 2 puntos.
- Cada respuesta «c» corresponde a 1 punto.

Suma tus puntos y consulta los resultados a continuación:

- **8 - 10 puntos.** Indica un apego seguro. Tienes una base sólida en tus relaciones y te sientes confiado en el amor y la intimidad.
- **4 - 7 puntos.** Indica un apego inseguro. Puedes tener momentos de duda y preocupación en tus relaciones, y aun así eres capaz de experimentar momentos de seguridad y conexión.
- **0 - 3 puntos.** Indica un apego ansioso. Tiendes a sentirte ansioso y necesitado en tus relaciones y buscas constantemente la validación y atención de los demás.

HOGAR, DULCE HOGAR

El hogar se supone que es el lugar donde nos sentimos más cómodos y protegidos, donde podemos ser nosotros mismos sin miedo ni juicios. Es donde iremos «vistiéndonos» con nuestra armadura de autoestima desde que somos pequeños.

El hogar no se limita solo al espacio físico donde vivimos, sino que también abarca las relaciones y el ambiente emocional que lo rodea. De este modo, el núcleo familiar será el encargado de proporcionarnos las piezas necesarias para construir nuestra protección interna y enfrentar el mundo con confianza y seguridad.

En primer lugar, la familia nos aporta las «placas» de amor incondicional. Son esas muestras constantes de afecto y cariño las que nos envuelven y nos hacen sentir amados y valorados. El amor familiar es el tejido que refuerza nuestra autoimagen, recordándonos que merecemos ser amados y que somos seres valiosos.

AUTOCONOCIMIENTO: ¿TU FAMILIA TE AMABA INCONDICIONALMENTE?

En este ejercicio no hay respuestas correctas o incorrectas, solo tus propias experiencias y sentimientos. Sé amable contigo mismo durante el proceso.

Considera la siguiente pregunta: ¿tu familia te amaba incondicionalmente?

1. Explora el amor condicional y el incondicional en tu familia
Anota tus pensamientos y recuerdos relacionados con estas preguntas:

- ¿Sentías que el amor de tu familia no estaba condicionado a nada?
- ¿Recuerdas momentos en los que te sentiste amado sin importar tus logros?
- ¿Hubo ocasiones en las que sentiste que el amor de tu familia estaba condicionado a ciertos comportamientos o expectativas?
- ¿Cómo te afectaba emocionalmente cuando sentías que el amor de tu familia no era incondicional?
- ¿Recuerdas a alguien de tu familia que te demostrara amor incondicional?

2. Procesa las emociones a través de la escritura sobre el amor familiar

A medida que escribas, permítete sentir las emociones que surgen. No reprimas ninguna emoción y explora tus sentimientos libremente.

3. Descubre qué patrones hay en las experiencias de amor en la familia

Después de escribir reflexiona un momento sobre tus respuestas.

- ¿Notas algún patrón o tema recurrente en tus experiencias del amor incondicional en tu familia?

4. Busca las conexiones entre las experiencias familiares y tu percepción actual del amor

Reflexiona sobre cómo estas experiencias pueden haber influido en tu forma actual de percibir y recibir amor.

5. Redefine la expresión del amor en tus relaciones presentes y futuras

Considera cómo te gustaría experimentar y expresar el amor en tus relaciones actuales y futuras.

Además, la familia nos equipa con las «piezas» de **apoyo emocional.** En tiempos de dificultad, son ellos quienes nos levantan y nos animan a seguir adelante. Nos escuchan con atención, nos brindan palabras de aliento y nos sostienen en momentos de adversidad. Con su apoyo, podemos resistir las embestidas de la vida y superar los desafíos con determinación.

AUTOEVALUACIÓN: ¿TE SENTÍAS PROTEGIDO EMOCIONALMENTE?

Sigue estos pasos para saber si te sentías protegido emocionalmente en tu hogar.

1. Explora el apoyo emocional en tu familia

Reflexiona sobre tus experiencias y anota tus respuestas a estas preguntas:

- ¿Sentías que tenías el apoyo emocional de tu familia?
- ¿Recuerdas momentos en los que te sentiste protegido emocionalmente?
- ¿Alguna vez te sentiste desamparado o sin apoyo emocional?
- ¿Te afectaba de alguna manera en particular cuando no te sentías protegido emocionalmente?
- ¿Recuerdas a algún miembro de tu familia que te brindara una protección emocional constante?

2. Procesa tus emociones a través de la reflexión familiar

A medida que escribas, permítete sentir las emociones que surjan. No reprimas ninguna de ellas.

3. Identifica patrones en experiencias de protección emocional

Después de escribir, toma un momento para reflexionar sobre tus respuestas.

- ¿Notas algún patrón o tema recurrente en tus experiencias de protección emocional en tu familia?

4. Identifica las conexiones entre experiencias familiares y la búsqueda de protección emocional actual

Reflexiona sobre cómo estas experiencias pueden haber influido en tu forma actual de buscar protección emocional en tus relaciones y en tu vida.

5. Busca y fomenta la protección emocional en tu vida actual

Considera cómo te gustaría sentirte protegido emocionalmente y qué acciones o cambios puedes implementar en tu vida para fomentar esa protección.

La **comunicación sincera y abierta** es otra «pieza» fundamental que nos ofrece la familia. A través de conversaciones honestas y respetuosas, aprendemos a expresar nuestros pensamientos, deseos y emociones de manera auténtica. Esta comunicación nos ayuda a desarrollar una autoexpresión saludable y a construir una imagen de nosotros mismos basada en la verdad y la autenticidad.

AUTOCONOCIMIENTO: ¿PODÍAS EXPRESAR TUS EMOCIONES LIBREMENTE?

Piensa en tu familia cuando eras pequeño y considera la siguiente pregunta: ¿podías expresar tus emociones libremente en tu familia cuando eras pequeño?

1. Explora tu expresión emocional en la infancia

Toma papel y lápiz para escribir tus respuestas. Sin juzgarte a ti mismo, anota tus pensamientos y recuerdos relacionados con estas preguntas:

- ¿Sentías que tenías permiso para expresar tus emociones abiertamente?
- ¿Recuerdas momentos en los que expresar tus emociones era bien recibido y aceptado?
- ¿Hubo ocasiones en las que te sentiste cohibido o juzgado al mostrar tus emociones?
- ¿Cómo te sentías cuando tus emociones no eran tomadas en cuenta o eran minimizadas?
- ¿Recuerdas a algún miembro de tu familia que te alentara a expresar tus emociones?

2. Libera emociones a través de la escritura reflexiva

A medida que escribas, permítete sentir las emociones que surgen. No reprimas ninguna emoción y explora tus sentimientos libremente.

3. Identifica los patrones en experiencias emocionales de tu infancia
Después de escribir, reflexiona durante un momento sobre tus respuestas.

• ¿Notas algún patrón o tema recurrente en tus experiencias emocionales en la infancia?

4. Busca la conexión entre experiencias emocionales pasadas y tu expresión actual de emociones
Considera cómo estas experiencias pueden haber influido en tu forma actual de expresar y manejar tus emociones.

5. Redefine la expresión emocional que deseas
Reflexiona acerca de lo que deseas para ti mismo en términos de expresión emocional.

•¿Cómo te gustaría expresar tus emociones ahora?

6. Comparte tus reflexiones emocionales con confianza
Si sientes la necesidad de compartir tus reflexiones, busca a alguien de confianza, como un amigo cercano o un terapeuta, con quien puedas hablar sobre tus experiencias y emociones.

Asimismo, la familia nos dota del **respeto mutuo.** En un entorno familiar respetuoso, nuestras opiniones son valoradas y nuestras diferencias son aceptadas. Este respeto nos permite desarrollar una autoestima sólida, alentándonos a ser fieles a nosotros mismos y a valorar la diversidad en los demás.

EJERCICIO: ¿VIVÍAS EN UN AMBIENTE AGRADABLE?
En este caso, piensa en tu hogar cuando eras pequeño y considera la siguiente pregunta: ¿vivías en un ambiente agradable?

1. Explora el ambiente familiar de tu infancia
Registra tus pensamientos y recuerdos relacionados con estas preguntas:

• ¿Sentías que tu hogar era un lugar acogedor y cálido?
•¿Recuerdas momentos en los que te sentías feliz y tranquilo en tu entorno familiar?
•¿Hubo ocasiones en las que te sentiste incómodo en tu entorno familiar?
•¿Cómo te afectaba emocionalmente cuando el ambiente en casa no era agradable?
•¿Recuerdas a algún miembro de tu familia que contribuyera a crear un ambiente agradable?

2. Reflexiona sobre las experiencias vividas en el hogar de tu infancia
Después de escribir las que te parezcan más significativas, toma un momento para reflexionar sobre tus respuestas.

• ¿Notas algún patrón o tema recurrente en tus experiencias del ambiente familiar durante la infancia?

3. Busca las conexiones entre las experiencias familiares y el ambiente actual donde vives
Considera cómo estas experiencias pueden haber influido en tu forma actual de percibir y crear ambientes agradables en tu vida.

4. Diseña un entorno de bienestar emocional deseado
Reflexiona sobre lo que deseas para ti mismo en términos de ambiente y bienestar emocional.

• ¿Cómo te gustaría que fuese tu entorno actual?

Por último, la familia nos entrega la **conexión afectiva.** Son los lazos familiares los que nos hacen sentir parte de algo mucho más grande, nos brindan un sentido de pertenencia y nos proveen de un refugio emocional. Esta conexión nos da la fortaleza para enfrentar los desafíos y nos recuerda que no estamos solos en nuestro camino.

En conjunto, todas estas piezas que la familia nos proporciona nos permiten vestirnos con la coraza de la autoestima. Nos dan la confianza y la fortaleza necesaria para enfrentar las adversidades, superar los obstáculos y abrazar nuestro verdadero valor interior. Aunque la armadura pueda tener sus imperfecciones y desgastes, gracias a la familia podemos repararla y fortalecerla a lo largo de nuestras vidas.

SI SIENTES QUE TUS NECESIDADES NO HAN SIDO CUBIERTAS
Es fundamental para nuestra autoestima que nuestras necesidades sean atendidas de una manera equilibrada. Es posible que, después de reflexionar acerca del punto anterior, te hayas dado cuenta de que algunas necesidades han sido plenamente satisfechas por tu entorno familiar, mientras que otras no tanto. En consecuencia, es importante abordar de manera profunda aquellas que han permanecido descuidadas.

Para que comprendas claramente este concepto, podemos compararlo con el ejemplo de la armadura. Si algunas piezas quedan sueltas, es necesario reforzarlas adecuadamente. Ahora que eres adulto, debes ser tú mismo quien se encargue de este proceso y, por ende, asumir la responsabilidad de intentar satisfacer esas necesidades.

La **falta de amor incondicional** en la infancia puede tener diversas consecuencias en nuestra vida adulta. Esto incluye la sensación de carencia constante, la búsqueda incansable de amor, la represión emocional, comportamientos excesivamente amorosos, sentimientos de no merecer nunca nada, dependencia emocional, intentos de llenar el vacío emocional y dificultad para amarnos a nosotros mismos y brindar amor a los demás. Sin embargo, es posible trabajar en la sanación de estas heridas emocionales para construir relaciones saludables y desarrollar un amor propio sólido.

EJERCICIO: ESCRIBE UNA CARTA DE SANACIÓN AL NIÑO QUE FUISTE

1. Conecta con tu niño interior

Escribe una carta desde tu yo adulto hacia tu niño interior. Expresa tus sentimientos sinceros y profundos. Reconoce las necesidades de amor que tenías y cómo te afectaron en tu vida adulta.

2. Establece un compromiso de cuidado y amor hacia tu niño interior

En la carta, asegúrale a tu niño interior que estás ahí para él ahora. Promete brindarle el amor y cuidado que necesitaba en aquel entonces y que merece ahora.

3. Determina pasos para sanar y nutrir la relación con tu niño interior

Enumera los pasos que estás dispuesto a dar para sanar y nutrir tu relación con tu niño interior. Esto puede incluir prácticas de autocuidado, terapia, trabajar en la autoestima y establecer límites saludables, entre otros.

4. Añade palabras de esperanza y compromiso en la carta de sanación

Termina la carta con palabras de amor y apoyo. Envía un mensaje de esperanza y compromiso para caminar juntos en el proceso de sanación.

5. Guarda la carta para reconectar en los momentos de dificultad

Guarda la carta en un lugar seguro para poder volver a ella cuando te haga falta. Puedes leerla en momentos de dificultad o cuando sientas la necesidad de reconectar con tu niño interior.

Por otro lado, cuando arrastramos **una falta de apoyo emocional,** pueden surgir consecuencias, como baja autoestima, inseguridad, dependencia, dificultad para expresar emociones, relaciones insatisfactorias, problemas de autorregulación emocional y autocuidado deficiente. A pesar de ello, es posible sanar todas estas heridas emocionales a través de trabajo personal cuando somos adultos.

EJERCICIO: TRABAJA TUS EMOCIONES INTERNAS
Te propongo el siguiente ejercicio dirigido a tus emociones internas:

1. Reflexiona sobre la carencia de apoyo emocional en tu infancia
Encuentra un lugar tranquilo para reflexionar sobre tu infancia. Cierra los ojos y recuerda momentos en los que sentiste falta de apoyo emocional por parte de tus padres o cuidadores. Pueden ser situaciones en las que necesitabas consuelo, validación o a alguien que estuviera presente para ti.

2. Identifica los patrones relacionales y las creencias limitantes
Observa los patrones que se repiten en tus relaciones con los demás y contigo mismo. Por ejemplo, ¿tiendes a buscar constantemente la aprobación de otras personas? ¿Te resulta difícil expresar tus emociones por miedo al rechazo? Identifica también las creencias limitantes que has desarrollado, como «no merezco ser amado» o «no puedo confiar en los demás».

3. Sana a tu niño interior: aceptación y amor
Dirige tu atención hacia tu niño interior y visualízalo frente a ti. Repite afirmaciones como «te quiero y te acepto tal como eres» y «merezco amor y apoyo emocional». Permítete sentir cualquier emoción que surja durante este proceso y acéptala sin juzgarte.

4. Escribe una nueva historia de crecimiento y autocuidado
Ahora con un papel y un bolígrafo escribe una nueva historia sobre tu infancia y tu relación contigo mismo. Enfócate en los aspectos positivos de tu crecimiento personal y en cómo has superado los desafíos emocionales. Por ejemplo, puedes escribir: «Aunque no recibí el apoyo emocional que necesitaba en mi infancia, he aprendido a ser autónomo y a buscar fuentes saludables de apoyo en mi vida adulta. Me amo y me cuido a mí mismo».

Por su parte, la **falta de comunicación sincera y abierta** puede llevar a una carencia de conexión emocional, conflictos, supresión de emociones, dificultad para establecer límites, falta de resolución de problemas y aislamiento emocional.

EJERCICIO: TRABAJA LA FORMA DE COMUNICARTE
A continuación te muestro un ejercicio para una óptima comunicación.

1. Reflexiona sobre la carencia de comunicación durante la infancia
Recuerda un momento de tu infancia en el que sufriste falta de comunicación.

Ejemplo. Podrías recordar una situación en la que tus padres no te escucharon cuando intentabas expresar tus sentimientos o necesidades. Reflexio-

na sobre cómo te hizo sentir y cómo podría haber afectado a tus patrones de comunicación en la actualidad.

2. Identifica patrones y creencias limitantes en la comunicación

Observa si hay patrones recurrentes en tu forma de comunicarte como resultado de esa experiencia.

Ejemplo. Podrías darte cuenta de que te cuesta expresar tus opiniones o que tienes miedo al rechazo si muestras vulnerabilidad. Reconoce cualquier creencia limitante que tengas sobre la comunicación sincera y abierta.

3. Establece una intención para la comunicación auténtica

Formula una afirmación de intención para mejorar tu forma de comunicarte.

Por ejemplo, puedes decir: «Estoy decidido a abrirme a la comunicación sincera y abierta en mi vida. Me comprometo a expresar mis pensamientos y sentimientos de manera auténtica y respetuosa».

4. Practica la comunicación abierta con un amigo de confianza

Ahora, imagina que estás hablando con un amigo de confianza sobre tus sentimientos y necesidades relacionados con esa situación de falta de comunicación en la infancia. Practica cómo expresar tus emociones de manera clara y respetuosa, sin culpar ni juzgar.

Ejemplo. Podrías decir: «Recuerdo que en nuestra infancia hubo momentos en los que sentí que no se me escuchaba cuando intentaba hablar sobre mis preocupaciones. Esto me hizo sentir frustrado y poco valorado. Me gustaría poder comunicarme abiertamente en nuestras interacciones para construir una relación más auténtica y significativa».

5. Conecta con las emociones y las necesidades en la comunicación

Tómate un momento para conectar con tus emociones y necesidades relacionadas con la falta de comunicación en la infancia. Pregúntate qué emociones te surgieron en ese momento y qué necesidades no se satisficieron.

Ejemplo. Podrías identificar la necesidad de sentirte escuchado, validado y amado.

Permítete sentir esas emociones y necesidades mientras las reconoces.

6. Implementa la comunicación consciente en la vida diaria

A medida que avanzas en tu proceso de mejora de la comunicación, pon en práctica la comunicación consciente en tus interacciones diarias. Antes de hablar, tómate un momento para reflexionar sobre cómo deseas expresarte y cómo puedes escuchar de manera más consciente. Mantén la apertura y la disposición a aprender y crecer en cada interacción.

REENCUÉNTRATE CON EL INICIO DE TU HISTORIA

El comienzo de tu historia se remonta a cuando eras un niño. No se puede negar que tu infancia tiene un impacto significativo en quién eres hoy en día. Todo lo que viviste en aquel entonces, las emociones que experimentaste, tus acciones, así como lo que te «hicieron» y lo que «hiciste», han contribuido a forjar tu identidad actual.

No somos plenamente conscientes de cómo nuestras experiencias de la infancia nos influyen en el ahora. Es posible que intentemos negar esta conexión porque puede resultar difícil aceptar que ciertos comportamientos de nuestros padres o tutores en aquel entonces aún nos afectan en la actualidad.

Supón que, cuando eras niño, solías ser muy tímido y retraído. Te costaba trabajo hacer amigos y hablar en público te generaba una gran ansiedad. Gran parte de esta timidez se debía a las experiencias que tuviste en la escuela primaria. Recuerdas claramente cómo algunos compañeros de clase te hacían burla y te ridiculizaban en público. Esta situación te generó un temor profundo al rechazo y a la vergüenza. A medida que creciste, llevaste contigo esta timidez y ansiedad social en tu vida adulta. Ahora, ya mayor, a menudo evitas situaciones sociales, y tu autoestima se ve afectada. Procuras no hablar en público o expresar tus opiniones en reuniones de trabajo.

Sin embargo, es importante reconocer que no se trata de culpar a nadie por las experiencias pasadas. Es necesario que comprendamos cómo estas vivencias han influido en la forma en que nos vemos a nosotros mismos y cómo nos relacionamos con los demás. Al tomar conciencia de esta conexión, podemos comenzar a explorar cómo estos patrones han afectado a nuestra autoestima y a nuestra percepción de nosotros mismos.

EJERCICIO: ¿CÓMO SENTÍAS ESAS VIVENCIAS EN LA INFANCIA?

Completa cada frase según tus propias vivencias y sentimientos de la infancia. Esto te ayudará a reflexionar sobre cómo te sentías entonces.

1. **Solía hacer las cosas de manera que complaciera a mis padres, ya que me gustaba verlos felices...**
   Ejemplo. Lo solía hacer ayudando en las tareas del hogar y obteniendo buenas notas en la escuela.

2. Siempre experimentaba emociones positivas cuando...

Ejemplo. *Experimentaba emociones positivas cuando mi mamá o mi papá me elogiaban por mis logros académicos o deportivos.*

3. El día más difícil de mi infancia fue...

Ejemplo. *El día más difícil de mi infancia fue cuando perdí a mi perro y me sentí extremadamente triste y desconsolado.*

4. Durante las noches, solía sentir una sensación de tranquilidad y seguridad...

Ejemplo. *Solía sentir una sensación de tranquilidad y seguridad cuando mis padres me arropaban y me contaban historias antes de dormir.*

5. Los conflictos conmigo surgían...

Ejemplo. *Los conflictos conmigo solían ser por mi terquedad y mi resistencia a seguir las reglas establecidas en casa.*

6. Solían decirme «no» principalmente cuando...

Ejemplo. *Solían decirme «no» sobre todo cuando pedía permiso para salir con mis amigos a altas horas de la noche.*

7. Siempre que cometía un error o hacía algo fuera de lo común...

Ejemplo. *Siempre que cometía un error se burlaban de mí, lo que me afectaba emocionalmente de manera negativa.*

8. En mi hogar, las notas académicas eran consideradas...

Ejemplo. *En mi hogar las notas académicas eran importantes y decían que era «mi trabajo».*

9. Lo que más temía de mis padres era...

Ejemplo. *Lo que más temía era el enfado de mi padre y su tono de voz cuando me portaba mal o desobedecía.*

10. Si lloraba...

Ejemplo. *Si lloraba, me decían que expresara mis emociones y que no tuviera miedo de mostrar vulnerabilidad.*

11. Lo que más disfrutaba en el mundo era...

Ejemplo. *Lo que más disfrutaba era pasar tiempo al aire libre, explorando la naturaleza y viviendo nuevas aventuras.*

12. Cuando mis padres se enfadaban conmigo...

Ejemplo. *Cuando mis padres se enfadaban conmigo, solían conversar para buscar soluciones y aprender de los errores.*

13. A la hora de la comida...

Ejemplo. A la hora de la comida nos sentábamos juntos como familia para compartir anécdotas del día y disfrutar de la compañía mutua.

14. Si me enfadaba...

Ejemplo. Si me enfadaba, trataba de expresar mi frustración de manera constructiva y buscaba soluciones en lugar de quedarme resentido.

15. Solía compararme con mis hermanos y amigos para...

Ejemplo. Solía compararme con los demás para destacar mis habilidades y aprender unos de otros.

16. Mis padres me ofrecían...

Ejemplo. Mis padres me ofrecían múltiples abrazos diarios, mostrando su cariño y apoyo incondicional.

17. En nuestra familia, la sexualidad era un tema...

Ejemplo. En nuestra familia la sexualidad era un tema que se abordaba con respeto, honestidad y con apertura a las preguntas.

18. El tiempo diario que pasábamos juntos solía ser...

Ejemplo. El tiempo diario que pasábamos juntos solía ser valioso y lleno de actividades en las que nos divertíamos y fortalecíamos nuestros lazos familiares.

Recuerda que, aunque tu infancia haya dejado una huella en ti, todavía tienes el poder de tomar el control de tu propia vida y definir tu identidad en función de tus elecciones y experiencias actuales.

LOS RECUERDOS TIENEN IMPACTO EN LA AUTOESTIMA

Los recuerdos pueden tener un **impacto significativo** en nuestra autoestima. Son como la galería de fotos en nuestro teléfono móvil, donde se capturan los momentos de nuestra vida que pueden influir en cómo nos sentimos con nosotros mismos. Cada imagen en esta aplicación te alimenta y afecta a tu crecimiento.

Por ejemplo, si rememoras el día en que ganaste un trofeo en una competición del colegio, seguramente te sentirás orgulloso de tus habilidades físicas. Te recordará que eres capaz de lograr cosas extraordinarias y fortalecerá tu autoestima.

Por otro lado, si no has olvidado un momento embarazoso en el que te tropezaste y caíste frente a alguien, ese recuerdo puede generar vergüenza y afectar negativamente a tu autoestima. Quizás empieces a creer que eres torpe o propenso a cometer errores, lo que podría afectar a tu confianza en ti mismo.

Pero, cuidado, al igual que engancharse al teléfono móvil es perjudicial para nuestra salud, aferrarse en exceso a los recuerdos también puede tener un efecto similar hacia la autoestima. Si eres muy del cine de los ochenta como lo soy yo, podrás recordar una escena de la película *Dentro del laberinto,* en la que Sarah, la protagonista, se encuentra rodeada de sus juguetes de la infancia. Está contemplando la idea de quedarse allí y jugar con ellos, ya que en el pasado esos momentos le proporcionaban felicidad.

Esta escena puede representar metafóricamente la tentación de aferrarse a los recuerdos pasados como una forma de escapar de la realidad presente. Quedarse atrapado en los recuerdos puede impedirnos avanzar y crecer como individuos.

AUTOCONOCIMIENTO: ¿VIVES AFERRADO AL PASADO?
Aquí te propongo un cuestionario que puedes utilizar para reflexionar sobre si vives aferrado al pasado. Responde sinceramente a cada pregunta y ten en cuenta tus respuestas al final para tener una idea más clara de tu situación.

1. **¿Con qué frecuencia piensas en eventos o situaciones pasadas?**
   Ejemplo. Pienso en eventos pasados varias veces al día, a menudo me encuentro recordando momentos específicos y reviviéndolos en mi mente.

2. **¿Sueles comparar tu vida actual con momentos o épocas pasadas?**
   Ejemplo. Sí, tiendo a comparar mi vida actual con momentos pasados. A veces siento que las cosas eran mejores antes y me cuesta apreciar lo que tengo ahora.

3. **¿Te encuentras reviviendo constantemente recuerdos positivos o negativos?**
   Ejemplo. A menudo me encuentro reviviendo tanto recuerdos positivos como negativos. Me gusta recordar los momentos felices, aunque tiendo a rumiar situaciones pasadas dolorosas.

4. **¿Prefieres pasar tiempo solo para recordar y revivir experiencias pasadas?**
   Ejemplo. Sí, a veces prefiero pasar tiempo a solas para recordar y revivir experiencias pasadas. Me gusta sumergirme en los recuerdos y sentir la nostalgia que me generan.

5. **¿Has dejado de tomar decisiones o enfrentar nuevos desafíos porque temes perder lo que tenías en el pasado?**
   Ejemplo. Sí, en ocasiones he evitado tomar decisiones o enfrentar nuevos desafíos porque tengo miedo de perder lo que tenía en el pasado. Me preocupa que las cosas no sean tan buenas como antes.

6. ¿Te resulta difícil desprenderte de objetos, fotos u otros recuerdos materiales?

Ejemplo. Sí, me resulta difícil deshacerme de objetos, fotografías y otros recuerdos materiales. Me aferro a ellos porque siento que son una parte importante de mi historia.

7. ¿Sientes nostalgia con frecuencia y te cuesta aceptar los cambios?

Ejemplo. Sí, experimento nostalgia con frecuencia y a veces me cuesta aceptar los cambios. Me gustaría que las cosas permanecieran igual y a veces me resisto a aceptar que todo cambia.

8. ¿Has experimentado dificultades para perdonar y dejar atrás situaciones dolorosas del pasado?

Ejemplo. Sí, he tenido dificultades para perdonar y dejar atrás situaciones dolorosas del pasado. Me resulta difícil superar el resentimiento y seguir adelante.

9. ¿Te aferras a relaciones pasadas, ya sean amistades o parejas, incluso cuando sabes que no son saludables para ti?

Ejemplo. Sí, me he aferrado a relaciones pasadas, incluso cuando sé que no son saludables para mí. A veces tengo miedo de estar solo o de no encontrar a alguien más.

10. ¿Te encuentras idealizando constantemente momentos pasados, creyendo que todo era mejor antes?

Ejemplo. Sí, tiendo a idealizar constantemente momentos pasados y creo que todo era mejor antes. A veces tengo dificultades para reconocer las cosas positivas que hay en mi vida actual.

Al reflexionar sobre tus respuestas, considera si tus pensamientos y comportamientos están limitando tu capacidad para disfrutar plenamente del presente y avanzar hacia el futuro.

¿CÓMO EVITAR VIVIR AFERRADO AL PASADO?

Si notas que estás viviendo demasiado aferrado al pasado, pueden ser útiles los consejos que te indico a continuación.

APRENDE DEL PASADO, PERO NO TE QUEDES EN ÉL

Es posible utilizar las experiencias negativas, por muy dolorosas que hayan sido, como oportunidades para aprender y afrontar futuras situaciones. Es importante tomarse un tiempo para reflexionar sobre esas experiencias y descubrir cómo se pueden aprovechar en el futuro cercano.

EJERCICIO: APRENDE DE TUS EXPERIENCIAS PASADAS
Para aprender de tus experiencias pasadas, puedes hacerte algunas preguntas simples:

- ¿Cuál fue la realidad de lo que ocurrió? Enfócate en los hechos y evita interpretaciones subjetivas.
- ¿Qué emociones experimenté? Puede ser útil escribirlas o expresarlas de alguna manera personal.
- ¿Cómo puedo utilizar esta experiencia para empoderarme y fortalecer mis emociones?

Una vez que hayas respondido a estas preguntas, es importante seguir adelante. Aunque es aceptable reflexionar sobre el pasado durante un período breve, obsesionarse con él unicamente mantendrá presentes pensamientos y sentimientos negativos.

Recuerda que aprender de las experiencias pasadas puede ser una herramienta valiosa para crecer personalmente y enfrentar el futuro con mayor sabiduría y resiliencia.

EXPRESA LO QUE SIENTES
No dudes en liberar el dolor que llevas dentro. Puedes hacerlo al hablar con la persona que te lastimó (o a quien lastimaste), desahogarte con un amigo o plasmarlo por escrito. Expresar tus sentimientos te puede ayudar a determinar qué acciones, si las hay, son necesarias para avanzar.

LA CULPA NO ES DE LOS DEMÁS
Es tentador adoptar el papel de víctima, ya que resulta cómodo y, a veces, nos hace sentir mejor, sobre todo en comparación con enfrentar la verdad. Sin embargo, culpar a los demás nos impide avanzar. En la mayoría de los casos, señalar con el dedo no es más que una forma de quejarse sin solucionar realmente nada.

Para reflexionar sobre esto, te invito a hacer el siguiente ejercicio.

EJERCICIO: EVITA CAER EN LA VICTIMIZACIÓN
Ten a mano un papel y un bolígrafo.

1. Identifica la victimización y la culpa
Escribe una lista de situaciones en las que te has sentido como víctima y has culpado a otros. Sé honesto contigo mismo.

Ejemplo. Me siento excluido en mi grupo de amigos porque nunca me invitan a salir. Son unos egoístas y no muestran ningún interés en incluirme en sus planes.

2. Asume la responsabilidad en situaciones de conflicto

Ahora, al lado de cada situación, anota cómo podrías haber asumido un papel más activo y responsable en vez de culpar a los demás.

Ejemplo. Reconozco que he sido pasivo y no he expresado claramente mi deseo de unirme a sus actividades.

3. Diseña acciones positivas para la resolución de problemas

Piensa en las acciones concretas que podrías haber iniciado para resolver el problema o mejorar la situación.

Ejemplo. Podría haberles dicho a mis amigos que me gustaría ser incluido en sus planes y sugerirles actividades en las que podría participar. También podría organizar encuentros y fortalecer la conexión con ellos.

4. Reconoce las diferencias al abandonar el papel de víctima

Reflexiona sobre cómo de diferente habría sido tu experiencia si hubieras dejado de lado el papel de víctima y te hubieras responsabilizado de tus propias decisiones y acciones.

Ejemplo. Si hubiera asumido un papel más activo y responsable, habría tenido más control sobre mi participación en el grupo de amigos. Habría podido expresar mis deseos y necesidades de manera clara y buscar alternativas para sentirme más incluido.

DISFRUTA DEL AHORA

Abandonar el pasado y centrarse en el presente es una manera efectiva de avanzar. En lugar de quedarte atrapado en recuerdos y sentimientos negativos, es importante mantenerse activo y disfrutar del momento actual. Explora nuevas experiencias, practica la atención plena, cuida de tu cuerpo y cultiva las relaciones sociales. Vive cada instante, incluso si implica simplemente que observes las nubes mientras te sientas en el parque. Te recomiendo este sencillo ejercicio para lograrlo.

EJERCICIO: DISFRUTA DEL PRESENTE

Este ejercicio te ayudará a disfrutar el presente.

1. Reconoce el peso del pasado en el presente

Reflexiona sobre cómo te sientes con respecto al pasado. ¿Hay recuerdos o emociones que te estén frenando en el presente? Identifica cuáles son y reconócelos.

Ejemplo. Me siento atrapado en recuerdos dolorosos de una relación pasada que me impiden avanzar y disfrutar el presente.

2. Crea un catálogo de actividades para vivir el presente

Haz una lista de actividades o prácticas que te permitan vivir el presente.

Ejemplo:
- *Aprender algo nuevo: inscribirme en un curso de fotografía y explorar mi creatividad.*
- *Practicar la meditación: dedicar 10 minutos al día a la meditación para cultivar la atención plena.*
- *Realizar ejercicio físico: salir a correr tres veces a la semana para mantenerme activo y mejorar mi bienestar físico.*
- *Compartir una cena con un amigo: planificar una cena en un restaurante nuevo con mi mejor amigo para disfrutar de buena comida y compañía.*
- *Hacer nuevos amigos: unirme a un grupo de actividades para conocer personas con intereses similares.*

3. Comprométete con una acción para el «ahora»

Escoge al menos una actividad de tu lista y comprométete a hacerla en los próximos días. Establece un día y una hora concretos para llevarla a cabo.

Ejemplo. Elijo la de hacer nuevos amigos: el próximo jueves, a las 19:00, asistiré a una clase de salsa en un estudio de baile cercano.

4. Practica la atención plena en lo que hagas

Durante la actividad elegida, concéntrate en estar completamente presente. Presta atención a los detalles, a tus sentidos y a cómo te hace sentir el momento. Permítete disfrutar de la experiencia.

Ejemplo. Durante la clase de salsa, enfocaré mi atención en los movimientos, la música y la conexión con mi pareja de baile. Dejaré de lado las preocupaciones y me sumergiré en la experiencia.

5. Reflexiona después de volver al presente

Después de realizar la actividad, reflexiona sobre cómo te sentiste y cómo influyó en tu estado de ánimo y perspectiva. Observa si hubo algún cambio positivo o una sensación de liberación.

Ejemplo. *Después de la clase de salsa, me sentí emocionado y revitalizado. Bailar me permitió liberar tensiones, divertirme y estar en el presente. Sentí una mayor conexión con mi cuerpo y una sensación de alegría.*

6. Cultiva la plenitud del presente a través de la repetición
Repite este ejercicio de forma regular, eligiendo diferentes actividades para vivir el presente. Observa cómo esta práctica te ayuda a dejar el pasado atrás y a disfrutar más plenamente de tu vida en el presente.

Ejemplo. Continuaré explorando nuevas actividades, como practicar yoga, asistir a eventos culturales o involucrarme en voluntariados. A través de estas experiencias, seguiré cultivando la habilidad de vivir plenamente el presente.

LOS RECUERDOS SON DE CADA UNO

Los recuerdos son **subjetivos** y pueden variar de una persona a otra. Factores como nuestras creencias, estado emocional, sesgos cognitivos y la relevancia personal que asignamos a un recuerdo pueden afectar a cómo los evocamos y los interpretamos. Por ejemplo, un viaje familiar a la playa podría ser un recuerdo feliz para ti, que te encanta y disfrutas del mar y la arena, pero para tu padre no es tan agradable porque no se siente cómodo en la arena cuando está mojado y no soporta el calor.

Además, **la forma en que recuerdas los eventos** puede cambiar con el tiempo a medida que adquieres nuevas experiencias y conocimientos. De este modo, un recuerdo doloroso puede volverse menos impactante a medida que ganas perspectiva y encuentras formas de superarlo. Del mismo modo, los recuerdos positivos pueden fortalecer tu autoestima a medida que los mantienes «vivos» y los utilizas como recordatorio de tus capacidades y logros.

EJERCICIO: RECUPERA TUS RECUERDOS
En este ejercicio se busca crear conciencia de los recuerdos emocionales importantes, tanto los que se sienten bien como los que se sienten dolorosos.

Registra varios recuerdos de tu infancia que te hayan impactado, tanto los agradables como los dolorosos.

– Paso 1
Anota los recuerdos que surjan en tu mente. Escribe los nombres de las personas que fueron importantes en esos recuerdos. No tienen que ser momentos específicos, también pueden ser experiencias generales o eventos recurren-

tes. Si no puedes pensar en recuerdos importantes, utiliza la siguiente lista para ayudarte a empezar:

- ¿Quién era tu figura de apego más cercana cuando eras niño?
- ¿Cómo fue crecer en tu familia?
- ¿Cómo se satisficieron tus necesidades más importantes cuando eras niño y quién las satisfizo?
- ¿Cómo fue tu experiencia en el colegio?
- ¿Has sido objeto de acoso, intimidación, marginación o agresión por parte de tus compañeros?
- ¿Has sufrido abuso físico o sexual?
- ¿Recuerdas haber sentido mucho miedo, enfado, vergüenza o tristeza? ¿En qué situaciones ocurría esto?
- ¿Cómo reaccionaban tus padres cuando sentías miedo, enfado, vergüenza o tristeza?
- Describe a tu madre y a tu padre como cuidadores.
- ¿Tienes recuerdos dolorosos relacionados con tus padres?
- ¿A quién acudías en busca de apoyo durante tu infancia?
- ¿Tienes buenos recuerdos de haber sido cuidado por alguien, ya sea dentro o fuera de tu familia?

– Paso 2

De los recuerdos que has escrito, escoge uno que consideres importante para examinar en este momento.

Ahora explora diferentes aspectos del recuerdo que has seleccionado. Intenta responder a las siguientes preguntas:

- ¿Qué personas están involucradas en el recuerdo?
- ¿Qué sucedió?
- Imagínate en ese momento. Conéctate con tu cuerpo: ¿cómo te sentías en ese momento y lugar?
- ¿Qué emoción crees que experimentabas en ese momento?
- ¿Qué necesitaba el «tú del pasado» en esa situación?

– Paso 3

Una vez que has explorado el recuerdo con detenimiento, plantéate las siguientes cuestiones:

- ¿Qué situaciones comunes de hoy podrían activar una sensación similar a la de aquel entonces?
- ¿Qué se necesita hoy para activar este recuerdo?
- ¿Cómo tiende a afectarte?

EXPLORA TUS FORTALEZAS Y DEBILIDADES

> *¡Me convertiré en el rey de los piratas!*
> Luffy. *One Piece*

Cuando exploramos nuestras fortalezas y debilidades es como si navegáramos por un vasto océano en busca de tesoros y aventuras, igual que en una historia de piratas. Imagina por un momento que tu «ser interior» es un mapa lleno de islas. Cuando dedicas tiempo para explorarlas, te adentras en un viaje de autoconocimiento que te permitirá descubrir lo que hay dentro de ti.

En esta travesía, te detienes en cada isla, exploras sus rincones y descubres las joyas que alberga. Si te acercas a la **isla de las Fortalezas,** encontrarás tesoros radiantes que brillan con confianza y te impulsan hacia adelante. Estos tesoros pueden ser habilidades excepcionales, talentos naturales o rasgos de personalidad positivos que te ayudan a destacar en diferentes áreas de la vida.

Por otro lado, al aproximarte a la **isla de las Debilidades,** puedes encontrar un lugar misterioso y desafiante con grandes oportunidades de crecimiento. Al descubrir lo que habita en ella, reconoces la necesidad de desarrollar nuevas habilidades, superar obstáculos y transformar esas debilidades en fortalezas.

Al igual que los piratas regresan a su guarida con tesoros y con historias épicas, tú también puedes volver a la vida cotidiana con una mayor confianza en tus habilidades y aceptando tus debilidades.

Conviértete en el rey de los piratas y hazte con uno de los **más imponentes y legendarios tesoros** buscados por todo el mundo: **conocerte a ti mismo y mejorar la autoestima.**

JUEGO: TRES FORTALEZAS Y TRES DEBILIDADES

Esta es una actividad que puedes realizar para reflexionar sobre tus características personales y mejorar tu autoconocimiento. A continuación, te explico cómo llevar a cabo este juego.

1. Reconoce y celebra tus fortalezas

Dedica un tiempo con tranquilidad y sin distracciones para reflexionar sobre tus fortalezas. Piensa en tus talentos y cualidades. Pueden estar relacionados con tus habilidades interpersonales, tu creatividad, tu capacidad de organización, tu inteligencia emocional, entre otras.

Después, identifica al menos tres fortalezas que consideres que te representan bien.

Ejemplos:

- *Habilidad para comunicarte de manera efectiva.*
- *Creatividad en la resolución de problemas.*
- *Empatía y capacidad para comprender las emociones que experimentan los demás.*

2. Describe tus fortalezas de manera específica

Escribe acerca de tus fortalezas de forma concreta.

Ejemplos:

- *Habilidad para comunicarte de manera efectiva. «Poseo la capacidad de expresar mis ideas de forma clara y persuasiva, lo cual me permite establecer conexiones significativas con los demás».*
- *Creatividad en la resolución de problemas. «Soy capaz de encontrar soluciones innovadoras cuando me enfrento a desafíos».*
- *Empatía. «Tengo la habilidad de ponerme en el lugar de los demás y comprender sus sentimientos, lo que me permite brindar apoyo emocional y establecer relaciones sólidas».*

3. Explora tus áreas de desarrollo personal

Después de trabajar en el conocimiento de tus fortalezas, es el momento de reflexionar sobre tus debilidades. Piensa en aquellas áreas en las que sientes que tienes dificultades. Estas debilidades pueden estar relacionadas con habilidades técnicas, aspectos emocionales o comportamientos negativos.

Después, identifica al menos tres debilidades que te gustaría abordar.

Ejemplos:

- *Dificultad para manejar el estrés.*
- *Tendencia a procrastinar en tareas importantes.*
- *Falta de confianza al hablar en público.*

4. Identifica y describe tus debilidades

Al igual que hiciste con las fortalezas, escribe tus tres debilidades en un papel. Sé honesto contigo mismo y evita juzgarte con severidad. Enfócate en las áreas en las que deseas crecer y desarrollarte.

Ejemplos:

- *Dificultad para manejar el estrés.* «A veces me siento abrumado por la presión y me cuesta encontrar estrategias efectivas para gestionar el estrés y mantener la calma en situaciones desafiantes».
- *Tendencia a procrastinar en tareas importantes.* «A menudo pospongo la realización de tareas cruciales, lo que puede generarme ansiedad y afectar a mi productividad y logro de metas».
- *Falta de confianza al hablar en público.* «Siento inseguridad al hablar en público y me preocupa ser juzgado o cometer errores, lo que dificulta mi capacidad para expresarme con confianza y claridad».

5. Reflexiona sobre el impacto y el potencial de tus fortalezas y debilidades

Una vez que hayas identificado tus fortalezas y debilidades, tómate un momento para reflexionar sobre ellas. Reconoce cómo te han influenciado en tu vida y cómo puedes utilizar tus fortalezas para aprovechar oportunidades y enfrentar desafíos. Del mismo modo, piensa en cómo puedes abordar tus debilidades y trabajar en ellas para crecer y mejorar.

HABLEMOS DE FORTALEZAS

En este punto, nos adentramos juntos en una misteriosa isla llena de desafíos y obstáculos, conocida como la **isla de las Fortalezas Personales.**

La isla está cubierta de tupidos bosques y altas montañas que representan los retos y los límites que enfrentamos en nuestro viaje hacia el conocimiento interior. A medida que avanzamos, nos encontramos con poderosos enemigos en forma de autocrítica y falta de confianza en uno mismo.

Para superar estos obstáculos, cuentas con mi guía y una increíble tripulación: tu entorno más cercano. Cada miembro de este grupo es una parte vital de tu viaje, cada uno con su propia historia y sabiduría para compartir; su apoyo y aliento son fundamentales para descubrir tus tesoros internos.

A medida que avances en la búsqueda de tus fortalezas las irás descubriendo. Cada desafío superado revelará una habilidad, una cualidad o un recurso innato que estaba latente en ti, pero que no habías reconocido plenamente.

AUTOACEPTACIÓN

En medio del denso bosque de la isla, encuentras un cofre brillante. Al abrirlo, descubres la **autoaceptación,** una gema radiante que te permite abrazar y amar todas las partes de ti mismo, sin juzgar ni criticar.

EJERCICIO: EXPLORANDO LA AUTOACEPTACIÓN

Para cultivar la aceptación de uno mismo, es esencial explorar nuestro ser en profundidad. En este ejercicio, necesitarás un cuaderno y un bolígrafo.

– Paso 1

Al comienzo de cada página, escribe una de las siguientes frases incompletas:

- *No es fácil para mí admitir que...*
- *No puedo creer que en el pasado yo...*
- *Me resulta difícil aceptarme cuando yo...*
- *Una de las emociones que no me gusta aceptar es...*
- *Una de las acciones que no me gusta aceptar es...*
- *Uno de los pensamientos que no me gusta aceptar es...*
- *Una parte de mi cuerpo que no me gusta aceptar es...*
- *Si aceptara más mi cuerpo...*
- *Si aceptara más las cosas que he hecho...*
- *Si aceptara más mis sentimientos...*
- *Si aceptara de manera honesta mis deseos y necesidades...*
- *Lo que más me asusta de aceptarme es...*
- *Si los demás vieran que me acepto más...*
- *Lo bueno de aceptarme sería...*
- *Empiezo a darme cuenta de que...*
- *Empiezo a sentir...*

– Paso 2

Luego, completa la frase escribiendo cinco posibles finales. No te detengas mucho tiempo pensando, ya que podrías censurarte a ti mismo.

Aquí tienes un ejemplo con la primera frase: «*No es fácil para mí admitir que...*

Ejemplo:

- *... a menudo me preocupo demasiado por la opinión de los demás.*
- *... tengo miedo de enfrentar mis propios errores y fallos.*
- *... a veces me siento inseguro acerca de mi apariencia física.*
- *... tengo dificultades para perdonarme a mí mismo por mis errores pasados.*
- *... a veces me cuesta expresar mis verdaderos sentimientos a los demás.*

– Paso 3

Una vez que hayas completado todas las frases, léelas en voz alta y verás cómo descubres aspectos de tu personalidad que tal vez estuvieras ocultando. Ahora, podrás reflexionar sobre ellos, aceptarte como eres y comenzar el camino hacia la mejora de aquello que no te gusta, para elevar tu autoestima.

AUTOCONFIANZA

Siguiendo el camino, llegas a una montaña imponente y desafiante. Tras superar sus peligros, localizas un cofre resplandeciente lleno de **autoconfianza,** una joya que te infunde valor y creencia en tus propias habilidades y capacidades.

EJERCICIO: DIARIO DE LOGROS Y ACEPTACIÓN DE ERRORES

Con este ejercicio vas a cambiar el enfoque de tus errores, fracasos y derrotas, que es en lo que nos suelen educar, y te centrarás en reconocer y valorar tus logros. Para ello, te propongo tener un diario de éxitos o logros, donde anotarás cada día al menos una cosa que hayas conseguido, por pequeña que sea. Por ejemplo, podrías escribir: «Hoy terminé ese proyecto que llevaba tiempo postergando» o «logré superar mi miedo y hablé en público frente a un grupo».

Cada vez que anotes un logro en tu diario, tómate un momento para reflexionar sobre ello y reconocer tus fortalezas y habilidades que te llevaron a alcanzar ese éxito. Al leer tus entradas, recordarás tus logros anteriores y cómo superaste obstáculos en el pasado. Esto ayudará a dirigir tu enfoque hacia tus fortalezas y potencialidades.

Además, como parte de esta nueva perspectiva, permítete cometer errores. En lugar de juzgarte o exigirte la perfección, acéptate a ti mismo como un ser humano en constante aprendizaje. Si cometes un error o enfrentas un fracaso, en lugar de castigarte, tómalo como una oportunidad de crecimiento. Analiza lo sucedido, identifica lecciones aprendidas y piensa en cómo podrías abordar la situación de manera diferente en el futuro.

AUTOCOMPASIÓN

En las profundidades de una cueva oscura, descubres un cofre reluciente que contiene la **autocompasión.** Esta gema te permite ser amable y comprensivo contigo mismo, tratándote con bondad y compasión en momentos de dificultad.

EJERCICIO: TIEMPO DE AUTOCOMPASIÓN

El ejercicio consiste en decir tres oraciones para ti mismo. La primera oración reconoce que, durante los momentos de angustia, estás experimentando sufrimiento. La segunda oración te conecta con los demás en el mundo, reconociendo que no estás solo en tus sentimientos. La tercera oración implica decirte algo amable que te ayude a brindarte compasión en ese momento. Para hacerlo, sigue los pasos que te indico a continuación:

– Paso 1

Cierra los ojos o enfoca tu mirada en un punto frente a ti.

– Paso 2

Si estás en un estado de calma, recuerda una situación que te genera malestar. Elige una situación incómoda pero no abrumadora.

Ejemplo. Una interacción incómoda con un colega en el trabajo. Durante esa conversación, te sentiste inseguro y tuviste dificultades para expresar tus ideas de manera clara. Esta situación te generó malestar y te dejó con sentimientos de frustración e insatisfacción.

Si esto te está resultando abrumador, respira profundamente para tranquilizarte un poco.

– Paso 3

Observa los sentimientos que surgen en ti. Permanece con ellos por un momento.

– Paso 4

Primera oración. Dices: «Este es un momento de sufrimiento» o algo similar. Reconoces que experimentaste una sensación de incomodidad y te permites validar ese sufrimiento emocional que sentiste durante la interacción.

– Paso 5

Segunda oración. Di: «El dolor es parte de la vida». Te recuerdas a ti mismo que todos enfrentamos momentos difíciles en nuestras interacciones sociales y que no estás solo en esto. Otras personas también pueden haber tenido experiencias similares y han experimentado sus propias dificultades.

– Paso 6

Tercera oración. Di: «Puedo ser amable conmigo mismo». (o «puedo aceptarme a mí mismo tal como soy»). Te brindas compasión y aceptación, reconociendo que eres humano y que cometer errores forma parte de tu proceso de aprendizaje y crecimiento. Te animas a seguir adelante, aprendiendo de esa experiencia para mejorar tus habilidades de comunicación en el futuro.

AUTORRESPETO

Continúas la búsqueda y llegas a un acantilado escarpado, donde hallas un cofre enorme. Al abrirlo, das con el **autorrespeto,** una joya que te enseña a honrar y valorar tu propio ser, estableciendo límites saludables y cuidando de tu bienestar.

EJERCICIO: EL SORTEO DE AUTORREGALOS

Para empezar, vas a hacer una lista de pequeñas acciones agradables que puedes realizar en tu día a día. Estas acciones deben implicar cuidarte a ti mismo y fomentar actividades placenteras o que te brinden bienestar. No se trata de incluir grandes gestos, sino de centrarse en cosas cotidianas que puedan involucrar acciones o experiencias en lugar de regalos materiales: escuchar un álbum de música que te gusta, ir al gimnasio (o cualquier actividad relacionada con el cuidado de tu salud), probar un nuevo peinado, dar un paseo por un parque, llamar a un amigo para charlar, cocinar un plato que te guste, leer un libro... Todo lo que se te ocurra.

Haz un esfuerzo para que la lista sea lo más larga posible. Dedica uno o dos días exclusivamente para elaborarla. Una vez que tengas tu lista de «premios», vas a crear un método para seleccionarlos al azar. Piensa sobre cómo vas a disfrutar de estas actividades y anótalas en un pedacito de papel que luego doblarás y colocarás en una caja.

Cuando hayas terminado, comienza el «sorteo». Cada mañana, saca un papelito de la caja y otórgate el «premio» que te haya tocado para ese día. Repite este proceso día a día hasta que hayas utilizado todos los papelitos. ¡No los deseches después! Puedes volver a empezar el «sorteo diario de premios» y también agregar otras ideas que se te ocurran.

RESILIENCIA EMOCIONAL

Por último, llegas a la orilla del mar. Entre las olas agitadas, encuentras un cofre resplandeciente que contiene **la resiliencia emocional,** una joya que te brinda la fuerza y la capacidad de superar las adversidades y recuperarte de las dificultades.

EJERCICIO: ENFOCÁNDOTE EN SOLUCIONES Y APRENDIZAJES

1. Cambia la perspectiva en situaciones desafiantes

Observa tus pensamientos y presta atención a si tu mente tiende a enfocarse en lo negativo o en lo positivo. Reconoce el obstáculo que estás enfrentando y tómate un momento para comprender su impacto en tu progreso.

2. Reconoce pensamientos limitantes

Reflexiona sobre los pensamientos negativos o limitantes que puedan surgir, como «esto es un desastre» o «no voy a poder terminar a tiempo».

3. Enfoque en el aprendizaje y las oportunidades

Cuando te encuentres ante situaciones desafiantes o negativas, intenta cambiar tu perspectiva buscando lo positivo o aprendizajes que puedas extraer de la experiencia. Pregúntate: «¿Qué puedo aprender de esta situación?», «¿qué oportunidades puede presentar?»

4. Genera soluciones creativas

En lugar de quedarte estancado en el problema, cambia tu enfoque hacia posibles soluciones. Genera ideas y estrategias para superar el obstáculo y avanzar en tu proyecto.

Imagina que estás planificando un viaje y descubres que los precios de los billetes de avión han aumentado significativamente, superando tu presupuesto inicial. En lugar de frustrarte y abandonar la idea del viaje, te enfocas en encontrar soluciones:

- *Investigas diferentes aerolíneas y comparas precios para encontrar ofertas o promociones especiales.*
- *Consideras modificar las fechas del viaje para aprovechar los precios más bajos en días o temporadas menos demandados.*
- *Exploras la posibilidad de volar a un aeropuerto cercano y usar un autobús o un coche hasta tu destino final para ahorrar dinero.*
- *Buscas opciones de vuelos con escalas en lugar de vuelos directos, ya que a menudo son más económicos.*

5. Crece personalmente a través de los desafíos

Considera cómo esta situación desafiante puede contribuir a tu crecimiento personal o profesional. Piensa en las habilidades que estás desarrollando, como la resolución de problemas o la capacidad de adaptarte a circunstancias cambiantes.

Ejemplo. Siguiendo con el supuesto anterior, mientras buscas soluciones para unos billetes de avión demasiado caros, te das cuenta de que esta experiencia te puede aportar aprendizajes valiosos:

- *Desarrollas habilidades de investigación y análisis al sopesar diferentes opciones y comparar precios.*
- *Mejoras tu capacidad para adaptarte a situaciones cambiantes y encontrar alternativas creativas cuando te enfrentas a obstáculos.*
- *Aprendes a administrar tu presupuesto de manera más eficiente y a adoptar decisiones informadas para maximizar el valor de tu dinero.*
- *Adquieres conocimiento sobre el funcionamiento de la industria de viajes y te conviertes en un consumidor más informado y astuto.*

HABLEMOS DE DEBILIDADES

Al llegar a la **isla de las Debilidades,** te das cuenta del desafío al que te vas a enfrentar. A lo lejos, en lo alto de un acantilado, se alza un enigmático faro que no funciona.

Cuando recorres la isla, conoces a algunos de sus habitantes: la inseguridad, el perfeccionismo, la comparación constante, la autocrítica negativa y el miedo al rechazo. Juntos podéis descubrir el poder del faro y decides emprender el camino con ellos. Mientras avanzáis, vas conociendo sus historias. Al tiempo que conversas con estos habitantes, les pones a prueba con el fin de que superen sus miedos y crean en su propio potencial para avanzar.

Ahora vamos a trabajar con las debilidades de esos habitantes.

LA INSEGURIDAD

Había crecido en un entorno donde siempre se le decía que no era lo suficientemente buena. Esto la llevó a desarrollar una profunda inseguridad en sí misma. Siempre se cuestionaba sus decisiones y se sentía incapaz de expresar su verdadero potencial. Con tus consejos, esta habitante aprendió a confiar en sí misma.

EJERCICIOS: TEN SEGURIDAD EN TI MISMO

Puede resultar complicado aumentar la confianza en uno mismo. Por eso te ofrezco unos ejercicios basados en el *coaching* para ayudarte. Empecemos.

- **Interactúa con alguien desconocido.** Prueba a entablar una conversación con una persona que no conoces. Puedes acercarte a alguien que esté caminando por la calle y preguntarle sobre alguna dirección específica o incluso pedirle la hora. Estas son situaciones comunes que con toda probabilidad en algún momento ya has vivido. Son ejemplos simples que te permiten salir de tu zona de confort y abrirte a nuevas experiencias.

- **Perspectiva externa:** descubre tus cualidades. Invita a cinco personas cercanas a ti a participar en esta actividad. Pídeles amablemente que te envíen un mensaje de WhatsApp o un correo electrónico mencionando seis cualidades positivas que aprecian en ti. El objetivo es proporcionarte una perspectiva externa de ti mismo. Es posible que te sorprendas al descubrir cómo te ven los demás y cómo esa imagen difiere de la percepción que tienes de ti mismo en muchos aspectos.

   A medida que recibas los mensajes, tómate un momento para reflexionar sobre ellos y observar cómo coinciden o difieren con tu propia percepción.

Este ejercicio puede ser una oportunidad para reconocer tus fortalezas y facetas de cuyo impacto positivo en los demás quizás no te habías dado cuenta.

* **Comparte tu curiosidad en público.** Desafíate a ti mismo y comparte una pregunta en un entorno público. Si eres estudiante, no dudes en plantear tus dudas al profesor, incluso si parecen insignificantes. En el ámbito laboral, aprovecha las reuniones de trabajo para hacer preguntas pertinentes. Si asistes a una conferencia, no dudes en formular dudas e inquietudes al orador durante el tiempo de preguntas y respuestas. Este ejercicio te invita a superar el miedo al juicio de los demás y a valorar tu curiosidad. A menudo, nos contenemos por temor a parecer poco informados. Sin embargo, plantear preguntas demuestra interés y deseo de aprender y contribuye al enriquecimiento de la conversación.

EL PERFECCIONISMO

Este habitante había sido criado en un entorno donde se le exigía constantemente ser el mejor en todo, lo que lo llevó a perseguir la perfección extrema. Siempre se sentía insatisfecho con sus logros, ya que nunca cumplían con sus estándares inalcanzables. Puedes ayudarle con el siguiente ejercicio.

EJERCICIO: CAMBIA LA MANERA EN LA QUE HABLAS

Este ejercicio está diseñado para ayudarte a cambiar la forma en que te hablas a ti mismo, lo cual es fundamental para dejar de ser perfeccionista. El diálogo interno que mantienes tiene un impacto significativo en tu estado emocional y en tus acciones.

El perfeccionismo, a menudo, se ve reflejado en un lenguaje interno que se puede cambiar.

1. Transforma los «debería» por tus preferencias

«Tengo que» o «debería». Estas expresiones te llevan a actuar basándote en exigencias externas, en lugar de tomar decisiones alineadas con tus valores y deseos personales. Modifica estas frases por expresiones como «prefiero», «me gustaría» o «tiene sentido para mí».

Ejemplo. En lugar de decirte a ti mismo: «Debería terminar este proyecto de inmediato», puedes cambiar el enfoque y decirte: «Prefiero trabajar en este proyecto ahora mismo porque me ayudará a avanzar hacia mis metas».

2. Abraza los matices

El perfeccionismo tiende a evaluar los resultados en términos absolutos, sin tener en cuenta matices, excepciones o contexto. Es importante comenzar a reconocer la existencia de una escala de grises y valorar la diversidad de resultados posibles.

Ejemplo. En vez de pensar en términos absolutos, como «si no lo hago perfecto es un completo fracaso», puedes reconocer los matices y pensar: «Aunque no sea perfecto, puedo aprender y mejorar. Cada paso cuenta».

3. Cuestiona tus pensamientos catastrofistas

El perfeccionismo tiende a magnificar las consecuencias de cometer errores, generando pensamientos exagerados y poco realistas sobre las posibles repercusiones negativas.

Activa tu pensamiento crítico y cuestiona la validez de estos pensamientos. ¿Realmente será tan terrible como lo imaginas?, ¿cuál es la probabilidad real de que ocurra?, ¿qué podrías hacer si eso sucede?

Ejemplo. En lugar de dejar que el miedo te consuma y pensar: «Si cometo un error, será un desastre total y arruinará todo», puedes cuestionar esos pensamientos y decirte: «¿Realmente será tan terrible?, ¿qué puedo hacer para solucionarlo si algo sale mal?».

4. Desvincula tu identidad de los resultados

El perfeccionismo tiende a vincular los resultados con tu identidad personal. Por ejemplo, si cometes un error, puedes sentirte automáticamente «torpe» o «incompetente». Recuerda que tú no eres tus resultados. Desconéctate de la identificación con los resultados y reconoce que estos hablan del trabajo realizado, no de tu valía personal como individuo.

Ejemplo. En vez de asociar tu valía personal a los resultados, puedes cambiar tu perspectiva y decirte: «Este resultado no define quién soy como persona. Estoy en constante crecimiento y aprendizaje, y mis logros no me definen por completo».

A medida que te liberes de las expectativas perfeccionistas y te hables con mayor amabilidad y comprensión, verás cómo tu autoestima y bienestar se fortalecen.

LA COMPARACIÓN CONSTANTE

Este habitante solía fijarse constantemente en los demás. Siempre se sentía inferior y en desventaja, ya que creía que nunca podría alcanzar los niveles de éxito y felicidad que veía en los demás. ¿Qué podrías decirle tú para que dejara de pensar así?

EJERCICIO: APRECIA TUS CUALIDADES ÚNICAS

Este ejercicio te invita a que evites compararte con los demás y empieces a reconocer las cualidades que te hacen especial. Piensa en cinco personajes que te gusten mucho y haz una lista de las cualidades por las que te gustan, desde su personalidad hasta su apariencia. ¿Se parecen en algo? Cuando acabes, continúa leyendo.

Ejemplo. Yo he pensado en los siguientes personajes:

1. Harry Potter: valiente, leal, inteligente.
2. Wonder Woman: fuerte, empática.
3. Spider-Man: ágil, ingenioso.
4. Elsa (Frozen): poderosa, determinada.
5. Sherlock Holmes: inteligente, observador, analítico.

Cada uno de ellos tiene sus propias cualidades y características que los hacen únicos. Me gustan tal como son, son amados y apreciados por mucha gente. No necesitan parecerse a otros para ser valiosos.

Si deseas ser otra persona, estás desaprovechando la persona increíble que eres en realidad. Cada individuo es único en su personalidad y apariencia. No tienes por qué compararte. ¿Por qué crees que debes compararte con alguien más para ser mejor?, ¿por qué no resaltar y enaltecer tus propias características y fortalezas?, ¿por qué crees que no te quieren tal como eres?

Piensa en los personajes que has elegido antes y enumera los defectos o áreas de mejora que podrían tener. Ahora, sé sincero contigo mismo: ¿dejarían de gustarte o dejarías de quererlos por esas características menos positivas? Entonces, ¿por qué te tratas a ti mismo con dureza y crees que debes ser diferente para ser mejor o para ser amado?

LA AUTOCRÍTICA NEGATIVA

Este personaje era extremadamente duro consigo mismo. Siempre se centraba en sus errores y defectos, sin permitirse reconocer sus logros ni valorar sus características positivas. Esta autocrítica constante minaba su autoestima y, en consecuencia, le impedía avanzar.

EJERCICIO: CAMBIA LA VOZ AUTOCRÍTICA

A menudo, somos demasiado críticos con nosotros mismos de una manera innecesaria. Es poco probable que hablemos con alguien a quien queremos de la misma manera en que nos hablamos a nosotros mismos. Cambiar la autocrítica puede ser un desafío, pero, con motivación, compromiso y práctica, es posible lograrlo.

Los siguientes dos pasos pueden ayudarte a reducir la autocrítica y cultivar una relación más compasiva contigo mismo.

1. Aumenta la conciencia de la autocrítica

Durante la próxima semana, esfuérzate por ser consciente de tus pensamientos autocríticos en la medida de lo posible. Cuando notes que estás siendo autocrítico, actúa:

- Haz una pausa y respira profundamente tres veces.
- Observa con detenimiento lo que te dices a ti mismo cuando experimentas un fallo o cometes un error.
- ¿Identificas frases recurrentes que te repites a ti mismo?
- ¿Cuál es el tono de tu voz interna cuando te hablas a ti mismo?

2. Suaviza la voz crítica

Después de tomar conciencia de tu autocrítica, imagina qué le dirías a un ser querido en la misma situación. Utiliza esas palabras para reformular lo que te dices a ti mismo. Presta atención también al tono de tu voz interna. ¿Cómo te gustaría hablarte a ti mismo? Emplea ese tono compasivo cuando te sientas bien contigo mismo.

Además, puedes identificar por qué te criticas a ti mismo. Si bien tu crítico interno puede proporcionar retroalimentación útil en algunos casos, en la mayoría de las ocasiones, la forma en que se presenta esta retroalimentación no es constructiva. Intenta adoptar una «postura de aprendizaje»:

- ¿Qué puedes aprender de esta retroalimentación?
- ¿Cómo puedes hablar contigo mismo como si fueras un niño pequeño que está aprendiendo algo nuevo?
- ¿Cómo puedes utilizar los comentarios del crítico interno de una manera más motivadora y constructiva?

EL MIEDO AL RECHAZO

Cuando era muy pequeño, padeció actitudes de repudio que le dejaron una huella profunda. Este habitante siempre vivía con el temor constante de ser rechazado, lo que le impedía mostrarse auténtico y creer en su propio valor.

EJERCICIO: TRABAJA EL MIEDO AL RECHAZO

Superar el miedo al rechazo requiere una buena dosis de coraje para plantarse delante de él. Pedir ayuda es un acto valiente y poderoso. De momento, estos ejercicios pueden ayudarte en tu camino.

- **Enfrenta el pasado.** Muchas de las personas que luchan por superar el miedo al rechazo, experimentaron situaciones de repudio o se sintieron poco valoradas durante su infancia o adolescencia.

  Es importante reconocer que el rechazo puede doler profundamente. Sin embargo, ¿por qué a algunas personas les hace sentirse devastadas mientras que otras lo manejan de manera más digerible?

  La respuesta radica en que, cuando aquellos que se encuentran en el primer grupo experimentan rechazo social o temen volver a padecerlo, se activan viejas heridas o recuerdos traumáticos que se remontan a su pasado.

  En este ejercicio, te invito a que, cuando experimentes esas sensaciones desagradables, intentes conectarte con esas heridas emocionales y los eventos originales que las produjeron.

  Puede ser útil que te tomes un tiempo para reflexionar sobre tu historia personal. ¿Qué momentos específicos de tu pasado te han dejado cicatrices emocionales relacionadas con el rechazo? Intenta recordarlos y examina cómo han influido en tu percepción actual del rechazo.

  Al traer a la conciencia estos recuerdos, puedes comenzar a comprender mejor tus reacciones y desafiar las creencias negativas arraigadas en esas experiencias pasadas.

- **Enfrenta el miedo al rechazo.** El miedo al rechazo por parte de los demás puede ser similar a una fobia, especialmente en el caso de la fobia social. Al igual que con todas las fobias, la exposición gradual puede ayudarte a superarlo. Es importante entender que el rechazo es una parte natural de la vida, y hay que aprender a lidiar con él de manera saludable.

  Para abordar este desafío, te propongo el siguiente ejercicio sobre cómo enfrentarte al rechazo. ¿Cómo puedes plantearlo?

  Comencemos con algo simple: acércate a un establecimiento y pide algo que sabes que no tienen disponible. Luego, puedes pedir un cigarro (aunque no fumes) a alguien en la calle. A partir de ahí, puedes ir aumentando de modo gradual el nivel de desafío. Recuerda que el objetivo no es buscar el rechazo de forma deliberada, sino desarrollar la capacidad de lidiar con él y entender que no define tu valor como persona. A medida que te enfrentes al rechazo de manera controlada, ganarás confianza y reducirás el temor asociado a esta experiencia.

El viaje se acaba. Finalmente, llegáis al faro y descubrís su secreto. El faro estaba conectado a las personas de la isla. Al trabajar la debilidad de estos personajes mientras charlabas con ellos por el camino, el faro fue librando un resplandor especial capaz de iluminarte de nuevo.

Uno por uno, los habitantes de la isla se pararon frente al faro, y te agradecieron cómo les inspiraste a creer en sí mismos y a confiar en su capacidad para superar cualquier obstáculo.

NUESTRAS DEBILIDADES FRENTE A LAS FORTALEZAS DE LOS DEMÁS

Según dicen los expertos, comenzamos a compararnos con los demás a partir de los 12 o 18 meses de edad más o menos. Se trata de uno de los principales mecanismos de desarrollo personal y una herramienta muy importante para conocernos a nosotros mismos.

De este modo, muchas veces, sin darnos cuenta, tendemos a comparar nuestras debilidades con las fortalezas de otras personas. Este tipo de comparación **bien gestionada puede ser un recurso de evolución, cambio y desarrollo personal.**

Así, compararnos con personas que tienen habilidades o cualidades que admiramos puede ser **una fuente de motivación** e inspiración. Nos puede ayudar a identificar áreas en las que queremos mejorar y es posible que nos impulse a trabajar en nuestro crecimiento personal. Por ejemplo, supón que te encanta tocar la guitarra y sueñas con convertirte en un gran músico. Sin embargo, a menudo te comparas con otros músicos profesionales que consideras que tienen mucho más talento que tú. Te sientes intimidado y empiezas a cuestionar tus propias capacidades como guitarrista para llegar a lo más alto.

En lugar de dejarte llevar por la comparación de modo negativo, decides utilizarla de manera positiva. Te motiva a dedicar más tiempo al estudio y la práctica de la guitarra. Te comprometes a apuntarte a clases de música y a aprender nuevas técnicas para mejorar tus habilidades. A medida que te esfuerzas y te enfocas en ello, empiezas a notar una mejora significativa en tu habilidad para tocar la guitarra. Te sientes más confiado y disfrutas cada vez más de la música que creas.

Por fin llega la oportunidad de tocar en un pequeño concierto local. Aunque al principio te sientes nervioso por actuar frente a un público, te enfrentas al reto con valentía. Después del concierto, recibes elogios y aplausos por tu actuación. Te sientes abrumado por la emoción y el orgullo de haber superado tus miedos y haber compartido tu talento con los demás.

A través de esta experiencia, experimentas un crecimiento personal al ver cómo tu esfuerzo y determinación te han llevado a mejorar como músico y a compartir tu talento con los demás.

Por el contrario, si la comparación está mal gestionada, en lugar de disfrutar de sus beneficios se convierte en motivo de frustración, culpa y autoengaño. Por lo tanto, puede ser perjudicial y llevarnos a **sentirnos inferiores.** Podemos caer en la autocrítica y tener la sensación de que no somos lo suficientemente buenos o que nunca seremos capaces de alcanzar ciertos estándares. En conclusión: solemos pensar de nosotros mismos peor que los demás. ¿Cuál es tu caso? ¿Eres de los que te motivas cuando te comparas con otras personas o de los que la comparación les afecta negativamente?

AUTOEVALUACIÓN: ¿QUÉ OCURRE CUANDO TE COMPARAS CON LOS DEMÁS?

Lee atentamente cada afirmación y califica tu nivel de comparación, utilizando una escala del 1 al 5, donde 1 significa «nunca » y 5 significa «siempre». Sé honesto contigo mismo y reflexiona sobre cómo gestionas la comparación con los demás.

1. Nunca.
2. Raramente.
3. A veces.
4. Frecuentemente.
5. Siempre.

¿Te sientes constantemente presionado por las expectativas de los demás en tu vida?	1	2	3	4	5
¿Tienes dificultades para reconocer tus logros y sentirte satisfecho con tus propios progresos?	1	2	3	4	5
¿Te comparas con los demás incluso en áreas donde no tienes interés o habilidades particulares?	1	2	3	4	5
¿Sientes que te cuesta disfrutar de tus éxitos porque hay siempre alguien que parece estar haciendo algo mejor?	1	2	3	4	5
¿Te preocupas demasiado por lo que piensan los demás sobre ti y tus acciones?	1	2	3	4	5
¿Te sientes inseguro en situaciones sociales o laborales si ves que otros tienen más experiencia o habilidades?	1	2	3	4	5
¿Tienes dificultades para felicitar sinceramente a otros por sus éxitos sin sentir envidia o celos?	1	2	3	4	5
¿Buscas constantemente validación externa y reconocimiento para sentirte bien contigo mismo?	1	2	3	4	5
¿Te comparas con un estándar ideal o con una versión idealizada de ti mismo que parece siempre inalcanzable?	1	2	3	4	5
¿Te infravaloras frente a personas que consideras «mejores» que tú en lugar de encontrar inspiración en sus logros?	1	2	3	4	5

Puntuación:
- **10-25.** Gestionas bien la comparación con los demás y tienes una actitud positiva hacia ti mismo.
- **26-40.** A veces te comparas con los demás y puedes sentir malestar emocional por ello. Trabajar en aceptar y valorar tus propias cualidades puede ser beneficioso para ti.
- **41-50.** La comparación con los demás tiene un impacto significativo en tu bienestar emocional. Es importante trabajar en desarrollar una mayor autoestima y aceptación personal.

Si eres de los que compararte con los demás afecta a tu autoestima de manera negativa y te hace sentir inferior en algún aspecto, está en tu mano decidir qué hacer. Puedes frustrarte y dejar que los sentimientos negativos se apoderen de ti, o puedes hacerte estas preguntas:

- ¿Qué características o habilidades del otro me resultan atractivas y me gustaría tener?
- Si tuviera esas cualidades o habilidades, ¿realmente me sentiría satisfecho y realizado?
- ¿Es justo compararme con el otro y creer que él es mejor que yo solo por tener esas cualidades?
- ¿Qué acciones o esfuerzos ha realizado el otro para adquirir esas cualidades? ¿Podría yo también aprender y mejorar en esas áreas?
- ¿Vale la pena el esfuerzo y dedicación que requiere adquirir esas cualidades o preferiría enfocarme en otras metas y aspectos de mi vida?
- ¿Estoy buscando esas cualidades para sentirme más valorado o debería comenzar a valorar y apreciar lo que ya tengo en mí?
- ¿Mi autovaloración depende demasiado de la comparación con el otro?
- ¿Qué otras características y aspectos de mí mismo puedo empezar a valorar y apreciar?
- ¿Cuáles son los aspectos de mí mismo que valoro y me hacen sentir orgulloso de quién soy?

ACÉPTATE COMO ERES

«Érase una vez un hombre a quien le alteraba tanto ver su propia sombra y le disgustaban tanto sus propias pisadas que decidió librarse de ellas. Se le ocurrió una manera: huir. Así que se levantó y echó a correr, pero cada vez que ponía un pie en el suelo había otra pisada, mientras que su sombra le alcanzaba sin la menor dificultad.

Atribuyó el fracaso al hecho de no correr suficientemente deprisa. Corrió más y más rápido, sin parar, hasta caer muerto.

No comprendió que simplemente con ponerse en un lugar sombreado, su sombra se desvanecería, y que, si se sentaba y se quedaba inmóvil, no habría más pisadas».

Lo que el filósofo taoísta **Chuang Tzu** nos quería enseñar con esta parábola es una valiosa lección sobre la aceptación de uno mismo. El hombre en la historia se siente incómodo con su propia sombra y sus pisadas, lo que simboliza su rechazo a su propia existencia y personalidad. En lugar de enfrentar y aceptar estas partes de sí mismo, decide huir y escapar de ellas, lo cual no es una solución muy efectiva.

Por mucho que corra y se esfuerce, la sombra siempre lo alcanza y las pisadas siempre están ahí. Esto refleja que, a pesar de que intentamos evitar o rechazar ciertos aspectos de nosotros mismos, no podemos escapar de ellos y terminan afectándonos negativamente.

La solución a su conflicto es sencilla: al ponerse en un lugar sombreado, su sombra se desvanece y, si se queda inmóvil, no habrá más pisadas. Esta metáfora sugiere que la aceptación y la comprensión de uno mismo son la clave para liberarse de la carga emocional que proviene del rechazo de nuestras propias características. Aceptar nuestras sombras y pisadas, es decir, nuestras imperfecciones, nos permite dejar de luchar contra nosotros mismos y encontrar la paz interior. Al aceptarnos tal como somos, podemos liberarnos del sufrimiento innecesario y vivir con autenticidad.

Y es que la mayoría de las veces en nuestra vida cotidiana, nosotros actuamos así de alguna manera. Nos «censuramos» a nosotros mismos. Si te pones a pensar, seguro que recuerdas alguna vez en la que has dicho o has estado de acuerdo con otras personas solo por complacerlas.

Cada elección y acción que emprendemos está teñida por esta falta de aceptación, lo que genera una cadena de desasosiego e infelicidad. Es innegable que nosotros mismos somos los responsables de nuestro propio sufrimiento. Solo encontraremos la liberación si aprendemos a aceptarnos tal como somos, pues luchar contra nuestra propia naturaleza únicamente nos lleva a nuestra autodestrucción. La clave para romper este ciclo de confusión y malestar radica en la **aceptación plena de quienes somos.**

AUTOEVALUACIÓN: ¿TE ACEPTAS COMO ERES?
Responde a las siguientes preguntas de manera sincera, asignando una puntuación del 1 al 5, dependiendo de lo que se ajuste más a ti:

1. Nunca.
2. Raramente.
3. A veces.
4. Frecuentemente.
5. Siempre.

¿Te sientes cómodo con tu apariencia física tal como es?	1	2	3	4	5
¿Eres capaz de reconocer y aceptar tus errores y fracasos sin sentirte demasiado crítico contigo mismo?	1	2	3	4	5
¿Te permites sentir y expresar tus emociones sin juzgarte por ello?	1	2	3	4	5
¿Te sientes satisfecho con tus habilidades y talentos, aunque no sean perfectos?	1	2	3	4	5
¿Aceptas tus debilidades y defectos como parte de lo que te hace humano?	1	2	3	4	5
¿Eres capaz de perdonarte a ti mismo por tus errores pasados y seguir adelante sin cargar con culpas o remordimientos?	1	2	3	4	5
¿Te valoras y te respetas a ti mismo, estableciendo límites sanos en tus relaciones y actividades?	1	2	3	4	5
¿Te permites tomar decisiones basadas en tus propias necesidades y deseos, sin sentirte culpable por ello?	1	2	3	4	5

¿Te sientes orgulloso de tus logros y éxitos sin menospreciarlos ni compararlos constantemente con los de los demás?	1	2	3	4	5
¿Eres capaz de reconocer tus cualidades y virtudes sin sentir la necesidad de buscar constantemente la validación de los demás?	1	2	3	4	5

Puntuación:

- **10-20.** Existe una falta significativa de autoaceptación. Es importante que trabajes en mejorar tu relación contigo mismo para aumentar tu bienestar emocional.
- **21-30.** Tienes cierto grado de autoaceptación, pero todavía hay áreas en las que puedes mejorar para sentirte más seguro y confiado contigo mismo.
- **31-40.** Tienes una buena autoaceptación y estás en el camino hacia una relación positiva contigo mismo. Sigue trabajando en fortalecer tu autoestima.
- **41-50.** Tienes una excelente autoaceptación. Te aceptas y valoras tal como eres, lo que contribuye positivamente a tu bienestar emocional.

ACEPTARSE UNO MISMO

Como ya sabes, aceptarse significa tener una actitud de comprensión, tolerancia y amor hacia uno mismo, con todas tus virtudes y defectos. Es reconocer y valorar tu identidad, tus cualidades y habilidades, así como tus debilidades y áreas de mejora, sin juzgarte ni criticarte de manera negativa. Pero ¿en qué aspectos te debes aceptar?

LA APARIENCIA FÍSICA

Es probable que, al preguntarte si estás completamente satisfecho con tu apariencia física, la respuesta sea negativa. De hecho, se estima que aproximadamente un tercio de las mujeres y una cuarta parte de los hombres experimentan lo que se conoce como «insatisfacción corporal». Además, hay personas que padecen dismorfofobia, una condición que provoca que se perciban de manera distorsionada y se sientan deformes sin que exista un motivo real para ello.

Esto es comprensible, dado que el énfasis en la importancia del aspecto físico es muy prominente en nuestra cultura. Además, las redes sociales han llevado esta comparación a un nivel global de tal manera que nos vemos influenciados por imágenes de personas de todo el mundo.

No obstante, es el momento de cambiar esta perspectiva y aprender a amar nuestro cuerpo tal y como es. Es fundamental reconciliarnos con él para experimentar una sensación de plenitud y felicidad.

EJERCICIO: EL ESPEJO

El ejercicio del espejo es una práctica simple, pero requiere constancia y ser valiente. Consiste en mirarte a ti mismo en cualquier espejo que encuentres a lo largo del día, ya sea en casa, en el coche o en el trabajo. Cuando te encuentres frente al espejo, dirige la mirada a tus propios ojos y dedica palabras bonitas y llenas de amor hacia ti mismo. Si estás solo, puedes expresarlas en voz alta, pero, si te sientes incómodo al principio o hay gente alrededor, entonces pronúncialas en tu diálogo interno.

Es importante que te digas a ti mismo cosas como las siguientes:

- Eres realmente guapo.
- Hoy va a ser un día genial.
- Hoy prometo cuidarte y atenderte.
- Cada día estás mejor.
- Como vas vestido hoy hace que te veas fenomenal.
- Tu cara y tu cuerpo reflejan la sabiduría y experiencia de tu vida.

Pregúntate lo que quieras. Lo esencial es que pronuncies estas afirmaciones con pasión y las sientas verdaderamente, ya que así se convertirán en una realidad. Esta nueva actitud hacia ti mismo te dará la fuerza necesaria para crear un buen día, lleno de oportunidades.

TUS CAPACIDADES Y TUS LÍMITES

Hoy en día, hay muchas charlas y vídeos que nos motivan a mejorar y crecer como personas. Vemos a *influencers* que nos animan a creer que también podemos lograr lo que han obtenido ellos. Además, hay personas con discapacidades que consiguen cosas asombrosas en el deporte.

Todo ello nos inspira a querer crecer y superarnos, lo cual está muy bien. Pero a veces nos sentimos presionados a lograr metas extremas y practicar actividades espectaculares, como correr maratones, o hacer cosas para las que no estamos preparados. Esta exigencia puede ser agotadora e incluso negativa para nuestra salud y bienestar. Y te lo cuento de primera mano.

Hace unos meses, a un conocido mío le dio por la superación personal. Comenzó a seguir a varios *influencers* en redes sociales que compartían historias inspiradoras de cómo habían superado obstáculos y logrado metas aparentemente imposibles. También veía vídeos motivacionales que le instaban a creer que él también podía alcanzar el éxito y la felicidad.

Animado por estas historias, decidió embarcarse en un desafío personal: correr una maratón. Nunca antes había sido un corredor ávido, pero sintió que había llegado el momento de demostrar su determinación. Así, se propuso un plan de entrenamiento intensivo y comenzó a correr largas distancias todos los días.

Sin embargo, con el tiempo, se dio cuenta de que esta actividad le pasaba factura. Estaba siempre cansado, y empezó a experimentar lesiones continuas. Me dijo que, en lugar de sentirse más feliz y realizado, se notaba agobiado por la presión de alcanzar una meta para cuyo logro carecía de preparación.

Lo importante es que el desarrollo personal no debe ser una competición para demostrar nuestras habilidades. En lugar de eso, debemos enfocarnos en conocernos mejor, cuidarnos y establecer metas realistas y que nos hagan sentir bien. De este modo podremos crecer de verdad y ser más felices en nuestra vida.

EJERCICIO: APRENDE SOBRE TUS CAPACIDADES Y LIMITACIONES

Reúne a tus amigos para participar en esta dinámica de aprender sobre vuestras capacidades y limitaciones.

1. Reconoced vuestras fortalezas y debilidades

Cada persona debe tomar una hoja y dividirla en dos partes: una para apuntar sus capacidades, talentos y recursos, y otra para anotar sus debilidades y limitaciones.

2. Explorad las áreas de desarrollo

Los participantes deben tomarse un tiempo para reflexionar sobre todas las áreas de su vida: física, intelectual, emocional, espiritual y social. Luego, deben escribir en la hoja los puntos fuertes y las áreas en las que sientan que necesitan mejorar.

3. Clasificad las posibilidades de cambio

Una vez que todos hayáis terminado, es necesario que cada uno revise su lista y marque con una «C» aquellos aspectos que crea que son factibles de cambiar, con una «D» aquellos que puede desarrollar aún más y con una «A» aquellos que considere que es incapaz de cambiar o desarrollar.

4. Buscad el apoyo muto para el crecimiento personal

Después, tenéis que formar grupos de cuatro personas o situaros por parejas (dependerá de cuántos seáis). Cada uno de vosotros deberá compartir su lista con los demás. En este momento, podréis plantearos preguntas constructivas para ayudaros mutuamente a entender cómo lograr cambios positivos y mejorar vuestras capacidades.

5. Reflexionad en grupo

Una vez que hayáis compartido información en los grupos, os podéis reunir todos juntos para un debate y reflexión grupal. Elegid un coordinador que se encargue de guiar la discusión, durante la cual cada uno analizará cómo puede trabajar en sus limitaciones de modo que no le afecten negativamente y cómo puede desarrollar sus capacidades para sentirse más seguro y feliz.

6. Compartid ideas y fortaleced lazos

Al final del juego, cada persona podrá aportar sus reflexiones y aprendizajes con el grupo. Este momento de compartir será una oportunidad para apoyarse mutuamente y sentirse más unidos como amigos.

LAS EMOCIONES

Aprender a aceptar nuestras emociones es un proceso fundamental para nuestro bienestar emocional y desarrollo personal, aunque a veces parezca difícil de lograr. Todos hemos escuchado o incluso dicho frases como «no vale la pena estar triste» o «deja de llorar», pensando que con eso podríamos cambiar lo que sentimos o sienten los demás. Sin embargo, las emociones no se pueden controlar a voluntad.

Nuestras emociones son genuinas y auténticas, y no podemos simplemente deshacernos de ellas con un simple pensamiento. Intentar suprimirlas o ignorarlas puede llevarnos a sentirnos frustrados y culpables, creyendo que somos incapaces de manejar nuestras propias emociones.

El intento de sentirnos bien a toda costa puede convertirse en una presión innecesaria que genere un círculo vicioso de negatividad. Cuanto más nos obligamos a estar bien y menospreciar nuestras emociones, más grande se vuelve el problema en nuestra mente y peor nos sentimos.

Aceptar nuestras emociones implica reconocer que es normal sentirnos tristes, preocupados o enfadados en determinadas situaciones. No se trata de justificar o alimentar emociones negativas, sino de entender que todos experimentamos una amplia gama de sentimientos y que eso es parte de lo que nos hace humanos.

EJERCICIO: ACEPTA TUS EMOCIONES

Busca un rincón cómodo en tu habitación o en algún espacio tranquilo de tu casa donde puedas sentarte o recostarte sin interrupciones.

1. Respira y encuentra paz interior

Ahora, cierra los ojos e intenta calmar tu mente. Para ello, inhala profundamente contando hasta 4. Luego exhala contando hasta 6. Repite este proceso varias veces hasta sentirte más relajado y centrado.

2. Visualiza tus emociones como si fueran personajes

Intenta visualizar tus emociones como personajes que viven dentro de ti. Imagina que cada emoción tiene su propia forma, color y personalidad.

Ejemplo. Imagina que la tristeza es un personaje con forma de nube gris, el enojo es un personaje rojo y fuerte y la alegría es un personaje brillante y amarillo.

3. Identifica una emoción presente

Identifica una emoción que esté presente en ti en este momento. Puede ser tristeza, enfado, alegría, o miedo, entre otras.

Ejemplo. Si identificas que sientes tristeza debido a un problema que tuviste en el trabajo.

4. «Siéntate» con tu emoción

Imagina que te sientas junto a esa emoción como si fuera una persona a la que quieres escuchar.

Ejemplo. Te sientas junto a la «nube gris de tristeza» y te preparas para escuchar lo que esta emoción tiene que decirte.

5. Inicia un diálogo interno

Comienza un diálogo con esa emoción. Pregúntale: «¿Por qué estás aquí?», «¿qué necesitas decirme?», «¿estás tratando de protegerme?».

Ejemplo. Si le preguntas a la tristeza: «¿Por qué estás aquí?», la tristeza responderá: «Estoy aquí para mostrarte que te importa tu trabajo y que necesitas tomar un descanso para cuidarte mejor».

6. Escucha tu sabiduría emocional

Escucha atentamente lo que la emoción tiene que decirte. Acepta sus mensajes sin juzgarlos ni intentar cambiarlos.

7. Agradece a tus emociones

Agradece a la emoción por estar presente e intentar comunicarse contigo.

8. Abraza a tus emociones

Si sientes que es necesario, puedes abrazar simbólicamente a la emoción, reconociendo que es parte de ti y que merece ser aceptada.

Repite este proceso con otras emociones que puedan estar presentes en ti. Después de trabajar con la tristeza, por ejemplo, reitera el proceso con el enfado, el miedo u otra emoción que escojas, reconociendo y aceptando cada emoción de manera compasiva.

TU FORMA DE SER

Desde hace algún tiempo, la publicidad y las redes sociales nos «imponen» cómo actuar, lo que está de moda y cómo relacionarnos. A veces, nos alejan de quienes somos realmente. Por ejemplo, en las redes sociales, especialmente en Instagram, ves constantemente fotos de personas que parecen tener vidas perfectas: cuerpos esculpidos, viajes exóticos, cenas *gourmet* y eventos sociales glamurosos. Al ver estas imágenes, podrías sentirte inferior o inseguro acerca de tu propia apariencia, tu estilo de vida o tus logros.

Es el reflejo de cómo las redes sociales pueden fomentar patrones de comportamiento y comparación, alejándonos de nuestra auténtica esencia. Nos hacen ser lo que los demás quieren ver.

Por el bien de tu autoestima, es muy importante que descubras tu verdadera personalidad para ser auténtico y sentirte más feliz.

EJERCICIO: DESCUBRE TU AUTÉNTICA PERSONALIDAD

Si quieres sentirte en armonía contigo mismo, es importante que conozcas y saques a la luz tu verdadera esencia. Pregúntate si has estado ocultando tus debilidades tratando de agradar a los demás.

- ¿Has ocultado tus debilidades tratando de agradar a los demás?
- ¿Te asusta admitir que no eres perfecto?
- ¿Te cuesta asumir tus errores?
- ¿Sientes la necesidad constante de agradar siempre a los demás?
- ¿Crees que ser tú mismo podría implicar que muchas personas ya no te hablen y te miren mal?

Si tu respuesta a tres o más de las preguntas anteriores es afirmativa, entonces es momento de aprender a ser más auténtico y mostrarlo al mundo. Para conseguirlo, te ofrezco algunos consejos:

- **No se puede complacer a todos.** Es normal querer agradar a las personas que te importan, pero no debes perder tu autenticidad en el proceso. Aprende a establecer límites y a enfocarte en tus propias tareas y pasiones. Por ejemplo, si a tu pareja o a un amigo le gusta el cine de terror, pero tú prefieres las comedias románticas, no tienes que fingir que te gusta el cine de terror solo para complacerlo.

- **Reconoce tus intereses y aficiones.** No pierdas tiempo en actividades que no te interesan solo para satisfacer las expectativas de los demás. Descubre qué te apasiona y disfruta de tus verdaderos gustos e intereses. Por ejemplo, si quieres hacer ejercicio y te gustan los deportes que se practican en equipo, busca uno que te guste, no vayas al gimnasio o te prepares maratones porque es lo que está de moda.
- **Escoge compañías que te acepten tal como eres.** Rodéate de personas que te acepten y valoren por tu auténtico ser. Evita estar con aquellos que constantemente te juzgan o critican por ser diferente. Al estar con personas que te respetan, te sentirás más cómodo siendo tú mismo y podrás expresar tus ideas y opiniones sin temor al rechazo.
- **Acepta tus imperfecciones.** Nadie es perfecto, y eso te incluye a ti. Acepta tus limitaciones y no te compares con los demás. Reconoce que todos tenemos habilidades diferentes y que tus imperfecciones forman parte de lo que te hace único. Por ejemplo, si no eres bueno en deportes, no te sientas inferior ante los atletas; reconoce tus propias habilidades y talentos en otras áreas.
- **Sé honesto contigo y con los demás.** Apuesta por la sinceridad y la autenticidad en tus relaciones. No te sientas presionado a adaptarte a la personalidad de otros para agradarles. Sé tú mismo y muestra tus verdaderos pensamientos y sentimientos. La honestidad enriquecerá tus relaciones y te permitirá construir conexiones más genuinas con los demás.

TUS VALORES

Cada uno de nosotros tiene principios y valores que guían nuestras acciones y pensamientos diarios. Estos valores son como cimientos en nuestra vida y determinan nuestras creencias más profundas.

Por ejemplo, ¿te molesta que te mientan?, ¿es importante para ti llevar una dieta saludable y hacer deporte?, ¿te indignas frente a las injusticias y sientes la necesidad de actuar? Estos sentimientos reflejan tus valores fundamentales: honestidad, salud y justicia.

Los valores son creencias que a menudo están en nuestro subconsciente y moldean nuestras acciones. A veces ni siquiera nos damos cuenta de cómo nos guían. Se forman a lo largo de nuestra vida, influenciados por nuestra personalidad, educación y experiencias. Aunque pueden cambiar con el tiempo, en general son bastante estables. Es esencial conocer nuestros valores, ya que son la base de nuestras acciones.

Vivir en coherencia con nuestros valores nos brinda paz y satisfacción. Nos permite disfrutar de una vida plena, ya que estamos actuando según nuestras creencias internas. Por ejemplo, si valoras el desarrollo profesional, te sentirás satisfecho cuando te esfuerces y progreses en tu carrera. Si valoras la armonía interna, te sentirás feliz al dedicar tiempo a trabajar tu paz mental.

Por otro lado, si no vivimos en consonancia con nuestros valores, experimentamos **disonancia cognitiva,** un malestar que surge cuando nuestras acciones van en contra de nuestras creencias. Por ejemplo, si valoras el desarrollo profesional, pero tienes un trabajo monótono y sin desafíos, sentirás insatisfacción e infelicidad.

Es importante reconocer tus valores y actuar en línea con ellos para evitar la disonancia cognitiva y lograr una vida más plena y feliz.

EJERCICIO: IDENTIFICA TUS VALORES PERSONALES
Identificar tus valores te permitirá tener una brújula para desarrollar tu marca personal y tomar decisiones alineadas con quien realmente eres.

Este ejercicio te ayudará a identificar tus valores personales. Primero, busca un momento especial en tu vida, aquel en el que te hayas **sentido especialmente gratificado** o conmovido.

Recuerda los detalles de ese momento: qué estaba sucediendo, quiénes se encontraban presentes y cómo te sentías. Ahora, reflexiona sobre estas cuestiones:

- ¿Qué palabras resuenan en tu mente al pensar en esa experiencia?
- ¿Es un valor de logro, conexión o quizás relacionado con la naturaleza?

Toma papel y lápiz y anota todas las palabras que te vengan a la mente. Luego, piensa en qué significan para ti esas palabras. Este ejercicio te proporcionará información valiosa para desarrollar una estrategia de marca personal basada en tus valores.

Ejemplo:

- **Un momento especial.** *Recuerda tu graduación. Estabas rodeado de tus amigos y familiares, sintiendo una gran emoción por tu logro académico.*
- **Identifica los valores presentes.** *En ese momento, los valores que podrían estar presentes son el logro, la familia, la amistad y la celebración.*
- **Palabras que resuenan.** *Al pensar en esa experiencia, las palabras que resuenan en tu mente son éxito, apoyo, alegría y unión.*
- **Define el valor principal.** *Tras reflexionar, identificas que el valor principal en ese momento era el logro, ya que la graduación representaba el esfuerzo y la dedicación que pusiste en tus estudios.*

- **Acción a realizar.** *Conociendo este valor, podrías enfocarte en seguir creciendo académicamente o en perseguir metas profesionales que estén alineadas con tu pasión por el logro.*

Por otro lado, también puedes identificar tus valores a través de momentos en los que te hayas **sentido frustrado,** disgustado o enfadado. Describe los sentimientos y circunstancias vinculadas a ese disgusto y luego busca los sentimientos contrarios. Por ejemplo, si te sentiste atrapado y sin elección, el valor contrario podría ser la libertad o tener opciones para elegir.

Ejemplo:

- **Momento de frustración.** *Piensa en una ocasión en la que te sentiste frustrado, como cuando no lograste el ascenso que esperabas en el trabajo. Te sentías estancado y sin oportunidades de crecimiento.*
- **Encuentra los valores subyacentes.** *En ese momento de frustración, los valores subyacentes podrían ser el crecimiento profesional, el reconocimiento y la oportunidad.*
- **Palabras relacionadas.** *Al reflexionar sobre esa experiencia, las palabras que resuenan en tu mente son estancamiento, decepción y desmotivación.*
- **Identifica el valor contrario.** *Dando la vuelta a esas sensaciones, puedes reconocer que el valor contrario a la frustración es la oportunidad, el progreso y la motivación.*
- **Acción.** *Al reconocer estos valores, puedes enfocarte en buscar oportunidades de crecimiento, desarrollar nuevas habilidades o explorar opciones de carrera que te motiven y te hagan sentir realizado profesionalmente.*

UN PROCESO QUE DURA TODA LA VIDA

El proceso de aceptación de uno mismo es parte del crecimiento personal y no sucede de un día para otro. Es un viaje de aprendizaje que nos permite avanzar poco a poco hacia nuestra mejor versión. Para lograr un cambio positivo y duradero, es esencial trabajar en ciertas características fundamentales.

Primero, es necesario estar **comprometidos con nuestro propio crecimiento y mejora.** Esto implica hacer un esfuerzo consciente por aprender y mejorar cada día. Imagina que decides mejorar tus habilidades de comunicación en el ámbito laboral. Te comprometes a practicar activamente la escucha activa y la expresión clara de tus ideas en las reuniones. También te propones leer libros sobre comunicación efectiva y asistir a un taller de desarrollo de habilidades de comunicación. Cada día, al finalizar el trabajo, dedicas unos minutos para reflexionar sobre cómo podrías haber mejorado tu comunicación durante ese día y estableces pequeñas metas para el día siguiente.

Segundo, **estar dispuestos a explorar y aprender de nuevas experiencias** nos permite expandir nuestra perspectiva y enriquecer nuestro crecimiento personal. Por ejemplo, digamos que siempre has sentido curiosidad por aprender a tocar un instrumento musical, pero nunca te has animado a hacerlo. En tu búsqueda de desarrollo personal, decides dar el paso y comienzas a tomar clases de guitarra. Aunque al principio te sientes nervioso y desafiado por aprender algo nuevo, te abres a la experiencia y te permites disfrutar del proceso de aprendizaje. A medida que avanzas en tus clases, descubres una nueva pasión y habilidad que nunca pensaste que tendrías.

Tercero, **el camino del crecimiento personal requiere perseverancia y determinación.** Es importante no rendirse ante los desafíos y seguir adelante para alcanzar nuestro máximo potencial. Por ejemplo, supongamos que te has propuesto mejorar tus habilidades de liderazgo en el trabajo para avanzar en tu carrera. Decides tomar un curso *online* sobre liderazgo y te enfrentas a desafíos en el camino. Puedes encontrarte con situaciones donde liderar un equipo sea más difícil de lo que imaginabas, o donde te encuentres resistencia por parte de algunos miembros del equipo. Sin embargo, en lugar de rendirte, te mantienes firme en tu objetivo y perseveras en tu aprendizaje y desarrollo. Aprendes de cada experiencia y te esfuerzas por aplicar nuevos enfoques y estrategias para mejorar tus habilidades de liderazgo.

Además, la aceptación de uno mismo y el desarrollo personal se basan en tres principios fundamentales: es **integral,** es **progresivo** y es **continuo.**

PRINCIPIO INTEGRAL

El principio integral implica abrazar todos los aspectos que hay dentro de nosotros mismos, incluyendo nuestras fortalezas, debilidades, emociones y experiencias. Es reconocer y aceptar nuestra totalidad como seres humanos, sin juzgar ni rechazar ninguna parte de nosotros mismos.

Supón que has cometido un error en el trabajo y te sientes muy mal por ello. En lugar de negar tu culpa o tratar de ocultar el error, gracias al principio integral de la aceptación, puedes reconocer que todos cometemos errores y que es una oportunidad para aprender y crecer. Aceptas tus emociones y te das permiso para aprender de la experiencia sin sentirte menos valioso como persona.

DINÁMICA: LA RUEDA DE LA VIDA

Esta dinámica permite reflexionar sobre diferentes aspectos de tu vida y reconocer áreas que necesitan atención y aceptación. Al identificar áreas para la mejora, puedes trabajar en tu desarrollo personal y bienestar de manera integral.

1. Rueda de satisfacción

Prepara una rueda grande dividida en diferentes áreas importantes de la vida, como salud, relaciones, trabajo, familia, desarrollo personal, finanzas, ocio, etc. Cada área debe tener un espacio para que puedas marcar tu nivel de satisfacción.

2. Marca tu nivel de satisfacción

Marca en la rueda con un lapicero tu nivel de satisfacción actual en cada una de las áreas. Usa una escala del 0 al 10, donde 0 significa «insatisfacción total» y 10 significa «plena satisfacción». Por ejemplo, si una persona se siente muy satisfecha con su estado de salud, podría marcar un 9 en el área de salud.

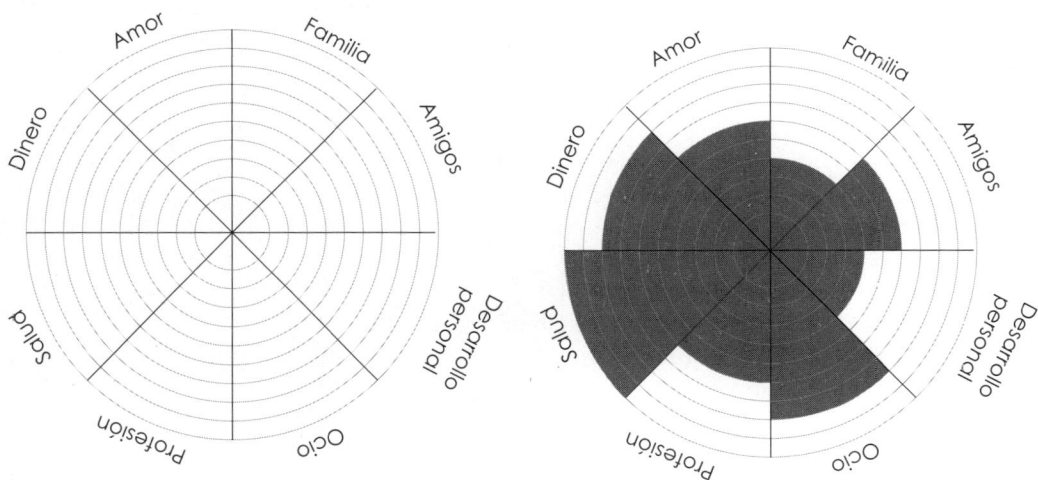

3. Reflexiona sobre tus puntuaciones

Una vez que hayas marcado tu nivel de satisfacción, detente a reflexionar sin prisa alguna acerca de las áreas que has calificado con una puntuación baja y las que has calificado con una puntuación alta.

Pregúntate qué aspectos específicos influyen en tu nivel de satisfacción en cada área.

4. Acepta y mejora tu bienestar

Piensa en cómo puedes aceptar y mejorar las áreas identificadas. Por ejemplo, puedes elaborar una lista de acciones específicas que para ti sean realizables con el objetivo de aumentar tu satisfacción en esas áreas y promover tu bienestar general.

PRINCIPIO PROGRESIVO

El proceso de aceptarse a uno mismo y crecer personalmente es gradual y constante. Imagina que tienes inseguridades sobre tu apariencia física y te sientes incómodo con tu cuerpo. La aceptación progresiva supone identificar y cuestionar tus pensamientos negativos sobre tu apariencia. Luego, poco a poco, puedes trabajar en cambiar esos pensamientos y adoptar una actitud más compasiva hacia ti mismo. Con el tiempo, podrías llegar a sentirte más aceptado y cómodo con tu cuerpo.

Además, hay que tener en cuenta que este principio implica comprender que el cambio y la mejora personal no se dan de forma lineal y que es normal enfrentarse a desafíos y retrocesos en el camino. No siempre se avanza en una dirección ascendente y sin obstáculos, pero eso no debe desanimarnos ni hacernos sentir derrotados. En lugar de ello, debemos aprender de las dificultades y utilizarlas como oportunidades para seguir creciendo.

EJERCICIO: EL ÁRBOL DEL CRECIMIENTO

Este ejercicio te ayudará a trabajar en el principio progresivo de la aceptación al enfocarte en el proceso de crecimiento y en los avances que haces en tu desarrollo personal. Te permitirá ser paciente contigo mismo y apreciar cada paso que das en la dirección de convertirte en la mejor versión de ti mismo. Para ello:

1. **Planta las semillas de tu crecimiento personal**

   Dibuja un árbol en un papel grande, asegurándote de que tenga espacio suficiente para ramas y hojas.

2. **Identifica metas**

   En el tronco del árbol, escribe un aspecto específico de ti mismo o de tu vida en el que deseas crecer y mejorar. Puede ser algo como «confianza en mí mismo», «gestión del estrés» o «mejora de habilidades sociales», por ejemplo.

3. **Cultiva las metas**

   En las ramas principales del árbol, escribe pequeñas metas o pasos que puedas dar para trabajar en ese aspecto específico. Estas metas deben ser alcanzables y realistas.

   Ejemplo. Si estás trabajando en la confianza en ti mismo, una meta podría ser hablar en público frente a un pequeño grupo.

4. **Reconoce obstáculos**

   En las hojas del árbol, escribe los obstáculos o desafíos que podrías enfrentar en el proceso de lograr esas metas. Pueden ser pensamientos negativos, miedos o situaciones difíciles que puedan surgir.

5. Marca tu progreso

Ahora, a medida que avanzas en tu camino de crecimiento, ve marcando con un lápiz cada pequeño logro que alcances.

Ejemplo. Si superas tu miedo de hablar en público frente a un pequeño grupo, marca con una X o pinta de color verde esa hoja del árbol.

6. Persiste a través de los obstáculos

A medida que sigas trabajando en tu desarrollo personal, verás cómo tu árbol de crecimiento se llena de hojas marcadas. Acepta que habrá momentos en los que enfrentarás obstáculos o retrocesos, pero sigue trabajando en tus metas y aplaude cada pequeño avance.

7. Celebra tu crecimiento personal

Al final, mira tu árbol de crecimiento y date cuenta del progreso que has logrado. Reconoce los esfuerzos que has hecho y cómo has superado desafíos a lo largo del camino. Esto te recordará que el crecimiento personal es un proceso gradual y que cada paso cuenta, independientemente de lo pequeño que pueda parecer.

PRINCIPIO DE CONTINUIDAD

Este principio se refiere a reconocer que el proceso de autodescubrimiento y desarrollo nunca termina. Implica comprender que estamos en constante cambio y evolución a lo largo de nuestras vidas, y que siempre hay oportunidades para aprender, crecer y mejorar con cada experiencia, ya sea positiva o negativa.

Este principio también nos alienta a ser flexibles y adaptarnos a los cambios y desafíos que la vida nos presenta. En lugar de resistirnos al cambio, aprendemos a aceptarlo y a verlo como una oportunidad para evolucionar.

Pongamos, por ejemplo, que hace unos años te encontrabas en una etapa de tu vida en la que te sentías bastante cómodo con quien eras y con lo que habías logrado. Tenías un trabajo estable, una rutina diaria que te gustaba y te rodeabas de amigos y actividades que disfrutabas. En ese momento, sentías que habías alcanzado una especie de «punto culminante» en tu desarrollo personal. Si hubiera sido por ti, podrías haber vivido con esa tranquilidad para siempre.

Sin embargo, la vida tiene una forma interesante de presentarnos desafíos y cambios inesperados. Un día, tu empresa anunció una reestructuración y tu puesto de trabajo se volvió incierto. Al principio, te sentiste abrumado y resistente al cambio. Te aferraste a la idea de que ya habías llegado a donde querías estar y que no necesitabas más cambios.

Con el tiempo, entendiste que la vida es un proceso en constante evolución y que incluso las situaciones desafiantes pueden ser oportunidades para aprender y crecer. En lugar de resistirte al cambio, empezaste a buscar nuevas oportunidades y a adquirir nuevas habilidades.

A medida que enfrentabas los desafíos de la reestructuración en tu trabajo, descubriste que aún tenías mucho por aprender y explorar en tu carrera. Te diste cuenta de que tu desarrollo personal no tenía un punto final, sino que era un viaje continuo. Aprendiste a ser más flexible y a adaptarte a las circunstancias cambiantes, y eso te llevó a nuevas experiencias y logros.

EJERCICIO: DIARIO DE CRECIMIENTO

Este ejercicio te ayudará a mantener una actitud de aceptación y paciencia hacia tu proceso de crecimiento personal. Te recordará que el desarrollo personal no tiene una meta final, sino que es un viaje continuo de aprendizaje. A través de este diario, podrás reconocer tus avances, aprender de tus desafíos y apreciar la belleza del camino hacia una mejor versión de ti mismo. Para hacerlo:

1. **Preparara el diario de crecimiento**

   Prepara un cuaderno en el que puedas escribir regularmente. Llámalo *El diario del crecimiento* o cualquier otro nombre que te resulte significativo.

2. **Establece tu momento de reflexión**

   Reserva un momento del día en el que te sientas cómodo y relajado para dedicar unos diez minutos a escribir en tu diario. Puede ser por la mañana al despertar, antes de dormir o en cualquier otro momento que creas conveniente y sea solo para ti.

3. **Reflexión diaria sobre tu proceso de crecimiento**

   En cada entrada del diario, reflexiona sobre tu proceso de crecimiento personal. Puedes empezar escribiendo sobre cómo te sientes y de cualquier acontecimiento significativo que hayas experimentado durante el día.

   Ejemplo. Hoy me siento contento con mis logros en el trabajo y cómo pude manejar una situación estresante durante el día. También, noté que tuve un pequeño conflicto con un amigo que me dejó un poco preocupado.

4. **Celebra los pequeños avances**

   Luego, enfócate en algún área específica en la que estés trabajando para mejorar. Describe cualquier avance o progreso que hayas notado en esa área, sin importar lo pequeño que pueda parecer. Celebra tus logros, por mínimos que sean.

Ejemplo. Hoy decidí enfocarme en mi autoestima, ya que últimamente he estado lidiando con inseguridades. Anoté que hoy me di un cumplido a mí mismo sobre mi apariencia y me sentí bien al hacerlo.

5. Afronta los desafíos del camino

Si en algún momento te encuentras frente a desafíos o dificultades en tu proceso de crecimiento, escríbelo también en el diario. Expresa tus emociones y sentimientos sin juzgarte por ellos. Reconoce que enfrentar obstáculos es una parte natural del proceso de crecimiento y aprendizaje.

Ejemplo. En mi diario escribí sobre el desafío de expresar mis opiniones en una reunión de trabajo: «Sentí nervios al hacerlo, pero reconocí que fue un paso importante para mejorar mi comunicación».

6. Mira atrás para ver tu progreso

Cuando hayan pasado algunas semanas, lee las primeras entradas que escribiste en el diario. Observa cómo has evolucionado y cómo te sientes en comparación con días anteriores. Esto te permitirá ver tu crecimiento en perspectiva y darte cuenta de que el desarrollo personal es un proceso continuo.

LO PRIMERO DE TODO ES... QUERERTE

Si lo que pretendes es una autoestima sana y un desarrollo personal adecuado, debes quererte a ti mismo. El **amor propio** es la base más importante sobre la que se sustenta nuestra autoestima.

Será como construir una sólida amistad contigo mismo, al igual que lo haces con «los otros», gracias a la cual te brindas cariño, apoyo y comprensión en cada situación, aunque llevar esta idea a la práctica es más complicado de lo que parece...

Para esta idea, piensa que tienes un amigo cercano, Juan, que atraviesa un momento difícil en su vida. Le das palabras de aliento, lo escuchas con atención, le ofreces tu ayuda y le recuerdas constantemente lo valioso que es. Lo animas a que se cuide y se trate con respeto, porque te importa y quieres que se sienta bien consigo mismo.

Sin embargo, a menudo nos cuesta aplicar el mismo amor y compasión hacia nosotros mismos. Si cometemos un error o enfrentamos un fracaso, podemos ser extremadamente duros y críticos con nosotros mismos. Nos hablamos de manera negativa, nos sentimos culpables y nos castigamos mentalmente.

Esta tendencia a tratar mejor a los demás que a nosotros mismos puede surgir por diversas razones, como la educación recibida, la sociedad o las expectativas externas. Pero es fundamental entender que, para mantener una relación sana con los demás, primero debemos cultivar una relación amorosa con nosotros mismos.

Amar y respetar a los demás y a ti mismo van de la mano. Cuando te tratas con compasión, puedes ser más compasivo con los demás. Si te respetas, también respetarás a los demás. Y si te valoras, aprenderás a valorar a quienes te rodean.

Es tu turno. Ahora, ¡háblate a ti mismo como si hablaras con alguien de tu entorno al que quieres y admiras mucho!

Cambiar esto radicalmente no significa convertirnos en egoístas, narcisistas o arrogantes. Al contrario, se trata de desarrollar una autoestima saludable y equilibrada. Para conseguirlo, es esencial adoptar ciertos cambios en tu mentalidad y dejar de lado comportamientos tóxicos.

DEJA DE QUEJARTE POR TODO

¿Eres una persona que tiendes a quejarte constantemente en tu vida diaria? Por ejemplo, por la mañana, cuando te levantas para ir al trabajo, te quejas del tráfico y del tiempo que tardas en llegar. En el trabajo, te quejas de tu jefe y de tus compañeros, sientes que nunca recibes el reconocimiento que mereces. Durante el almuerzo, te quejas de la comida del restaurante y del servicio. Por la tarde, cuando regresas a casa, te quejas del cansancio y de lo poco que te queda de tiempo libre. Incluso en tu tiempo libre, te quejas del clima, de lo que ponen en la televisión o de cualquier pequeña molestia que encuentras en tu día a día.

Tus amigos y familiares notan tu actitud negativa y te evitan, ya que siempre se sienten agotados después de pasar tiempo contigo. Quizás no te das cuenta de cómo tus quejas afectan a los demás y a ti mismo. Esta actitud pesimista puede mantenerte atrapado en un círculo vicioso de negatividad, que incide en tu autoestima y en tus relaciones personales.

Es normal tener momentos de descontento en la vida, pero culpar a otros o a las circunstancias externas no resolverá nada. En lugar de señalar con el dedo a tus padres, a tu jefe, al Gobierno o a la economía, asume la responsabilidad de tus decisiones y acciones. Reconoce que tú tienes el poder de cambiar tu vida y darle un rumbo diferente.

Dejar de quejarte no significa ignorar los desafíos o dificultades que te puedas encontrar. Se trata de enfrentarlos con una actitud proactiva y enfocada en buscar soluciones. La autocompasión no te llevará lejos; en cambio, la asunción de responsabilidad y la acción sí lo harán. Por ejemplo, en lugar de quejarte del tráfico, podrías aprovechar ese tiempo para escuchar tu música favorita o un audiolibro. En el trabajo, en lugar de enfocarte en lo que no te gusta, podrías apreciar las oportunidades de crecimiento y aprendizaje que ofrece tu empleo. Durante el almuerzo, en lugar de criticar los platos, podrías agradecer tener la oportunidad de disfrutar de una comida fuera de casa.

Al comenzar a cambiar tu actitud y enfocarte en lo positivo, podrías desarrollar una mentalidad más optimista y encontrar más alegría en tu vida diaria.

AUTOEVALUACIÓN: ¿SOY DE LOS QUE SE QUEJAN POR TODO?

Reflexiona sobre tu actitud y comportamiento y observa si eres de esas personas que se quejan por todo. Para ello, reflexiona sobre las siguientes afirmaciones y evalúa cómo eres de quejica usando la siguiente escala:

1. Raramente o nunca.
2. Ocasionalmente.
3. A veces.
4. Frecuentemente.
5. Siempre o casi siempre.

Expreso insatisfacción o descontento con diversos aspectos de mi vida, como trabajo, relaciones, salud, etc.	1	2	3	4	5
Tiendo a destacar lo que está mal o lo que falta en lugar de apreciar lo positivo.	1	2	3	4	5
Culpo a otras personas o a circunstancias externas por mis problemas o insatisfacciones, en lugar de asumir responsabilidad por mis acciones y decisiones.	1	2	3	4	5
Mis conversaciones con otros tienden a girar en torno a lo negativo o a quejas sobre diferentes temas.	1	2	3	4	5
Me cuesta reconocer o apreciar las cosas buenas que me suceden en la vida.	1	2	3	4	5
Siento que los demás a mi alrededor no me comprenden o no tienen en consideración mis deseos y preocupaciones.	1	2	3	4	5
A menudo me siento insatisfecho o descontento con lo que tengo y siempre deseo más o mejor.	1	2	3	4	5
Me quejo repetidamente de las mismas cosas sin buscar soluciones ni intentar hacer cambios positivos.	1	2	3	4	5
En situaciones difíciles, tiendo a enfocarme en lo negativo en lugar de buscar oportunidades de aprendizaje o crecimiento.	1	2	3	4	5
Mis quejas afectan mis relaciones personales, y la gente a mi alrededor tiende a evitar pasar tiempo conmigo.	1	2	3	4	5

Puntuación:
- **10-20.** Tiendes a quejarte ocasionalmente.
- **21-30.** Te quejas con cierta frecuencia.
- **31-40.** Tienes tendencia a quejarte con regularidad.
- **41-50.** Te quejas constantemente.

Ahora eres consciente de que el hábito de quejarse puede estar destruyendo poco a poco tu autoestima y bienestar. Darse cuenta es el primer paso para dejar de quejarte.

ESTRATEGIAS: ALEJA LAS QUEJAS DE TI

Entra en acción y lleva a cabo las siguientes estrategias para sobreponerte a ese comportamiento tan tóxico.

- **Ignora la fuente de las quejas.** Si sigues esta estrategia, poco a poco te irás dando cuenta de que, al ignorar la fuente de tus quejas y enfocarte en aspectos más positivos, tu bienestar emocional mejorará.

    Al cambiar tu perspectiva y dirigir tu atención hacia lo constructivo, sentirás que controlas mejor tus emociones y podrás disfrutar más de tu día a día.

    ### 1. Reconoce tus quejas
    Es importante que tomes conciencia de las situaciones en las que tiendes a quejarte. Identifica esos momentos en tu vida diaria en los que te sientes incómodo o insatisfecho, y observa las quejas que surgen en tu mente.

    Ejemplo. Imagina que, en tu rutina diaria, a menudo te quejas del tráfico cuando vas al trabajo. Te sientes frustrado porque tienes la sensación de que siempre te encuentras atrapado en largos atascos y llegas tarde a tu puesto.

    ### 2. Comprende la limitación de tu atención
    Reconoce cómo te sientes al respecto y toma conciencia de que estás dedicando tu atención a esa fuente de queja.

    Ejemplo. Recuerda que tu atención es limitada y valiosa. En lugar de desperdiciarla en quejas sobre el tráfico, comprende que hay factores externos que no puedes controlar.

    ### 3. Aprende a desviar tu atención
    Practica el modo de ignorar la fuente de la queja dirigiendo tu atención a algo positivo y agradable.

Ejemplo. Cuando te encuentres con exceso de tráfico y sientas que las quejas empiezan a surgir en tu mente, desvía tu atención hacia algo más positivo y constructivo. Puedes escuchar tu música favorita, disfrutar de un pódcast interesante o practicar técnicas de respiración para relajarte.

4. Cambia tu enfoque

Si te quejas de alguna persona en particular, como tu jefe, trata de cambiar tu enfoque y buscar aspectos positivos en la relación laboral que mantenéis.

Ejemplo. Enfócate en las habilidades que estás desarrollando en ese trabajo o en el apoyo que recibes de tus compañeros.

5. Practica la gratitud

Una forma efectiva de ignorar las quejas propias ante todo y por todo a lo que te enfrentas a diario es practicar la gratitud. Cada día, reserva un momento para reflexionar sobre aquellas cosas por las que te sientes agradecido en tu vida. Esto te ayudará a cambiar tu perspectiva y a centrarte en lo positivo.

Ejemplo. Cada día, al llegar al trabajo, detente un momento para agradecer que tengas un empleo que te permite desarrollarte profesionalmente y que te da la oportunidad de avanzar en tus objetivos.

6. Evita el chismorreo

Si te encuentras rodeado de personas que tienden a quejarse o chismorrear, trata de evitar participar en esas conversaciones negativas. En lugar de unirte a ellas, busca hablar de temas más constructivos y positivos.

Ejemplo. Puedes iniciar una conversación sobre planes para el fin de semana o sobre proyectos interesantes en los que estás trabajando.

- **Encuentra el lado bueno y aprovéchalo.** Esta estrategia consiste en tomar conciencia de cuándo estás a punto de quejarte y buscar cambiar el enfoque de tu frase hacia algo más positivo.

Es cierto que al principio puede resultar complicado encontrar aspectos positivos en situaciones negativas, y tal vez necesites un poco de imaginación. Sin embargo, practicar esta habilidad crea nuevas conexiones neuronales en tu cerebro, lo que incrementa tu creatividad y te permite desarrollar una mayor capacidad para resolver problemas en el futuro.

Ejemplos:

Queja	Enfoque positivo
Otra reunión larga y aburrida en el trabajo.	En la reunión tendré la oportunidad de compartir mis ideas y aprender de mis compañeros.
Siempre tengo que lavar los platos después de la cena.	La cena estuvo deliciosa y disfruté mucho compartiéndola con mi familia.
No soporto el ruido de los vecinos en el fin de semana.	Tengo la oportunidad de relajarme y leer un buen libro con el ruido de fondo.
Siempre tengo que hacer muchas cosas en casa.	Cada tarea que realizo contribuye a mantener mi hogar limpio y acogedor.
Siempre hay demasiadas cosas por hacer en la lista de pendientes en el trabajo.	Tengo la oportunidad de demostrar mi capacidad y lograr grandes avances en mi carrera.

Al cambiar el enfoque de tus quejas hacia aspectos más positivos, notarás una mejora en tu estado de ánimo y una mayor apertura para enfrentar los desafíos cotidianos con una perspectiva más constructiva y optimista.

- **Extrae algo positivo de la queja.** Se trata de adoptar un enfoque reflexivo: reconoce que estás ante una situación difícil, pero ¿qué lección puedes aprender de ella?, ¿hay algo que pueda hacer para mejorar la situación?

Si algo te genera incomodidad, enojo o frustración, puedes expresar tu queja, pero debes recordar que tienes que incluir una solución, una idea para mejorar la situación o una reflexión que puedas obtener de la experiencia. De esta manera, tu queja se vuelve más constructiva y beneficiosa para las personas a tu alrededor, sin generar una negatividad innecesaria.

Ejemplos:

Queja	Enfoque positivo
No soporto el tráfico de las mañanas, me pone de mal humor.	Podría hablar con mis compañeros de trabajo para proponer la idea de hacer turnos como conductores y así reducir el estrés y el gasto de combustible que causa la congestión vial.
Siempre me quedo sin dinero y tengo muchas deudas.	Voy a empezar a llevar un registro de mis gastos y revisar los recibos de compra para analizar en qué áreas puedo ajustar mis gastos y así administrar mejor mis finanzas y empezar a ahorrar.

Queja	Enfoque positivo
Siento que siempre peleo con mi pareja.	Me doy cuenta de que necesito trabajar en mejorar mi tono de voz y encontrar formas más constructivas de comunicarme durante nuestras discusiones.

Al adoptar una actitud más reflexiva y proactiva frente a tus quejas, encontrarás soluciones y enseñanzas valiosas en cada situación difícil, lo que te permitirá crecer como persona y aportar positivamente a tu entorno.

ASUME LAS RESPONSABILIDADES

Llegas tarde a una cita y culpas al tráfico o al transporte público; si olvidas hacer algo importante, acusas a tu pareja por no recordártelo; cometes errores en el trabajo y responsabilizas a otros compañeros o a circunstancias externas de tus fallos; no cumples con tu dieta y culpabilizas a algún familiar o a algún amigo por tentarte con comida poco saludable.

Si estas afirmaciones te definen, te ocurre como a Homer Simpson cuando en una escena de la famosa serie *Los Simpson* decía a su esposa, Marge: «Todos tienen la culpa menos yo». Esta frase refleja en clave de humor la tendencia del personaje a atribuir la responsabilidad de sus problemas a otras personas en lugar de reconocer que solo son resultado de sus propias decisiones.

Aunque este es un comentario jocoso en el contexto de la serie, en la vida real es algo más serio, ya que no asumir las responsabilidades puede ser perjudicial para las relaciones con los demás, la autoestima y el desarrollo personal.

Cuando dejas de culpar a los demás por lo que sucede en tu vida, todo puede cambiar. Asumir el control y la responsabilidad te permite dejar de ser una «víctima» de las circunstancias y obtienes la capacidad para crear tus propias oportunidades o, al menos, decidir cómo enfrentar las situaciones que se presentan.

Lo importante no es lo que sucede en tu vida, sino la **actitud** que decides adoptar frente a cada situación. Si llegas tarde a tu cita, reconoce que no has sido puntual; si olvidas hacer algo importante, admite que debes estar más atento y recordarlo tú; si cometes un error en el trabajo, asúmelo como tuyo y busca soluciones; si no cumples con tu dieta, acepta que debes ser más responsable con tus hábitos alimentarios.

DINÁMICA: EL ESPEJO DE LA RESPONSABILIDAD

Esta dinámica tiene como objetivo fomentar la reflexión sobre la responsabilidad personal y promover la toma de conciencia de la tendencia a culpar a otros o a situaciones externas por los errores o fallos propios.

Para realizarla necesitas juntarte con un grupo de amigos y tener un espejo, papel y bolígrafos.

1. Nos colocamos

Entre todos los participantes escoged a uno para que lleve a cabo las funciones de coordinador a lo largo de toda la dinámica. Después formad un círculo todos los participantes y colocad el espejo en el centro del círculo. El espejo simboliza la mirada introspectiva y la autoevaluación personal, lo que permite una mayor toma de conciencia. Cada participante dispondrá de un papel y un bolígrafo.

2. Reflexionad sobre la culpa externa

El que hace de coordinador de esta actividad invita a los participantes a reflexionar sobre una situación reciente en la que hayan cometido un error o fallo y hayan culpado a otros o a situaciones externas por ello.

3. Escribid sobre la responsabilidad personal

Cada participante escribe en el papel la situación y la forma en la que culpó a otros o a situaciones externas del error o fallo.

4. Leed frente al espejo

Una vez que todos hayan terminado de escribir, el coordinador invita a un voluntario a leer lo que haya escrito en voz alta frente al espejo.

5. La mirada interior hacia la responsabilidad

Después de haber compartido su reflexión, el participante se mira a sí mismo en el espejo y se hace preguntas como las siguientes:

- ¿Qué parte de responsabilidad tengo yo en este error?
- ¿Qué decisiones o acciones podría haber tomado de manera diferente?
- ¿Cómo puedo aprender de esta situación y mejorar en el futuro?

6. Compartid reflexiones y aprendizajes

Luego, el participante comparte sus reflexiones y aprendizajes con el resto del grupo.

El juego continúa con otros voluntarios del grupo que lean en voz alta lo que han anotado y reflexión frente al espejo.

7. Discusión en grupo

Al finalizar todas las reflexiones, se abre un espacio para una discusión grupal sobre la importancia de asumir la responsabilidad personal y evitar culpar a otros o a situaciones externas por los errores o fallos propios.

RENUNCIA A LA CULPA

La culpa es una emoción destructiva, una sombra alargada que nos acecha en cada esquina. Es un sentimiento común a todas las personas. Sin embargo, hay que diferenciar entre lo que es una culpa convertida en responsabilidad, para la que tenemos margen de maniobra, y una culpa patológica y asfixiante.

En el primer caso, esta culpa por no haber realizado bien las cosas hace que se sienta la responsabilidad de rectificar todos los errores que se han cometido para ser útiles en una situación futura. Por ejemplo, supón que has recibido la noticia de que no has aprobado un examen importante. Al conocer la nota, sientes una profunda culpa y frustración y piensas: «Soy un fracaso total. ¿Cómo he podido cometer tantos errores?».

Sin embargo, decides asumir la responsabilidad de tus acciones. Reflexionas sobre los errores que cometiste en el examen y te das cuenta de que tal vez no te preparaste lo suficiente y decides actuar.

Elaboras un plan de estudio más efectivo y organizado, buscas ayuda de profesores y compañeros, y te comprometes a dedicar más tiempo y esfuerzo a tus estudios.

Otras veces, parece que **cargamos con la culpa innecesariamente.** Se vuelve crónica, lo que afecta seriamente a la autoestima. Cuando nos centramos únicamente en nuestros errores, dejamos de reconocer todas las cosas buenas que hacemos, y nuestra confianza y autoimagen se socavan. Imagina que cometes un pequeño error en tu trabajo y te sientes abrumado por la culpa, pensando que siempre arruinas todo. Esta culpa crónica afecta a tu autoestima al provocar que ignores tus logros pasados y te sientas inseguro en tu carrera.

EJERCICIO: LA PRISIÓN DE LA CULPA

En este ejercicio te voy a pedir que imagines que la culpa es como una prisión que cada uno de nosotros tiene en su interior. En esa cárcel vamos a apresar las conductas y los pensamientos que han podido hacer daño a los demás. Cada uno de ellos queda atrapado en la prisión. Será una cárcel de aprendizaje, donde cada mala acción reconoce lo que ha hecho mal, trata de arreglarlo y queda libre. Esto permitirá que puedas liberarte de la culpa.

Lo primero que tienes que hacer es pensar en las situaciones en las que te has sentido culpable:

1. ¿A quién has perjudicado?
Ejemplo. He perjudicado a mi compañero de trabajo al no cumplir con la tarea que me encomendó a tiempo, lo que retrasó su propio trabajo.

2. ¿Cómo has perjudicado a alguien?

Ejemplo. He perjudicado a mi amiga al contar un secreto suyo sin su permiso, lo que ha generado desconfianza entre nosotros.

3. ¿Cuáles son mis sensaciones?

Ejemplo. Me siento culpable y arrepentido por mis acciones. También me encuentro triste por haber lastimado a alguien que me importa.

4. ¿Qué hago?

Ejemplo. Me disculpo con mi compañero de trabajo y me comprometo a cumplir con mis tareas a tiempo en el futuro. También hablaré con mi amiga para pedirle perdón y asegurarme de no repetir el error.

5. ¿Qué creo que piensan los demás?

Ejemplo. Creo que mi compañero de trabajo debe estar frustrado conmigo por haberlo retrasado en su proyecto. Y mi amiga podría sentirse traicionada y molesta por mi indiscreción.

6. ¿Me estoy perjudicando a mí?

Ejemplo. Sí, me estoy perjudicando a mí mismo al cargar con la culpa y el arrepentimiento. Esto afecta a mi bienestar emocional y mi autoestima.

7. ¿Cómo me siento después?

Ejemplo. Después de disculparme y asumir la responsabilidad de mis acciones, me siento aliviado y en paz conmigo mismo. He aprendido de mis errores y estoy comprometido con ser más consciente de cómo mis acciones afectan a los demás para actuar en consecuencia en el futuro.

Después, en un papel o una cartulina, debes meter tu culpa en una celda.

Libertad			
Cárcel	Contar el secreto de mi amiga.		
		No cumplir la tarea encomendada.	

A continuación, con las preguntas anteriores, debes hacer una autoevaluación para aprender a liberar tu culpa. En la parte de atrás del papel o la cartulina escribe por qué te perdonas: «Me perdono por...», y anota también lo que has hecho para perdonarte y liberarte de la culpa.

Ejemplos:

Yo me perdono por haber perjudicado a mi compañero de trabajo al no cumplir con la tarea a tiempo y retrasar su propio trabajo. Aprendo de mi error y me comprometo a ser más responsable en el futuro.

Yo me perdono por haber contado el secreto de mi amiga sin su permiso, lo que generó desconfianza entre nosotros. Reconozco que mi indiscreción fue incorrecta y me disculpo sinceramente con ella, comprometiéndome a respetar su confianza en adelante.

CARGAMOS CON LA CULPA DESDE QUE SOMOS PEQUEÑOS

La carga constante de culpabilidad se puede atribuir al trato que hemos recibido desde la infancia. Amigos, familiares, la sociedad o el colegio la han alimentado, con un sistema de recompensas y castigos para reforzarla. Desde pequeños, nos señalaban constantemente nuestros errores y nos comparaban con otros que parecían portarse mejor (algo muy arraigado culturalmente en la educación). Se convirtió en una herramienta de manipulación que se apoyaba en frases como estas: «¿Por qué no puedes ser como tu hermano?», «¡me avergüenzas!», o «todos los demás lo están haciendo bien, ¿por qué tú no?». Y esas observaciones nos hacían sentir culpables.

Como puedes ver, educar desde la culpa puede convertirla en una viajera silenciosa que nos acompaña, magnifica los errores y nos impide avanzar con seguridad y tranquilidad. En el ámbito educativo, humillar a los estudiantes por sus bajas notas o malos comportamientos reafirma este patrón. Los padres también pueden caer en la culpa al educar, confundiendo su autoridad con hacer sentir culpables a sus hijos. Es fundamental evitar la educación desde la culpa para formar individuos más libres, críticos y tolerantes con ellos mismos y con la sociedad.

AUTOCONOCIMIENTO: ¿CÓMO ME RELACIONO CON LA CULPA?

Al responder a las siguientes preguntas, podrás obtener una mayor comprensión de cómo te relacionas con la culpa y cómo ha sido tu experiencia en cuanto a la educación desde la culpa. Reflexionar sobre estas cuestiones te permitirá identificar posibles patrones y áreas de mejora para cultivar una autoestima más saludable y liberarte de la carga innecesaria de la culpa. Recuerda que el objetivo es aprender a manejar la culpa de manera constructiva y nutrir una imagen positiva de ti mismo.

Responde a las siguientes preguntas con sinceridad, seleccionando la opción que mejor describa tu situación o experiencia.

1. **¿Sientes que la culpa es una emoción que experimentas con frecuencia?**
   a. Sí, muy a menudo.
   b. A veces.
   c. No, rara vez.

2. **¿Crees que la culpa te ha llevado a tomar decisiones basadas en el miedo a equivocarte o a defraudar a los demás?**
   a. Sí, muchas veces.
   b. En algunas ocasiones.
   c. No, no creo que haya sido así.

3. **¿Has sentido la necesidad de complacer a los demás para evitar sentirte culpable por defraudarlos?**
   a. Sí, siempre.
   b. En algunas situaciones.
   c. No, no siento esa presión.

4. **¿Has vivido experiencias en las que la culpa te ha llevado a castigarte a ti mismo emocional o físicamente?**
   a. Sí, en varias ocasiones.
   b. Tal vez en un par de ocasiones.
   c. No, nunca me he castigado por la culpa.

5. **¿Crees que la educación que recibiste en tu infancia enfatizaba la culpa como una forma de disciplina?**
   a. Sí, definitivamente.
   b. En ciertos aspectos.
   c. No, la educación que recibí era comprensiva.

6. **¿Has notado que tu autoestima se ve afectada negativamente por la culpa y que tiendes a menospreciarte a ti mismo?**
   a. Sí, muy a menudo.
   b. A veces me sucede.
   c. No, mi autoestima es sólida.

7. **¿Te cuesta perdonarte a ti mismo por errores pasados y tiendes a cargar con la culpa de manera prolongada?**
   a. Sí, me cuesta mucho perdonarme.
   b. A veces me lleva tiempo perdonarme.
   c. No, tiendo a perdonarme y aprender de mis errores.

8. ¿Has notado patrones recurrentes en cómo manejas la culpa en diferentes situaciones?
a. Sí, me siento atrapado en esos patrones.
b. A veces noto ciertos patrones.
c. No, suelo adaptarme de manera saludable a cada situación.

Resultados:
- **Mayoría de respuestas «a».** Es posible que la culpa tenga una presencia significativa en tu vida y que haya influido en tu educación, llevándote a vivir con una auto-exigencia y una autorrepresión constante. Considera buscar apoyo para abordar esta emoción y trabajar en construir una relación más saludable contigo mismo.
- **Mayoría de respuestas «b».** La culpa parece tener cierta influencia en tu vida, pero no domina por completo tus decisiones ni tu autoestima. Es importante ser consciente de cómo te relacionas con esta emoción y tomar medidas para manejarla de manera más constructiva.
- **Mayoría de respuestas «c».** La culpa no parece tener un impacto significativo en tu vida ni en tu educación. Tu relación con esta emoción es saludable y manejas las situaciones de manera comprensiva y consciente. Sigue cultivando esta actitud positiva hacia ti mismo.

EDUCA TU EGO

El ego es esa parte intrínseca de nuestra identidad que se forja a partir de las creencias, perspectivas y juicios que tenemos de nosotros mismos. Si bien el ego puede servir como una fuente de autoconfianza y autoafirmación, también tiene el potencial de manifestarse de manera desproporcionada, conduciendo a actitudes egocéntricas, arrogantes o incluso perjudiciales y, con ello, a crear un «falso yo».

A veces tenemos tanta autoestima que ciega la imagen que tenemos sobre nosotros mismos, haciéndonos creer que somos más importantes o mejores que los demás. Tenemos varios ejemplos de personajes públicos con el ego desequilibrado. Desafortunadamente no han escaseado nunca en la esfera mediática.

Tomemos de ejemplo a Kanye West, el conocido rapero y productor musical, cuyas afirmaciones sobre su propia «genialidad» y sus comparaciones con figuras icónicas de la historia revelan un ego que desborda límites. Otro ejemplo es Mariah Carey, la cantante cuyo comportamiento exigente y su sentido de merecimiento especial han sido ampliamente discutidos. Y no podemos pasar por alto a José Mourinho, entrenador conocido por su fuerte personalidad y su tendencia a buscar la atención mediática. Ha tenido enfrentamientos públicos y controversias que reflejan un ego desequilibrado en algunos momentos. Por último, hablemos de Salvador Dalí, quien fue un genio artístico, conocido por su excentricidad y su necesidad constante de atención.

Educar nuestro ego hacia un equilibrio saludable implica un proceso consciente de autoexploración y autogestión. Para ello debemos ser conscientes y hacer una autocrítica constructiva. No solo es importante reconocer nuestros éxitos, sino también ser capaces de enfrentarlo sin caer en la soberbia y la arrogancia.

La voluntad de aprender y admitir que siempre hay más por descubrir contrarresta la tendencia del ego a considerarse completo y autosuficiente. El respeto genuino por las opiniones y experiencias de los demás mantiene a raya la soberbia.

Por lo tanto, educar el ego implica **aceptarse abrazando la humildad.** Significa comprender que todos somos seres en constante evolución y que todos cometemos errores. Es un viaje hacia una autoimagen equilibrada, donde la autoestima coexiste con la apertura, la humildad y la empatía hacia los demás. Un ego educado nos permite vivir en armonía con nosotros mismos y con quienes nos rodean.

EJERCICIO: ¿SABES SI TU EGO TE ESTÁ DOMINANDO?

El propósito de este test es evaluar la influencia de tu ego en tu vida cotidiana. Lee cada afirmación cuidadosamente y asigna un valor del 1 al 5, con los siguientes significados para cada número:

1. Nunca.
2. Ocasionalmente.
3. A veces.
4. Frecuentemente.
5. Siempre.

Sé sincero contigo mismo al responder.

Siempre quiero ser el centro de atención en un grupo.	1	2	3	4	5
Me siento incómodo cuando alguien más recibe el reconocimiento que creo que merezco.	1	2	3	4	5
Tiendo a hablar más sobre mis propios logros que sobre los de los demás.	1	2	3	4	5
Me cuesta admitir mis errores y prefiero culpar a otros.	1	2	3	4	5
Me siento inferior cuando alguien tiene más éxito que yo.	1	2	3	4	5

Me siento irritado cuando alguien critica mis acciones o decisiones.	1	2	3	4	5
Tiendo a compararme constantemente con los demás.	1	2	3	4	5
Me preocupa mucho lo que los demás piensen de mí.	1	2	3	4	5
A menudo exagero mis logros cuando hablo con otros.	1	2	3	4	5
Me resulta difícil aceptar consejos o sugerencias de otros.	1	2	3	4	5
Siento envidia cuando veo a alguien alcanzando metas que yo no he logrado.	1	2	3	4	5
Me molesta que otros sean mejores que yo en algo.	1	2	3	4	5
Tiendo a interrumpir a las personas para hablar sobre mis propias experiencias.	1	2	3	4	5
Prefiero mantener una imagen perfecta, aunque eso signifique ocultar mis luchas.	1	2	3	4	5
A veces menosprecio las opiniones de los demás si no concuerdan con las mías.	1	2	3	4	5
Me siento superior a ciertas personas en mi vida.	1	2	3	4	5
Me siento frustrado cuando no obtengo el reconocimiento que creo merecer.	1	2	3	4	5
Tiendo a sentirme amenazado si alguien tiene más conocimientos que yo.	1	2	3	4	5
Me cuesta pedir disculpas, incluso si sé que estoy equivocado.	1	2	3	4	5
A menudo me comparo con los demás en términos de posesiones materiales.	1	2	3	4	5

Suma tus puntos y reflexiona:

- **20-40 puntos.** Tu ego está en un nivel equilibrado y saludable. Mantienes un sentido adecuado de confianza en ti mismo sin caer en la arrogancia o el egocentrismo excesivo.
- **41-60 puntos.** Tienes tendencias egocéntricas en algunas áreas de tu vida. Puede que experimentes momentos en los que tu ego tome el control, pero, en general, mantienes un equilibrio sano entre autoconfianza y humildad.
- **61-80 puntos.** Tu ego tiende a dominar en varios aspectos de tu vida. Es posible que a veces te encuentres actuando de manera egoísta o centrada en ti mismo. Considera trabajar en desarrollar una mayor humildad y empatía.
- **81-100 puntos.** Tu ego parece tener un control significativo en tu vida. Es probable que enfrentes desafíos en las relaciones interpersonales debido a actitudes egocéntricas. Es importante reflexionar sobre cómo puedes reducir la influencia negativa del ego.

En el caso de que hayas notado que tu ego está tomando el mando, intenta liberarte de su influencia, que solo conduce a emociones desfavorables. Irritación, enfado y necesidad de control son sus elementos característicos, ya que aquellos con un ego sobredimensionado suelen tener dificultad en aceptar situaciones que no se ajusten a sus deseos. Desvincularte del ego emerge como un paso crucial para elevar la autoestima. Este proceso involucra una serie de pasos que requieren paciencia y una mente abierta para abrazar una verdadera aceptación de uno mismo.

PASOS PARA DESPRENDERTE DEL EGO DESEQUILIBRADO
Sigue estos pasos para deshacerte del ego desequilibrado:

- **Despréndete de la obsesión por ser el mejor.** Si bien es esencial reconocer nuestros méritos y sentirnos valorados, también es importante ser conscientes de nuestras áreas de mejora. Reconozcamos que todos tenemos cualidades valiosas en diferentes aspectos y que el objetivo no es ser el mejor absoluto, sino superarnos a nosotros mismos.

  Ejemplo. Imagina que siempre has sido el primero de tu clase y te sientes orgulloso. Sin embargo, al enfrentarte a una materia más compleja, te das cuenta de que no puedes ser el mejor en todo y necesitas pedir ayuda. En lugar de sentirte frustrado, acepta tu limitación y busca aprender de otros.

- **Deja atrás la susceptibilidad.** Esta sensación surge cuando nuestras expectativas no se cumplen o nos enfrentamos a críticas. No todo debe interpretarse como una afrenta personal. En lugar de tomar todo como una ofensa, mantengamos una actitud abierta hacia el cambio y las opiniones divergentes.

Ejemplo. Supongamos que en el trabajo te hacen una crítica constructiva sobre una presentación que realizaste. En lugar de tomarlo como un ataque personal, decides analizar la retroalimentación de manera objetiva y considerar cómo podrías mejorar en futuras ocasiones.

- **Renuncia a la necesidad de tener razón.** Un ego inflado nos impulsa a querer tener la razón siempre, ya que creemos que nuestras ideas y acciones son siempre las correctas. Practica la humildad al considerar otras perspectivas y comprender distintos puntos de vista.

Ejemplo. Estás debatiendo con un amigo sobre un tema político. En lugar de aferrarte a tu punto de vista y rechazar las opiniones contrarias, decides escuchar con atención y tratas de comprender su perspectiva, incluso si no estás completamente de acuerdo.

- **No bases la vida en logros.** Alcanzar el éxito es gratificante y genera bienestar, pero no debemos construir nuestra vida en torno a él. No somos solo un trabajo exitoso o un físico envidiable; somos también el esfuerzo y la dedicación que pusimos cuando las cosas no salieron como esperábamos. Manteniendo esto en mente, podremos apreciar más los logros de los demás.

Ejemplo. Piensa en un atleta que siempre se ha centrado en ganar medallas y trofeos. Después de una lesión que le impide competir durante un tiempo, se da cuenta de que su identidad va más allá de los logros deportivos. De este modo, aprende a valorar también su perseverancia y la pasión que ha dedicado a su deporte, independientemente de los resultados.

SÉ COHERENTE

A todos nos suena este dicho: «Consejos vendo que para mí no tengo». Se refiere a una situación en la que una persona da consejos o recomendaciones a otros sobre cómo comportarse o qué hacer en una determinada situación, pero ella misma no los sigue. En otras palabras, esta persona aconseja a otros de manera hipócrita, ya que no sigue sus propios consejos.

Imagina que tienes un amigo que siempre te da consejos sobre cómo llevar una vida más saludable: «Aliméntate bien, haz algo de deporte, duerme lo suficiente». Sin embargo, si te fijas en su propia vida, ves que come comida rápida a menudo, rara vez hace ejercicio y se queda despierto hasta altas horas de la noche viendo series.

La incoherente forma de ser de tu amigo te lleva a preguntarte por qué te da constantes consejos que él mismo no se aplica. Pues bien, este comportamiento tiene consecuencias en su autoestima, ya que tu amigo sabe que, en realidad, se comporta de una manera falsa y, en cierto modo, trata de engañarse a sí mismo. Asimismo, esa actitud tiene consecuencias en su desarrollo, ya que este exige ser auténtico y que mantenga cierta coherencia entre lo que dice y hace, algo que no ocurre.

Por lo tanto, si alguna vez te encuentras dando consejos que no sigues, tómatelo como una oportunidad para la reflexión y el cambio. Pregúntate por qué lo haces y cómo podrías alinear tus acciones con tus palabras.

EJERCICIO: ACCIONES Y PALABRAS

Este ejercicio te permitirá evaluar la coherencia entre lo que dices que harás y lo que realmente haces y te brinda la oportunidad de mejorar tu coherencia en el futuro.

1. Registro de coherencia: palabras y acciones
Registra en un cuaderno o diario tus palabras y acciones.

2. Palabras vs. acciones
En una página de tu cuaderno, crea dos columnas claramente etiquetadas como «Palabras» y «Acciones».

3. Compromisos en palabras: inicia el registro
Durante la semana, anota tus promesas y compromisos en la columna encabezada por «Palabras».

Ejemplo. Le prometí a mi amigo que lo ayudaría a mudarse el sábado.

4. Acciones reales: anota tus hechos
En la columna «Acciones», anota lo que realmente hiciste.

Ejemplo. El sábado pasé cuatro horas ayudando a mi amigo a poner sus cosas en cajas y mudarse.

5. La coherencia entre palabras y acciones
Al final de la semana, revisa tus registros. Te das cuenta de que lo que dijiste que harías (ayudar a tu amigo a mudarse) coincide con lo que realmente hiciste.

6. Reflexiones semanales: cumple tus promesas
Reflexionas sobre la semana. Te das cuenta de que cumpliste tu promesa, lo que te hace sentir bien contigo mismo y refuerza tu autoestima.

7. Objetivo de coherencia a largo plazo
Te das cuenta de que este alineamiento entre palabras y acciones te hace sentir mejor y te ayuda a mantenerte enfocado en tus objetivos. Como resultado, decides continuar con esa actitud en tu vida diaria.

MANEJA LOS PENSAMIENTOS NEGATIVOS Y CULTIVA LOS POSITIVOS

> *Qué ruido hace un hombre que se quiebra en soledad, qué cobijo encontrará en la sombra de un mal pensamiento.*
> ENRIQUE BUNBURY

Querido lector, permíteme apoyarme en este verso que Enrique Bunbury expresa en su canción *Parecemos tontos* para explorar la relevancia de la manera de manejar los pensamientos y las emociones en nuestra autoestima y desarrollo personal.

«Qué ruido hace
Un hombre que se quiebra en soledad
Qué cobijo encontrará
En la sombra de un mal pensamiento».

En ella, el cantante nos presenta la imagen de alguien que está pasando por momentos difíciles y que se enfrenta a sus propios pensamientos autodestructivos. Este verso resalta la importancia de enfrentar la soledad interna y los pensamientos oscuros que pueden aflorar en momentos de vulnerabilidad.

Podemos entender que la «quiebra en soledad» representa esos momentos en los que nos sentimos frágiles, inseguros o desanimados.

El «ruido» que se menciona en la canción puede referirse a ese diálogo interno negativo y destructivo que a menudo nos persigue en nuestra mente, afectando a nuestra autoestima y bienestar emocional. En ese sentido, la frase nos invita a reflexionar sobre cómo esos pensamientos pueden incidir en la percepción que tenemos de nosotros mismos y en cómo nos relacionamos con el mundo.

Por otro lado, la «sombra de un mal pensamiento» representa la influencia negativa que esos pensamientos pueden ejercer sobre nuestra vida, nublando nuestra visión de la realidad y afectando a nuestra confianza. Es importante reconocer la importancia de confrontar y gestionar estos pensamientos negativos para no permitir que nos atrapen en una espiral descendente.

Para alcanzar el desarrollo personal y una autoestima sana, es fundamental aprender a manejar ese tipo de pensamientos, desafiándolos y reemplazándolos por pensamientos más positivos y realistas. Aceptar nuestras debilidades y errores como parte natural del crecimiento y aprender de ellos es clave para fortalecer nuestra autoestima.

AUTOEVALUACIÓN: MI DIÁLOGO INTERNO

¿Tu vaso está medio vacío o medio lleno? Es posible que la forma en que respondas a esta pregunta refleje tu visión de la vida, tu actitud hacia ti mismo.

Responde a las siguientes preguntas con sinceridad, eligiendo la opción que mejor describa tu forma de pensar y sentir en cada situación.

1. **Cuando enfrentas un desafío o dificultad, ¿cómo te sientes?**
   a. Inseguro, temeroso y preocupado.
   b. Optimista, pero con cierta aprensión.
   c. Seguro y confiado en encontrar una solución.

2. **Al cometer un error, ¿cómo te tratas a ti mismo?**
   a. Me culpo y me siento mal durante mucho tiempo.
   b. Acepto que cometí un error, pero no dejo de sentirme mal por ello.
   c. Acepto que cometí un error y busco aprender de él sin juzgarme duramente.

3. **Ante un cumplido o reconocimiento por algo que hiciste bien, ¿cuál es tu reacción?**
   a. Dudo del cumplido y pienso que no lo merezco.
   b. Agradezco el cumplido, pero aún tengo algunas dudas.
   c. Acepto el cumplido con gratitud y me siento satisfecho con mi logro.

4. **Cuando enfrentas una nueva oportunidad o cambio en tu vida, ¿cómo te sientes?**
   a. Ansioso e inseguro sobre cómo lo manejaré.
   b. No solo emocionado, sino también algo nervioso.
   c. Entusiasmado y confiado en mis habilidades para enfrentarlo.

5. **Al compararte con otras personas, ¿cómo te sientes?**
   a. Me siento inferior y me comparo desfavorablemente.
   b. A veces me comparo, pero trato de no hacerlo en exceso.
   c. No me comparo con otros, sé que cada persona es única.

Resultados:
- **Mayoría de respuestas «a».** Tienes un diálogo interno negativo y tiendes a ver el vaso medio vacío. Puedes ser duro contigo mismo y tener dificultades para perdonarte y aprender de los errores.
- **Mayoría de respuestas «b».** Tu diálogo interno es mixto, a veces positivo y a veces negativo. Puedes trabajar en cultivar una mentalidad más positiva y compasiva hacia ti mismo.
- **Mayoría de respuestas «c».** Tienes un diálogo interno positivo y ves siempre el vaso medio lleno. Tiendes a ser optimista y confiado en tus habilidades y capacidades.

Ten en cuenta que todos tenemos momentos de negatividad, pero lo importante es ser consciente de nuestro diálogo interno y trabajar en cultivar una mentalidad más positiva y compasiva hacia nosotros mismos.

LOS PENSAMIENTOS SE PUEDEN CAMBIAR

Como ya sabes, el diálogo interno es una conversación que mantenemos con nosotros mismos en nuestra mente. Es como si tuviéramos un pequeño «yo» dentro de nuestra cabeza que está siempre comentando y evaluando nuestras experiencias, pensamientos y emociones. Lo habrás visto representado simbólicamente infinidad de veces en las películas de dibujos animados a través de la figura del «ángel» y el «demonio», que personifican los pensamientos y emociones opuestos del personaje. También nos puede servir como ejemplo para visualizarlo al personaje de Pepito Grillo acompañando a Pinocho.

Nuestros pensamientos son las **palabras** y las **creencias** que forman parte de ese diálogo. La calidad de tu diálogo interno, es decir, si es positivo o negativo, influye significativamente en tus pensamientos y en cómo percibes y reaccionas ante diferentes situaciones de la vida.

Cuando tenemos un diálogo interno negativo, es probable que nuestros pensamientos también sean negativos. Por ejemplo, si constantemente nos decimos a nosotros mismos que no somos lo suficientemente buenos, inteligentes o capaces, esos pensamientos negativos afectarán a nuestra autoestima y a la confianza en nuestras habilidades. Esto puede llevarnos a evitar desafíos, dudar de nuestras decisiones y tener una actitud pesimista ante las adversidades.

En cambio un diálogo interno positivo fomenta pensamientos más constructivos y optimistas. Cuando nos hablamos con amabilidad, comprensión y motivación, es más probable que nuestros pensamientos estén enfocados en el crecimiento personal, la superación de obstáculos y la búsqueda de soluciones. Esto nos permite enfrentar los desafíos con una mentalidad más resiliente y positiva.

El cambio de pensamientos negativos a positivos implica reemplazar las creencias autodestructivas con pensamientos más realistas y constructivos. Al modificar el diálogo interno, podemos desafiar y cuestionar los pensamientos negativos que nos limitan y aprender a ver las cosas desde una perspectiva más equilibrada y positiva.

TÉCNICA: FOLIO EN BLANCO

Esta técnica te permitirá transformar tu diálogo interno, promoviendo pensamientos más constructivos y positivos. Busca un momento tranquilo. Ten a mano papel y bolígrafo y sigue estos pasos que te indico a continuación.

1. Explora una situación emocional

¿Qué situación ha ocurrido que te ha afectado emocionalmente? Describe cómo te sientes al respecto.

Ejemplo. He cometido un error en el trabajo y mi jefe me ha echado una fuerte reprimenda delante de mis compañeros. Me siento avergonzado y frustrado por haber cometido ese error y que todos se hayan enterado.

2. Identifica pensamientos negativos

Identifica los pensamientos negativos que están relacionados con esa situación y que te están perturbando.

Ejemplo. Soy un incompetente en mi trabajo. Nunca hago nada bien y siempre meto la pata. Mis compañeros pensarán que soy un inútil.

3. Reenfoca la situación de manera positiva

Ahora, imagina cómo podrías enfocar esa situación de manera positiva, evitando que te cause tanto daño emocional.

Ejemplo. Cometer errores es parte del ser humano, todos lo hacemos. Es una oportunidad para mejorar en mi trabajo. No tengo que ser perfecto siempre, puedo aprender de mis errores y seguir creciendo profesionalmente.

4. Busca argumentos positivos

Genera argumentos que te permitan ver la situación desde una perspectiva más positiva y racional. Estos pensamientos deben ser creíbles y coherentes contigo mismo.

Ejemplos:

- *He tenido muchos éxitos en el pasado. Este error no define mi valía como profesional.*

- *Mis compañeros también han cometido errores en el pasado, y no los considero incompetentes.*
- *Mi jefe solo está señalando el error para que aprenda de él, no me está juzgando como persona.*
- *He recibido elogios y reconocimiento por mi trabajo en otras ocasiones, lo que demuestra que soy capaz.*
- *Soy consciente de mis fortalezas y habilidades en mi campo laboral, este error no las invalida.*

5. Mantén una perspectiva positiva

Al escribir estos argumentos, recuerda centrarte solo en los pensamientos positivos que te ayuden a sentirte bien. No prestes atención a los pensamientos negativos que puedan surgir, y si lo hacen, repite esta frase: «Ahora elijo ver las cosas desde otra perspectiva».

6. Cultiva la gratitud diaria

Practica el agradecimiento escribiendo entre cinco y diez cosas por las que te sientas agradecido hoy o en estos últimos días. Este ejercicio elevará tu estado emocional y te alejará de emociones negativas como la frustración.

Ejemplos:

- *Agradezco contar con un trabajo que me permite aprender y crecer profesionalmente.*
- *Agradezco tener compañeros que me apoyan y me entienden.*
- *Agradezco a mi jefe por darme retroalimentación constructiva para mejorar.*
- *Agradezco las oportunidades que he tenido para demostrar mis habilidades y conocimientos en el trabajo.*
- *Agradezco mi capacidad para aprender de mis errores y seguir adelante.*

7. Celebra tu transformación

Felicítate por el logro de cambiar tus pensamientos negativos a positivos y por sentirte mejor. Recuerda mantener en tu mente los argumentos que te hacen sentir bien y estar alerta para evitar que pensamientos destructivos regresen a tu vida.

¿CUÁLES SON TUS CREENCIAS?

Las creencias ejercen una influencia poderosa en tus pensamientos y en el diálogo constante que sostienes en tu interior. Son como los cimientos invisibles sobre los que edificamos nuestra percepción del mundo y de nosotros mismos. Estas creencias, ya sean positivas o negativas, moldean la lente a través de la cual interpretas las situaciones a las que te enfrentas.

Supongamos que has cultivado desde joven la creencia de que no eres lo suficientemente inteligente para tener éxito en tu carrera. Esta creencia arraigada te lleva a tener un diálogo interno lleno de autocrítica y dudas cada vez que te enfrentas a un nuevo proyecto en el trabajo. Cuando te asignan un proyecto desafiante, tu diálogo interno se llena de pensamientos como los siguientes: «No estoy a la altura» o «seguro que cometeré un error y arruinaré todo». Este diálogo interior, oscuro y restrictivo, se convierte en una constante que te limita y que puede mantenerte atrapado en una «zona» de autodesprecio.

Sin embargo, si crees en tu capacidad para aprender y superar obstáculos, se genera un diálogo interior diferente. Los pensamientos se convierten en aliados, que buscan soluciones y oportunidades de crecimiento en lugar de estancarse en la derrota. Puedes decirte a ti mismo cosas como estas: «Estoy dispuesto a enfrentar este desafío y aprender de él» o «cada obstáculo es una oportunidad para crecer y mejorar». Estos pensamientos no solo te motivan a ser proactivo, sino que también te permiten encontrar soluciones creativas.

En conclusión, **tus creencias serán tu «verdad»**. Actúan como lentes a través de las cuales filtras la información y las experiencias que recibes, influyendo en tus emociones, decisiones y comportamientos.

Reconocer su influencia en tu diálogo interno y, por ende, en tu realidad te brinda la oportunidad de elegir cuáles son las creencias que quieres mantener y cuáles deseas cambiar para construir una perspectiva más saludable y enriquecedora.

A veces, esa «verdad» está tan arraigada en nosotros que ni siquiera cuestionamos las creencias cuando nos limitan o nos alejan de nuestros deseos. Por eso es esencial ser conscientes de ellas.

EJERCICIO: DIARIO DE REFLEXIÓN DE CREENCIAS

Este ejercicio te ayudará a adquirir conciencia de tus creencias más arraigadas y también de cómo afectan a tu diálogo interno. Al reconocer y cuestionar las creencias que te limitan, puedes comenzar a cambiar tu perspectiva y cultivar un diálogo interno más positivo y constructivo.

1. Selecciona un período de tiempo

Elige una semana para llevar a cabo este ejercicio. Durante ese tiempo, estarás atento a tus pensamientos y observaciones diarias.

2. Prepárate

A continuación lo que debes hacer es conseguir un cuaderno para dedicárselo a este ejercicio. Sus páginas constituirán tu espacio seguro para explorar tus pensamientos.

3. Haz un registro diario

Al final de cada día, dedica un momento a reflexionar sobre tus experiencias del día. ¿Hubo momentos que te generaron emociones fuertes?

Anota cualquier pensamiento que haya surgido en esos momentos, tanto positivo como negativo.

Ejemplo. Hoy en la reunión, me sentí nervioso al hablar en público. Pensé que todos me estaban juzgando.

4. Identifica los patrones

Después de una semana, revisa tus anotaciones. ¿Hay patrones recurrentes en tus pensamientos?, ¿notas alguna creencia subyacente que aparezca una y otra vez?

Ejemplo:

- **Patrón:** *Pensamientos autocríticos sobre desempeño en público.*
- **Creencia subyacente:** *Si cometo errores al hablar en público, la gente me juzgará como incompetente.*

5. Cuestiona y reflexiona

Cuestiona la validez de esta creencia. ¿Hay pruebas sólidas que respalden esta idea?, ¿es una interpretación subjetiva? Reflexiona sobre cómo esta creencia te ha estado afectando y si es útil o limitante.

Ejemplo. ¿Realmente tengo alguna evidencia de que la gente me juzga tan duramente?, ¿mis colegas han mencionado algo negativo sobre mi desempeño en el pasado?.

6. Desarrolla creencias alternativas

Desarrolla creencias alternativas y realistas que puedan reemplazar esas otras que resultan limitantes. Las nuevas creencias deben ser positivas y fomentar un diálogo interno constructivo.

Ejemplo. Aprender y mejorar en la habilidad de hablar en público es una oportunidad para crecer y ganar confianza. La mayoría de las personas comprenden que todos cometemos errores.

7. Reescribe el diálogo interno

Afronta la próxima semana con tus nuevas creencias en mente. En cuanto sientas que empiezan a surgir pensamientos negativos, redirígelos hacia las creencias alternativas que has desarrollado.

EL PODER DE TUS PALABRAS

Tan necesario como cuidar el diálogo interno es vigilar las palabras que pronuncias. La repetición constante de afirmaciones, ya sea verbalmente o por escrito, tiene el poder de moldear tus creencias e influir en tu diálogo interior. Al practicar esta técnica, estás sembrando semillas en tu mente que gradualmente arraigarán y guiarán tus pensamientos y decisiones.

Reflexiona sobre la siguiente afirmación: «Soy capaz de superar cualquier desafío que se presente en mi camino». Al repetirla diariamente, estás reforzando la idea de que tienes la capacidad de enfrentar obstáculos con confianza y éxito. Su repetición constante contribuirá a que disminuyan de manera gradual las dudas y la autocrítica que puedan haber existido previamente en tu diálogo interno.

Con el tiempo, esta afirmación puede comenzar a afectar a tus decisiones y acciones. Así, cuando te enfrentes a una situación desafiante en el trabajo, es más probable que te sientas motivado y confiado en tu habilidad para resolverla. De este modo, es posible llegar a un enfoque más positivo y resolutivo que, a su vez, puede influir en los resultados obtenidos.

Sin embargo, es importante recordar que la repetición de afirmaciones por sí sola no es suficiente. Debe ir acompañada de una actitud positiva, la creencia genuina en lo que estás afirmando y el respaldo de acciones concretas que soporten esas afirmaciones.

EJERCICIO: AFIRMACIONES QUE FORTALECEN TU AUTOESTIMA

Practica el arte de crear afirmaciones positivas para nutrir tu mente. No necesitas seguir reglas estrictas; puedes optar por frases cortas o incluso componer párrafos completos y repetirlos durante días o semanas.

A continuación, te propongo algunas afirmaciones que te pueden servir de ejemplo. Elige aquellas con las que más te identifiques o que mejor se ajusten a ti.

- Mi confianza en mí mismo y en el flujo de la vida es inquebrantable.
- Aprecio y apruebo completamente quién soy en este momento.
- Mi valía es innegable, mi fuerza es notable y mis metas son alcanzables.
- Cada objetivo que me propongo, lo logro con determinación.

- Mi creatividad fluye libremente, reconozco mi talento y lo exprimo al máximo.
- El éxito y la felicidad son mis derechos naturales. Siempre estoy dispuesto a crecer y transformarme.
- Cada día es una oportunidad para disfrutar y vivir plenamente. Mi realización personal es primordial.
- Merezco amor y todas las cosas buenas que la vida tiene para ofrecer.
- Mi vida está llena de amor; lo doy y lo recibo en abundancia.
- Acepto mi cuerpo y me cuido con amor y respeto.
- Mi bienestar crece con cada día que pasa en todos los aspectos.
- Las situaciones se aclaran a su debido tiempo y todo encaja en su lugar.
- La vida me provee con todo lo que necesito en el momento adecuado.
- Nutrir mi cuerpo con hábitos saludables es una forma de amor propio.
- Mi felicidad no depende de circunstancias externas; el poder de ser feliz está en mí.
- Cada noche descanso profundamente y despierto renovado.
- Hoy es el día para dar lo mejor de mí y avanzar hacia mi plenitud.
- Cada experiencia es una oportunidad para disfrutar la vida al máximo.
- Atraigo situaciones y personas que contribuyen positivamente a mi vida.
- Mis deseos se cumplen en el momento perfecto y de la mejor manera.
- Siempre tengo todo lo necesario para ser feliz en el presente y en el futuro.
- Mis relaciones se fortalecen y prosperan con cada día que pasa.
- Mi pareja y yo nos brindamos apoyo mutuamente y compartimos un amor profundo.
- Poseo recursos infinitos y siempre encuentro soluciones.
- Mi creencia en mí mismo me guía hacia posibilidades ilimitadas.
- Me abro a las maravillas y oportunidades que la vida ofrece.
- Vivo con gratitud y me maravillo ante la belleza de cada día.
- Mi energía y mi vitalidad se renuevan constantemente.
- Mi trabajo es satisfactorio y recompensado de manera abundante.
- Mi paz interior es constante y me siento en armonía conmigo mismo.
- Atraigo la abundancia y disfruto de la prosperidad en todas sus formas.
- Cada día es una puerta abierta a nuevas oportunidades y experiencias gratificantes.
- Las posibilidades de reenfocar mi mente son infinitas y poderosas.
- Siento éxito y realización en cada paso que doy en este momento.

IDENTIFICA LOS PENSAMIENTOS NEGATIVOS RECURRENTES

Los pensamientos negativos son como intrusos silenciosos que se cuelan en nuestra mente sin que nos demos cuenta. Son nuestro «oscuro pasajero». En muchos casos, estos pensamientos se presentan como verdades absolutas y no cuestionamos su veracidad. Pueden surgir de experiencias pasadas, influencias externas o incluso de nuestras propias creencias autoimpuestas.

Estos pensamientos son poderosos y pueden tener un impacto significativo en nuestra vida. Pueden bloquear nuestros planes y metas, generando emociones negativas, como la ansiedad, el miedo o la tristeza. Es como si se convirtieran en una voz interior que nos critica y nos limita, impidiéndonos avanzar hacia nuestros objetivos.

A lo largo de todo el libro hemos ido abordando los pensamientos negativos más recurrentes que tenemos las personas. La **comparación** constante con los demás, por la cual nos sentimos inferiores o insuficientes al medirnos con los logros de otros. El **miedo al fracaso**, que nos lleva a evitar desafíos por temor a no cumplir con las expectativas o cometer errores. Además, **autocastigarnos** por errores pasados, sintiéndonos culpables y avergonzados por nuestros fallos.

Asimismo, la **descalificación de nuestros logros** es un pensamiento negativo que puede manifestarse cuando minimizamos nuestros éxitos o atribuimos nuestros logros a la suerte o a factores externos. El pensamiento **catastrofista** también puede afectar a nuestra autoestima, ya que nos lleva a anticipar lo peor en cualquier situación y a tener una visión pesimista del futuro. Por último, la **autocrítica excesiva** nos lleva a juzgarnos severamente y a sentirnos inadecuados, lo que afecta a nuestra confianza y autoestima.

Es crucial aprender a **identificar** estos pensamientos negativos para poder abordarlos de manera efectiva y, así, poder mejorar tu autoestima y acercarte al pensamiento positivo. Uno de los indicadores clave para identificarlos es el uso de un lenguaje particular lleno de términos absolutistas y exigentes, como «nunca», «siempre», «debería», «tengo que», entre otros. Estas palabras refuerzan la rigidez y negatividad de nuestros pensamientos.

Al reemplazar los términos absolutistas y exigentes por pensamientos más realistas y compasivos, podremos cultivar una actitud más positiva hacia nosotros mismos y nuestras experiencias.

Pensamientos negativos	Pensamientos positivos
Nunca podré lograrlo, siempre fracaso en todo lo que intento.	Aunque he tenido dificultades en el pasado, puedo aprender de mis errores y mejorar en el futuro.
Siempre tengo mala suerte, todo me sale mal.	Aunque a veces enfrento desafíos, también tengo logros y momentos de buena suerte. Reconoceré y valoraré mis éxitos.

Debería ser perfecto en todo lo que hago, tengo que ser el mejor en todo.	Es normal cometer errores. Me esforzaré en mejorar y alcanzar mis metas, pero no necesito ser perfecto.
Tengo que ser perfecto en todo momento, no puedo permitirme cometer errores.	Acepto que cometer errores es parte del proceso de crecimiento. Me permito aprender de ellos.

EJERCICIO: GESTIONA TUS PENSAMIENTOS NEGATIVOS

Durante una semana, lleva un registro detallado de todos los pensamientos negativos automáticos que surjan en tu mente. Anota cada uno de ellos y, si se repiten varias veces, apúntalo también.

Una vez que hayas hecho el registro, analízalos uno a uno. Este ejercicio te permitirá tener un mayor control sobre ellos y comprender cómo están afectando a tu bienestar.

A continuación, haz lo siguiente: toma cada uno de esos pensamientos negativos y visualiza que alguien que no te agrada te los está diciendo. Por ejemplo, imagina que ese compañero al que tanto detestas te dice: «Deberías ser mejor padre». Luego, piensa cómo le responderías, cómo rebatirías esas afirmaciones.

Este ejercicio te ayudará a enfrentar y dar la vuelta a esos pensamientos dañinos que tienes sobre ti mismo. Es un paso importante para tomar conciencia de ellos y desmontar los patrones negativos que te impiden alcanzar el bienestar que deseas.

Te recomiendo anotar las ideas que surjan mientras haces el ejercicio de rebatir los pensamientos. Por ejemplo, si imaginas que tu jefe te dice: «Nunca terminas lo que empiezas», anota todas las actividades y logros que sí has completado, como terminar la carrera o finalizar un curso de pintura. De esta manera, estarás desafiando la creencia negativa del «nunca» y permitiendo que se establezca una perspectiva más realista sobre ti y menos paralizante. Con el tiempo, podrás transformar estas creencias negativas en pensamientos más flexibles que te impulsen hacia tus objetivos y te ayuden a lograr lo que deseas en la vida.

LOS PENSAMIENTOS POSITIVOS

Una vez que somos conscientes de los pensamientos negativos, podemos cuestionar su validez y reemplazarlos por otros más realistas y constructivos.

El pensamiento positivo no implica la negación de las realidades menos placenteras de la vida. Más bien, se trata de abordar esas situaciones desafiantes de una manera constructiva y optimista. Implica la creencia de que lo mejor está por venir y no anticipar lo peor.

Imagina que te enfrentas a una situación particularmente desafiante en tu vida. Has perdido tu trabajo y te sientes agobiado por la incertidumbre que esto ha traído a tu vida. En este momento, optas por el enfoque positivo. Este no implica negar la realidad de la pérdida de empleo, sino abordar la situación de manera constructiva y optimista. A pesar de la dificultad, eliges creer que lo mejor es lo que va a venir a partir de ahora. Te dices a ti mismo que esta pérdida de trabajo es una oportunidad para explorar nuevas carreras o desarrollar habilidades que antes no habías considerado. Te esfuerzas en mantener una actitud positiva y estás abierto a las posibilidades que el futuro te pueda ofrecer.

Al adoptar una mentalidad optimista, es más probable que enfrentemos los desafíos de manera resiliente y menos perjudicial para nuestra salud. Si bien el poder exacto de esta relación aún se está investigando, lo que está claro es que cultivar una perspectiva positiva puede contribuir significativamente a una vida más saludable y satisfactoria.

TÉCNICAS: CULTIVA PENSAMIENTOS POSITIVOS

Es esencial incorporar técnicas que te preparen para adoptar esta nueva perspectiva en tu vida y en cómo percibes el mundo que te rodea. Un hecho innegable es que, para abrazar una visión optimista de la vida, es fundamental experimentar una vida positiva y saludable.

A continuación te presento algunas estrategias efectivas para nutrir pensamientos positivos.

- **Prioriza la actividad física.** Numerosos estudios respaldan la noción de que el ejercicio físico contribuye en gran medida a una actitud vital más relajada y positiva. Lo cierto es que el ejercicio libera endorfinas, hormonas que promueven una sensación de bienestar y felicidad. Además, la actividad física estimula tu organismo, mejorando la circulación y oxigenación celular, lo que a su vez te mantiene alerta, revitalizado y de buen humor. Por lo tanto, si lo que buscas es fomentar un enfoque optimista, considera adoptar un estilo de vida activo.

  Ejemplo. Te puedes comprometer a realizar al menos 30 minutos de ejercicio moderado todos los días. Elige caminar por un parque cercano o hacer yoga en casa. Después de cada sesión, sentirás una oleada de energía y una mejora en tu estado de ánimo. Estos momentos de actividad física te ayudarán a ver las situaciones desde una perspectiva más positiva y constructiva.

- **Mantén una alimentación equilibrada.** De manera similar a lo que ocurre con el ejercicio físico, la alimentación desempeña un papel crucial cuando se trata de fomentar la perspectiva positiva. Somos lo que comemos y, en consecuencia, una dieta saludable, equilibrada y nutritiva impacta en nuestro bienestar general y estado de ánimo.

  Una dieta adecuada nos proporciona energía y vitalidad, mientras que hábitos poco saludables (consumir grasas y azúcares en exceso, fumar, abusar del alcohol, etc.) pueden desequilibrar nuestro organismo y dificultar la adopción de una perspectiva optimista.

  Ejemplo. Puedes decidir adoptar una alimentación más saludable: incorporar más frutas, verduras y proteínas magras en tu dieta y al mismo tiempo reducir el consumo de alimentos procesados y azucarados. Con ese cambio de hábitos alimentarios te sentirás con más energía y vitalidad, lo que se reflejará en tu enfoque positivo ante los desafíos diarios.

- **Dedica tiempo a tus *hobbies*.** Disfrutar de tu vida es igualmente relevante. Es difícil adoptar una visión positiva si no disfrutas de tu estilo de vida, si te sientes estancado o desmotivado. Por lo tanto, es aconsejable reservar tiempo para involucrarte en tus pasatiempos y pasiones.

  No debes abandonar tu identidad: ni la familia, ni los amigos, ni el trabajo deberían alejarte de quien eres.

  Ejemplo. Si eres amante de la música y tocas la guitarra como pasatiempo, aunque tu trabajo puede ser absorbente, siempre encuentras tiempo para tocar algunas canciones al final del día. Este tiempo dedicado a tu pasión te permite relajarte y liberar tensiones, lo que contribuye a tu actitud optimista hacia la vida en general.

- **Reduce el estrés en tu vida.** Otra técnica fundamental para cultivar pensamientos positivos es la reducción del estrés y la ansiedad en tu día a día. Vivir en un estado constante de tensión afecta negativamente al sistema nervioso, repercutiendo en diversos aspectos de la vida: dificultad para dormir, alimentarse adecuadamente, descansar y relajarse, entre otros. Con el tiempo, esto puede provocar irritabilidad y dificultad para adoptar una actitud positiva.

  Ejemplo. Puede que hayas estado experimentando niveles elevados de estrés en el trabajo. Para manejarlo, puedes comenzar a practicar la meditación durante 10 minutos todas las mañanas. Esta práctica te ayudará a calmar tu mente y a afrontar las situaciones estresantes de manera más tranquila y positiva.

EL EGO Y TUS PENSAMIENTOS

El ego desempeña un papel importante en la forma en que percibimos y procesamos tanto los pensamientos negativos como los positivos.

En relación con los **pensamientos negativos,** el ego puede contribuir a amplificarlos y hacer que tengan una gran influencia en nuestra mente. Cuando el ego está **inflado** o es **frágil,** los pensamientos negativos pueden afectarnos de manera más profunda, ya que nuestro sentido de valía personal está ligado a cómo nos percibimos en esas situaciones. Por ejemplo, si alguien con un ego frágil comete un error en el trabajo, es más probable que se sienta abrumado por pensamientos negativos, como «soy un fracasado» o «nunca hago nada bien».

Por otro lado, el ego también puede obstaculizar el reconocimiento de pensamientos negativos. A veces, el ego puede protegernos a la hora de enfrentar pensamientos que consideramos amenazantes para nuestra autoimagen. Esto puede llevar a la negación o la evitación de los pensamientos negativos, lo que a su vez puede dificultar la resolución de problemas o la toma de medidas para cambiar situaciones.

Para entenderlo mejor, imagina que siempre has considerado que posees mucho talento en una habilidad particular, como tocar la guitarra. Un día, un amigo cercano te señala varios errores en tu interpretación y te da sugerencias para mejorar. Sin embargo, tu ego te impide reconocer los pensamientos negativos que surgen. Puedes rechazar las sugerencias de tu amigo y considerar que no sabe lo que está diciendo o que está siendo demasiado crítico. En lugar de hacerle caso y trabajar en mejorar tu habilidad, podrías evitar pensar en ello para no confrontar la crítica. O, quizás, tratarías de justificar tus errores, pensando que había circunstancias externas que afectaban a tu interpretación.

En cuanto a los **pensamientos positivos,** el ego puede desempeñar un papel en cómo los recibimos y procesamos. Un ego equilibrado y saludable puede permitirnos aceptar y celebrar los pensamientos positivos sobre nosotros mismos, lo que contribuye a una mayor autoestima y confianza. Por ejemplo, alguien con un ego equilibrado puede recibir un cumplido con gratitud y sentirse fenomenal consigo mismo.

Sin embargo, un **ego inflado** puede conducir a una interpretación exagerada de los pensamientos positivos y llevarnos a la arrogancia o a la búsqueda excesiva de validación externa. Así supón que tienes mucho talento jugando al balonmano. Siempre has recibido elogios y admiración por cómo lo haces. Un día, después de un partido, recibes muchas alabanzas por cómo has jugado. Debido a tu ego inflado con relación a tus habilidades deportivas, interpretas estos elogios de manera exagerada. Comienzas a creer que eres el mejor en ese deporte y que no tienes rival. Te vuelves arrogante y menosprecias las opiniones de otros, pensando que nadie puede competir contigo. Por supuesto, te sientes herido si alguien pone en duda tu capacidad.

Por su parte un **ego frágil** puede dificultar la aceptación de pensamientos positivos, ya que la persona puede sentir que no merece el elogio o que es solo cuestión de tiempo antes de que los demás descubran su supuesta falta de valía. Por ejemplo, imagina que eres un gran músico, pero siempre has luchado contra tu autoestima y contra la confianza que tienes en tu habilidad. Un día, después de un concierto, varias personas te felicitan por tu actuación y te elogian por tu talento. Sin embargo, debido a tu ego frágil y tu tendencia a la autocrítica, te resulta difícil aceptar estos elogios. En lugar de sentirte validado y feliz, piensas que no mereces los elogios y que es solo cuestión de tiempo que los demás descubran tu supuesta falta de valía como músico.

Este patrón de pensamiento autocrítico y el miedo a ser descubierto como un «fraude» musical dificultan que puedas disfrutar de tus éxitos y aceptar los pensamientos positivos sobre tu música. A esto se le llama el **síndrome del impostor.**

EJERCICIO: LOS PENSAMIENTOS ENFRENTADOS

Este ejercicio te permite tomar conciencia de cómo el ego puede afectar a tus pensamientos negativos y positivos, y te brinda herramientas para trabajar con él de manera constructiva. Al entrenar tu mente para cambiar el enfoque del pensamiento negativo al positivo, estás trabajando para equilibrar la influencia del ego en tu autoestima y en la forma en que te relacionas contigo mismo y con el mundo.

Imagina que estás sentado en una habitación tranquila. Frente a ti, en dos sillas, están tus dos pensamientos más recurrentes. Uno de ellos representa un pensamiento negativo que has tenido con frecuencia en los últimos meses, y el otro es un pensamiento positivo que te repites a ti mismo. Tómate un momento para identificar estos dos pensamientos:

- **El pensamiento negativo** es, por ejemplo: «Nunca seré lo suficientemente bueno en esto, siempre cometo errores y fracaso». Después de aflorar este pensamiento, sientes una sensación de desánimo y una carga en tu pecho.

- **El pensamiento positivo** es, por ejemplo: «Estoy aprendiendo y mejorando cada día, mis esfuerzos valen la pena y puedo superar cualquier desafío». Después de aflorar este pensamiento, te sientes motivado y con una actitud optimista.

Ahora reflexiona acerca de cómo reaccionas en el momento en que estos pensamientos aparecen:

- ¿Cómo te sientes después de que aparezca el pensamiento negativo? ¿Qué emociones y sensaciones surgen en tu cuerpo?
- ¿Cómo te sientes después de que aparezca el pensamiento positivo? ¿Cómo afecta a tu estado emocional y físico?

Piensa que, cuando el pensamiento negativo comienza a asomar, puedes visualizar un semáforo en tu mente. Al ver el semáforo rojo, detienes ese pensamiento y lo reemplazas conscientemente con el pensamiento positivo. Visualiza el semáforo cambiando de rojo a verde mientras haces esta transición.

Además, crea una afirmación poderosa para contrarrestar el pensamiento negativo. Por ejemplo, «estoy en constante crecimiento y aprendizaje, y mis errores son oportunidades para mejorar».

El semáforo mental y la afirmación actúan como herramientas para interrumpir el patrón de pensamiento negativo impulsado por el ego y reemplazarlo por uno más positivo y realista. Este acto de intervención y reemplazo está en sintonía con la idea de educar al ego.

La práctica constante de este ejercicio puede ayudar a debilitar la influencia del ego en tus pensamientos y emociones. A medida que entrenas tu mente para cambiar automáticamente del pensamiento negativo al positivo, reduces la tendencia del ego a mantener un diálogo interno negativo y autocrítico. Cada vez que el pensamiento negativo intenta dominar tu mente, recurre a esta visualización del semáforo y repite tu afirmación. Con el tiempo, estarás reentrenando tu mente y educando tu ego para que se convierta en tu aliado en lugar de obstaculizar tu camino hacia una autoestima equilibrada y pensamientos más positivos.

LA AUTOESTIMA
Y LA RELACIÓN CON OTROS

> –¿Qué diría usted si un hombre se presentara en esta entrevista sin camisa y le diéramos el trabajo?
>
> –Pues que sus pantalones debían de ser estupendos.
>
> PELÍCULA: *EN BUSCA DE LA FELICIDAD*

Hay una escena en la película *En busca de la felicidad* en la que el protagonista, Chris Gardner (Will Smith), se encuentra en una entrevista de trabajo y la última pregunta que le hace el entrevistador es: «¿Qué diría usted si un hombre se presentara en esta entrevista sin camisa y le diéramos el trabajo?». La respuesta del entrevistado es: «Pues que sus pantalones debían de ser estupendos».

Esta contestación saca a relucir la idea de que el que nos valoremos no debe depender únicamente de la percepción superficial de los demás. En lugar de preocuparse por una opinión ajena basada en la apariencia, el protagonista de la película se alienta a mantener la autoestima y la confianza en sí mismo independientemente de las expectativas o juicios externos.

La percepción que tenemos de nosotros mismos influye notablemente en nuestra conducta dentro de la sociedad. Aquellos con una autoestima sólida tienden a manifestarse abiertos, seguros y asertivos en sus interacciones sociales, como el personaje de Will Smith. En contraste, aquellos con baja autoestima podrían sentirse inclinados a retraerse y actuar de manera tímida, incluso llegando a aislarse.

La sociedad, por su parte, puede ejercer influencia en nuestra autoestima a través de la **retroalimentación que obtenemos,** es decir, las respuestas de los demás a nuestras acciones. Dependiendo de si esta respuesta es de aceptación o de rechazo, nuestra autoestima puede elevarse o declinar.

TEST: ¿CUÁNTO TE AFECTA LA OPINIÓN DE LOS DEMÁS?

A continuación, te propongo una serie de preguntas que te ayudarán a reflexionar sobre cómo te afecta la opinión de los demás. Selecciona la respuesta que mejor describa tu situación en cada caso. Al final del test, sumarás tus puntos para obtener una idea de cómo te relacionas con la opinión de los demás.

1. ¿Con qué frecuencia te sientes ansioso o incómodo al pensar en lo que otros puedan pensar de ti?
a. Casi nunca.
b. A veces.
c. Frecuentemente.

2. ¿Cuánto te preocupa que los demás te critiquen o juzguen?
a. No me preocupa en absoluto.
b. Me preocupa en ciertas situaciones.
c. Me preocupa constantemente.

3. ¿Has dejado de hacer algo que querías por miedo a la opinión de los demás?
a. No, nunca ha sido un factor determinante.
b. Ocasionalmente, en situaciones importantes.
c. Sí, varias veces.

4. ¿Cómo te sientes después de recibir un elogio público?
a. Me siento bien, pero no cambia mi percepción sobre mí.
b. Me siento contento, me da un impulso positivo.
c. Me siento muy bien, siento que vale la pena.

5. ¿Cuál es tu reacción principal cuando alguien expresa una opinión negativa sobre ti?
a. Me afecta un poco, pero no demasiado.
b. Me siento mal por un tiempo, pero luego lo supero.
c. Me afecta mucho y me cuesta superarlo.

6. ¿Has modificado tu forma de vestir, hablar o comportarte para encajar mejor con lo que crees que los demás esperan de ti?
a. No, siempre me muestro tal como soy.
b. En ocasiones, dependiendo de la situación.
c. Sí, con frecuencia hago ajustes para encajar.

7. ¿Cómo te sientes cuando los demás tienen una opinión diferente a la tuya en un tema importante?
a. No me afecta, respeto la diversidad de opiniones.
b. Me siento un poco incómodo, pero lo manejo.
c. Me siento incómodo y a veces trato de convencerlos de mi punto de vista.

Puntuación:
• Cada respuesta «a» corresponde a 1 punto.
• Cada respuesta «b» corresponde a 2 puntos.
• Cada respuesta «c» corresponde a 3 puntos.

Suma tus puntos y consulta los resultados a continuación:

- **7-11 puntos.** Tienes una actitud saludable hacia la opinión de los demás. Te preocupas en cierta medida, pero, en general, mantienes una buena autoestima y confianza en ti mismo.
- **12-17 puntos.** A veces la opinión de los demás puede afectarte más de lo deseado. Trabajar en fortalecer tu autoestima podría ayudarte a sentirte más seguro y libre.
- **18-21 puntos.** Tiendes a estar muy influenciado por lo que piensan los demás. Es importante trabajar en construir una autoestima sólida y en aprender a valorarte independientemente de las opiniones externas.

Si has obtenido un resultado desfavorable, no te preocupes, ya que es completamente posible abordar esta situación y disminuir progresivamente la importancia que le das a las opiniones de los demás. A continuación te proporciono algunos consejos valiosos para encaminarte en esta dirección.

- **Lo que interpretes es tu decisión.** Independientemente de lo que otros digan, tú eres el único que tiene el control sobre cómo reaccionas. Tú decides si lo que escuchas se convierte en un drama o no. La clave radica en la perspectiva que otorgues a esas palabras. Aunque ciertamente no es agradable escuchar comentarios negativos, puedes determinar cuánto peso les asignas. Esta facultad está en tus manos, no en las de los demás.

    Ejemplo. Imagina que estás en una reunión de trabajo y alguien expresa una opinión crítica sobre tu propuesta. Puedes optar por interpretarla de dos maneras diferentes: una opción es considerarla como un ataque personal y sentirte herido, lo que podría llevar a un sentimiento de frustración y enfado; la otra opción es verla como una oportunidad para mejorar tu propuesta y estar dispuesto a aprender de la crítica constructiva. Tu reacción dependerá de cómo elijas interpretar la situación.

- **Las críticas suelen retratar a quienes las emiten.** Es posible que hayas considerado en algún momento cambiar algún aspecto de tu vida debido a críticas de otros, ¿verdad? Sin embargo, es importante entender que tal cambio probablemente no resuelva nada, ya que las críticas a menudo se originan en la inseguridad o el descontento de las personas que las emiten. Es su manera de liberar emociones y, aunque no sea la forma más apropiada, ¡no es algo que debas asumir como tuyo!

    Ejemplo. Estás en una cena con amigos y uno de ellos critica tu elección de carrera profesional. En lugar de tomarlo como una afirmación sobre tu valía o habilidades, considera que tal vez esta persona esté proyectando sus propias inseguridades en ti. Puede que esté lidiando con sus propias dudas sobre su carrera y esté utilizando la crítica como una forma de desahogarse. Al comprender esto, podrías responder con empatía en lugar de sentirte afectado.

- **Encuentra el aspecto constructivo en la crítica.** Si bien no todas las críticas son constructivas, algunas de ellas pueden ofrecer oportunidades de aprendizaje. De hecho, pueden servir para tu propio crecimiento personal o para mejorar la comunicación con esa persona, así como para afinar tu habilidad para manejar los comentarios de los demás.

    Ejemplo. Supongamos que estás colaborando en un proyecto en equipo y alguien te dice que tus ideas podrían mejorarse. En lugar de sentirte herido, puedes elegir verlo como una oportunidad para perfeccionar tus propuestas y contribuir de manera más efectiva al proyecto. Al considerar la crítica como un medio para el crecimiento, te sentirás motivado para generar ideas aún más sólidas y valiosas.

- **Evita exagerar el valor de la crítica.** Si alguien formula un comentario negativo acerca de tus gustos o alguna característica de tu personalidad, es esencial comprender que no constituye un ataque total a tu ser. Solemos sobredimensionar esto, pero, si reflexionas sobre ocasiones en las que tú mismo has criticado a alguien, probablemente te des cuenta de que solo te referías a un aspecto específico y no a la totalidad de la persona.

    Ejemplo. Imagina que comentas algo en una red social y alguien critica tu opinión sobre un tema. En lugar de interpretarlo como un ataque a tu identidad, recuerda que la crítica se refiere específicamente a tu punto de vista en esa discusión. Evita llevarlo al terreno personal y, en su lugar, enfócate en debatir constructivamente sobre las ideas en cuestión.

- **Acepta que no puedes agradar a todos.** Este punto resulta fundamental, pues, una vez que internalices esta realidad, dejarás de esforzarte por complacer a todos y te concentrarás en ti mismo. Habrá personas que te proporcionen críticas constructivas que pueden contribuir a tu desarrollo personal. Sin embargo, aprenderás a dejar de lado a aquellas que solo buscan lo negativo sin fundamento alguno.

    Ejemplo. Estás organizando una fiesta de cumpleaños y decides no invitar a ciertas personas para mantener un ambiente armonioso. Algunos podrían criticar esta decisión, pero al recordar que no puedes satisfacer a todos, te sentirás más seguro en tu elección y podrás disfrutar de la celebración sin preocuparte por las opiniones negativas.

- **Prioriza tus deseos por encima de las expectativas ajenas.** Dirige tus esfuerzos hacia tus propios deseos y no hacia las expectativas que otros puedan tener de ti. Empieza a enfocarte en lo que te hace feliz y deja de preocuparte por las opiniones ajenas. Solo dispones de una vida, ¿vas a desperdiciarla preocupándote por lo que opinen los demás o prefieres dedicarte a realizar lo que te apasiona? Plantearte esta pregunta cada vez que sea necesario puede ser de gran ayuda.

  Ejemplo. Consideras que es hora de cambiar de carrera hacia un campo que realmente te apasiona, pero temes que tus padres desaprueben tu elección. En lugar de quedarte atrapado en las expectativas externas, podrías centrarte en tus propios deseos y objetivos. Al perseguir lo que te hace feliz, eventualmente ganarás la confianza de tus seres queridos al demostrarles tu éxito y satisfacción en tu nueva carrera.

DIME CON QUIÉN ANDAS Y TE DIRÉ QUIÉN ERES

Seguro que has oído infinidad de veces este refrán. Es la frase que utilizaban tus padres cuando compartías tiempo con personas que no eran de su agrado.

Los seres humanos tenemos la necesidad básica de relacionarnos y socializar con otras personas. Quienes nos rodean interfieren de manera especial en lo que nos convertimos a medida que vamos creciendo. Estas relaciones sociales nos definen. De este modo, es importante que, en vez de tus padres, seas tú quien se pregunte: «¿Las personas con las que me relaciono son de mi agrado?».

A medida que crecemos, aquellos que nos rodean influyen de manera singular en la formación de nuestra identidad. Desde que somos pequeños nos relacionamos con nuestros vecinos, o compañeros de clase. Al alcanzar la adolescencia buscamos personas que se «parecen» más a nosotros con gustos similares y con quienes podemos identificarnos. Cuando maduramos, esas relaciones empiezan a ser más selectivas y suelen quedar las que más se acercan a nuestros valores y creencias.

En otras palabras, la sociedad nos «exige», y moldea nuestra autoestima mediante sus **deberes morales,** es decir, a través **«sus» criterios éticos.**

Si eres una persona con una autoestima sólida y con confianza en ti mismo, revisarás estos deberes sociales y solo aceptarás aquellos que estén en sintonía con tus **valores** y **creencias internas.** En cambio, si eres una persona con baja autoestima, podrías adoptar estos criterios éticos sin cuestionarlos, lo que te podría llevar a sentirte atrapado entre sus auténticos deseos y el sentimiento de culpa surgido al apartarte de las normas sociales.

EJERCICIO: ¿CÓMO INFLUYE LA SOCIEDAD EN TUS DECISIONES?

Este ejercicio sirve para que explores tu propia autenticidad y la influencia de la sociedad en tu autoestima. No hay respuestas correctas o incorrectas; se trata de que entiendas mejor quién eres y cómo puedes vivir de acuerdo con tus valores.

1. Explora tus valores personales

Tómate un tiempo para pensar en tus valores y creencias personales.

- ¿Qué es importante para ti en la vida?
- ¿Qué principios guían tus decisiones?

Ejemplo:

- **Valor.** *Honestidad y autenticidad en todo lo que hago.*
- **Creencia.** *Las personas deben ser fieles a sí mismas sin que les importe la opinión de los demás.*

2. Identifica conflictos entre tus valores personales y deberes morales

Ahora, piensa en algunos deberes morales que la sociedad podría imponer, pero que podrían estar en conflicto con tus valores personales.

Ejemplo. La sociedad podría decir que debes tener un trabajo tradicional bien remunerado, pero tus valores podrían estar más alineados con un trabajo que te apasionase, aunque no fuera tan lucrativo.

3. Explora la influencia del entorno social en tus creencias

Reflexiona sobre cómo la influencia de tu familia, amigos, medios de comunicación, etc., ha moldeado tus creencias sobre estos deberes morales.

- ¿De dónde provienen esas expectativas?

Ejemplo. Mi familia siempre ha enfatizado la importancia de la estabilidad financiera y un trabajo seguro.

4. Autoestima y defensa de valores

Evalúa tu nivel de autoestima en relación con estos deberes morales.

- ¿Te sientes seguro al defender tus valores, incluso si van en contra de las normas sociales, o tiendes a ceder a la presión social por una baja autoestima?

Ejemplo. Siento que mi autoestima es moderada, pero algunas veces me preocupa que mis elecciones no sean aceptadas por los demás.

5. Reevalúa tus deberes morales en consonancia con tus valores

Selecciona al menos uno de esos deberes morales que sientes que podría estar en conflicto con tus valores internos. Plantéate cómo podrías desafiarlo o ajustarlo de manera que se alinee mejor con quien eres realmente.

Ejemplo. Reconsiderar mi definición de éxito y explorar opciones profesionales que se alineen más con mis valores, incluso si no son tradicionales.

6. Acciones para expresar autenticidad y valores

Finalmente, elige una acción concreta que puedas tomar para expresar tu autenticidad y valores, incluso si va en contra de las normas sociales. Esto podría ser algo pequeño al principio, como expresar tu opinión en una conversación, y luego avanzar hacia acciones más significativas a medida que aumenta tu confianza.

LOS MANIPULADORES

Un día, un amigo tuyo (pon el nombre que consideres) te invita a una fiesta a la que realmente no quieres asistir, ya que tienes otros compromisos importantes. Sin embargo, en lugar de aceptar tu negativa, tu amigo comienza a utilizar tácticas manipuladoras para convencerte de que vayas a la fiesta.

Primero, tu amigo podría empezar a elogiar lo genial que sería si tú estuvieras allí, resaltando cuánto te echaría de menos y lo divertido que sería tener tu compañía. Luego, podría jugar con tus emociones al decirte que los demás te verían como alguien poco comprometido si no asistes, o incluso insinuar que otros amigos podrían molestarse contigo si no vas.

Después, este amigo podría tratar de minimizar tus compromisos, diciendo que podrías reorganizar tus planes fácilmente para hacer un hueco en tu agenda para la fiesta. Además, podría ofrecerse a ayudarte con tus otros compromisos con el fin de que puedas asistir sin preocupaciones.

Si aún te resistes, tu amigo podría cambiar de táctica y apelar a tu sentido de la lealtad y la amistad. Podría decir que te sentirás culpable si no vas, y que realmente te necesita allí para que la fiesta sea un éxito.

A lo largo de tu vida, seguro que te has cruzado con alguna persona como la del ejemplo, con la habilidad para influenciar y controlar a los demás con el objetivo de satisfacer sus propias necesidades y deseos. Existen diversas técnicas de manipulación, como el **uso del miedo**, el *gaslighting*, la **culpa**, la **actitud protectora** o el **castigo.** Frente a las personas que usan estas tácticas debes tener mucha precaución.

EJERCICIO: SER PRECAVIDO ANTE LA MANIPULACIÓN

Practicar estos pasos te ayudará a tomar mejores decisiones y a proteger tus propios intereses ante los manipuladores que pueda haber a tu alrededor.

1. Desarrolla tu conciencia emocional y tus necesidades

Comienza por desarrollar una mayor conciencia de tus emociones y necesidades. Presta atención a cómo te sientes en diversas situaciones y en la compañía de diferentes personas. ¿Te sientes incómodo, ansioso o presionado?

Ejemplo. Después de estar con un amigo, te das cuenta de que te sientes ansioso y agotado. Te preguntas por qué y te das cuenta de que él te ha estado presionando para que le prestes dinero constantemente.

2. Identifica señales de manipulación a través de patrones pasados

Reflexiona sobre situaciones pasadas en las que podrías haber sentido que estabas siendo manipulado.

- ¿Qué señales notaste?
- ¿Hubo un cambio en tus emociones o en tu comportamiento?

Identificar patrones te ayudará a ser más consciente en el futuro.

Ejemplo. Reflexionas sobre situaciones pasadas con este amigo y te das cuenta de que siempre parece acercarse a ti cuando necesita algo, pero rara vez está disponible cuando tú necesitas ayuda.

3. Establece límites y mantén tus valores

Define tus propios límites y valores. Si alguien está tratando de presionarte para que hagas algo que va en contra de tus valores o te hace sentir incómodo, sé firme en tu posición y comunica tus límites de manera asertiva.

Ejemplo. Cuando tu amigo te vuelve a pedir dinero, le dices amablemente, pero de manera firme: «Lamento no poder ayudarte esta vez, tengo mis propios compromisos financieros que cumplir».

4. Tómate tiempo para reflexionar

Si te encuentras en una situación en la que sientes que estás siendo manipulado, tómate un tiempo para reflexionar antes de decidir. Puede ser útil decirte algo como esto: «Necesito pensar antes de decidir».

Ejemplo. Un compañero de trabajo te propone hacer un proyecto juntos que requiere mucho tiempo y esfuerzo. En lugar de decir inmediatamente que sí o no, respondes: «Necesito pensarlo antes de darte una respuesta definitiva».

5. Busca consejo y perspectivas externas

Si tienes dudas acerca de si estás siendo manipulado, busca el consejo de amigos o familiares de confianza. A veces, una perspectiva externa puede ayudarte a ver la situación de manera más clara.

Ejemplo. Después de una conversación con alguien que acabas de conocer que te ha hecho sentir incómodo, compartes tus preocupaciones con un amigo cercano. Le preguntas si percibió la misma tensión y si considera que debes tener precaución.

6. Confía en tu intuición

Aprende a confiar en tu intuición. Si algo te hace sentir incómodo o desconfiado, es importante que te tomes en serio ese sentimiento.

Ejemplo. Cuando alguien que acabas de conocer te hace una oferta que suena demasiado buena para ser verdad, sientes una sensación de inquietud en tu estómago. Decides investigar más antes de tomar una decisión.

7. Practica la comunicación abierta y directa

Practica la comunicación abierta y directa con las personas a tu alrededor. Si sientes que alguien está tratando de manipularte, pregúntales directamente acerca de sus intenciones y expresa cómo te sientes al respecto.

Ejemplo. Un pariente te pide que hagas algo que va en contra de tus valores. Te sientes incómodo y decides hablar con él directamente: «Entiendo que me estás pidiendo esto, pero quiero que sepas que no me siento cómodo haciéndolo».

8. Aprende a decir «no» de manera firme y amable

Practica decir «no» de manera firme y amable cuando sea necesario. No te sientas obligado a complacer a los demás si eso va en contra de tus propios deseos o necesidades.

Ejemplo. Tu jefe te pide que trabajes horas extras constantemente, incluso en tus días libres. A pesar de sentir la presión, te das cuenta de que necesitas cuidar tu bienestar y respondes: «Lamento no poder hacer horas extras en este momento».

USAR EL MIEDO

Es una táctica empleada con frecuencia y altamente efectiva en la manipulación psicológica y emocional, ya que se basa en aprovechar los temores de la persona. Cuando el manipulador identifica esos temores, los magnifica con el propósito de generar miedo en la víctima y así obtener la respuesta que busca. Esta estrategia se observa con frecuencia en el entorno familiar (situaciones de pareja o de la crianza de los hijos, cuando se recurre al temor al abandono o a la sensación de desamparo para influir en las decisiones), y en el entorno laboral.

Imagina que trabajas en una oficina. Tu jefe, que es conocido por ser manipulador, quiere que te quedes hasta tarde para terminar un proyecto urgente. Él sabe que valoras tu trabajo y que tienes miedo de perder el empleo debido a la reciente reducción de personal que se ha llevado a cabo en la empresa. Aprovechando este temor, tu jefe se acerca y te dice: «¿Sabes, (tu nombre)?, este proyecto es realmente importante para nosotros. Si no lo terminamos a tiempo, podría haber repercusiones en el equipo. Tu compromiso con la empresa es crucial en momentos como este». Al magnificar la posibilidad de repercusiones y apelar a tu temor a perder tu trabajo, el jefe logra que aceptes quedarte hasta tarde, a pesar de tus propios planes y necesidades.

DINÁMICA: COMBATE LA MANIPULACIÓN EJERCIDA A TRAVÉS DEL MIEDO

Este ejercicio grupal no solo te ayudará a desarrollar habilidades para reconocer y responder a la manipulación basada en el miedo, sino que también te servirá para que adquieras una mayor conciencia sobre las tácticas de manipulación y cómo protegerte de ellas en la vida real. Para ello:

1. Configurad el juego de roles

Reúne a un grupo de amigos o familiares dispuestos a participar en el juego. Designad a uno de vosotros para que actúe como el «manipulador» y a otra para que haga de «víctima». El resto del grupo será el «equipo de observación».

Ejemplo. Ana es designada como la «manipuladora», Carlos será la «víctima» y los demás,, el «equipo de observación».

2. Seleccionad el escenario

Imaginad situaciones comunes en las que las tácticas de manipulación a través del miedo puedan surgir, como decisiones financieras, elecciones de carrera, relaciones personales, etc.

Ejemplo. Se decide abordar una situación en la que Ana intentará manipular a Carlos para que tome una decisión financiera importante que la favorece, mientras que a él le perjudica.

3. Cread situaciones de manipulación

El manipulador y la víctima deben trabajar juntos para crear situaciones en las que el primero intente usar tácticas de miedo para influir en la víctima.

Ejemplo. Ana y Carlos acuerdan que la situación será la compra de un automóvil. Ana va a utilizar el miedo exagerando los costos y las posibles consecuencias negativas si Carlos no le hace caso y compra el automóvil que él quiere en vez del que ella pretende.

4. Interactuad en el escenario

El manipulador interactuará con la víctima en el escenario creado, utilizando tácticas de manipulación basadas en el miedo. El equipo de observación debe estar atento para identificar estas tácticas.

Ejemplo. Ana presenta una información exagerada sobre los gastos del automóvil que Carlos quiere y sugiere que comprarlo podría acarrearles problemas financieros graves, deslizando que el que ella desea adquirir es mejor.

5. Identificad tácticas de manipulación

Una vez que la puesta en escena haya terminado, el equipo de observación discutirá las tácticas de manipulación que han observado y cómo estas tácticas han intentado influir en la víctima.

Ejemplo. El equipo de observación advierte que Ana utiliza tácticas de miedo para presionar a Carlos. Entre todos se discute cómo estas tácticas intentan influir en la decisión de Carlos.

6. Practicad la respuesta asertiva de la víctima

Repetid el ejercicio, pero esta vez, la víctima debe practicar el reconocimiento de las tácticas de manipulación, así como una respuesta asertiva y sin ceder al miedo. El objetivo principal es que la víctima practique respuestas claras y seguras.

Ejemplo. Ahora, Carlos debe enfrentar la situación nuevamente. Esta vez, en lugar de ceder al miedo, Carlos pregunta por detalles específicos, investiga otras opciones y expresa sus propias preocupaciones.

7. Discutid las estrategias y las respuestas de la víctima

Después de cada escenario, dedicad tiempo a discutir cómo se sintió la víctima al enfrentar las tácticas de manipulación y qué estrategias utilizó para responder. El grupo puede ofrecer retroalimentación constructiva y sugerir enfoques alternativos.

8. Rotación de roles

A medida que avancéis, rotad los papeles de manipulador y víctima para que todos tengan la oportunidad de practicar el reconocimiento y la respuesta a las tácticas de manipulación.

EL *GASLIGHTING*

Esta táctica de manipulación psicológica opera de manera tan sutil que a menudo pasa desapercibida para muchas personas. En esencia, el manipulador emocional se involucra en debilitar la autoconfianza de su víctima al **distorsionar la percepción de la realidad,** moldeándola según su propia interpretación de los eventos. En las situaciones más extremas, la víctima puede llegar a cuestionar su propia memoria y cordura, ya que el manipulador no duda en alterar los hechos y emplear la mentira para generar un sentido de dependencia. Este tipo de manipulación se configura como una forma de abuso psicológico.

Vamos a analizar el caso de Ana y Carlos, que mantienen una relación de pareja. Carlos utiliza la manipulación de distorsión de la realidad para minar la autoconfianza de Ana y ejercer control sobre ella.

Durante una conversación sobre una fiesta a la que asistieron juntos, Carlos empieza a cambiar los detalles de la noche, sugiriendo que Ana estaba coqueteando con otros hombres y que parecía más interesada en ellos que en él.

Ana recuerda claramente que no coqueteó con nadie esa noche y que estuvo enfocada en pasar tiempo con Carlos. Sin embargo, la insistencia de Carlos la conduce a cuestionar su propia memoria y empieza a preguntarse si su percepción de la noche fue correcta.

Carlos le dice a Ana que él tiene una memoria mejor que la de ella y que su versión de los hechos es la correcta. Ana empieza a sentir que no puede confiar en su propia memoria y empieza a buscar la aprobación y validación de Carlos para entender lo que realmente sucedió.

Con el tiempo, Ana empieza a sentir que no puede confiar en su capacidad de recordar eventos y comienza a ceder ante la versión de Carlos. Su autoconfianza en su propia percepción se debilita, lo que le hace sentir insegura acerca de su comprensión de las situaciones.

Carlos ha logrado socavar la autoconfianza de Ana a través de la manipulación de distorsión de la realidad. Ana empieza a depender de Carlos para validar sus recuerdos y experiencias, creando una dinámica en la que Carlos tiene un mayor control sobre la interpretación de los eventos.

TÉCNICAS: RECONOCE Y DETÉN EL *GASLIGHTING*

Existen varios pasos clave para detener los comportamientos de *gaslighting* (luz de gas) y proporcionarte alivio si eres, o has sido, víctima de ello. A continuación, te muestro algunos de ellos.

- **Detecta las señales de alerta.** El *gaslighting* no se materializa de inmediato, sino que se desarrolla de manera insidiosa. Las tácticas empleadas dejan a las víctimas desconcertadas sobre cómo llegaron a una determinada situación. Sin embargo, es posible mantener vigilancia ante las siguientes señales:

  - Tratan de crear divisiones entre tú y otros.
  - Se dan repetidas mentiras con fines manipulativos.
  - Hay críticas que desvalorizan tu inteligencia, sensibilidad, fortaleza o capacidad.
  - Estás aislado de amigos y familiares.

  Ejemplo. Supongamos que tu pareja comienza a criticar constantemente tus decisiones y a desacreditar tus logros. Además, notas que últimamente ha estado distanciando a tus amigos, haciendo comentarios negativos sobre ellos. Estas son señales potenciales de manipulación a través del gaslighting.

- **Escucha a tu intuición.** Si sientes que algo no está en equilibrio dentro de tu relación de pareja o de amistad, es crucial no subestimar tus corazonadas.

  Ejemplo. A medida que pasas tiempo con tu amigo cercano, empiezas a sentir que algo no está bien. Aunque no puedas señalar un incidente específico, esa sensación incómoda en el fondo de tu mente te advierte de que algo anda mal en la relación.

- **Elimina la vergüenza.** Estos manipuladores son hábiles en su arte y cualquiera puede caer en sus trampas, independientemente de su nivel de astucia.

  Ejemplo. Después de una interacción con tu compañero de trabajo, te das cuenta de que ha tratado de desacreditar tus ideas durante una reunión importante. A pesar de su intento de minar tu confianza, comprendes que no debes sentirte avergonzado por tus contribuciones legítimas.

- **Confía en tus emociones y capacidades.** Si experimentas ciertas emociones o crees en algo con certeza, no permitas que nadie menoscabe tu percepción.

  Ejemplo. Durante una conversación con un familiar, te das cuenta de que está tratando de hacerte sentir culpable por no cumplir con ciertas expectativas. A pesar de sus esfuerzos, te mantienes firme en tu comprensión de que estás tomando decisiones basadas en tus valores y necesidades.

- **Recurre al apoyo de otros.** Mientras enfrentas el proceso manipulador, la percepción de terceros puede brindarte claridad sobre la realidad.

Ejemplo. Estás en una relación con alguien que constantemente minimiza tus logros y te hace dudar de tus capacidades. Compartes tus experiencias con un amigo de confianza, quien te brinda una perspectiva objetiva y te ayuda a ver que estás siendo manipulado.

• **Enfrenta las afirmaciones.** En lugar de aceptar pasivamente las afirmaciones del manipulador, cuestiónalas y analízalas de forma crítica.

Ejemplo. Durante una discusión con tu compañero de habitación, te acusa de haber hecho algo que no recuerdas haber hecho. En lugar de aceptar esa afirmación de inmediato, decides indagar y buscar pruebas antes de aceptar la culpa.

• **Abandona la idea de venganza.** Las personas que emplean el *gaslighting* rara vez reconocen su conducta. Si optas por contraatacar, es probable que busquen represalias.

Ejemplo. Después de enfrentar una situación en la que un colega intentó culparte por un error en el trabajo, optas por abordar el problema con calma y profesionalidad en lugar de buscar venganza o confrontación.

• **Evita reacciones impulsivas.** Si logras mantener la calma en vez de demostrar miedo o enojo, estarás debilitando su capacidad para afectarte.

Ejemplo. Tu amigo cercano te critica constantemente y te acusa de no estar apoyándolo lo suficiente. En lugar de reaccionar de manera emocional para defender tus acciones, optas por responder con calma y explicar tus razones sin dejar que sus comentarios te perturben.

• **Solicita asistencia de un psicólogo.** Considera la posibilidad de buscar el apoyo profesional de un psicólogo para abordar y superar esta situación.

Ejemplo. Después de enfrentar una serie de situaciones en las que tu pareja ha intentado hacerte dudar de tus propias percepciones, decides buscar la ayuda de un psicólogo para comprender y abordar esta dinámica manipuladora.

• **Alejamiento y liberación.** Si es posible, aléjate de esta persona y, en la medida que sea factible, anímate a romper esa relación cuanto antes con el objetivo de salvaguardar tu bienestar.

Ejemplo. Después de haber identificado los patrones de manipulación en tu amistad, tomas la decisión de distanciarte de forma gradual de esa persona y eventualmente poner fin a la relación para proteger tu bienestar emocional.

LA CULPA

La culpa puede ser un motivador poderoso en nuestras acciones, y los manipuladores suelen aprovecharla al máximo. Usualmente, se presentan como personas vulnerables que requieren asistencia, de modo que su víctima se sienta profundamente angustiada si no accede a sus peticiones. Estos individuos pueden crear situaciones de «urgencia» ficticias que supuestamente exigen la atención de su víctima, o tergiversar la verdad para generar un sentido de culpabilidad.

Imagina que tienes un amigo que siempre te pide prestado dinero, prometiendo que te lo devolverá pronto. Sin embargo, cada vez que llega el momento de devolverlo, encuentra excusas y posterga la devolución. Un día, te cuenta una historia triste sobre cómo está pasando por momentos difíciles y que, si no le prestas dinero nuevamente, sufrirá graves consecuencias. Te hace sentir culpable por considerar negarle el préstamo en medio de su situación aparentemente desesperada. Aunque es posible que realmente esté pasando por problemas, podría ser una estrategia para manipularte emocionalmente y obtener lo que quiere sin asumir las consecuencias de sus acciones.

TÉCNICA: ESTABLECE LÍMITES A QUIEN INTENTA MANIPULARTE CON LA CULPA

Para reducir el impacto de las manipulaciones basadas en la culpa, es esencial establecer límites con el manipulador y abogar por un cambio en su enfoque. Este proceso puede llevar tiempo, ya que cambiar patrones de comunicación arraigados no es instantáneo. ¿Cómo hacerlo?

1. Comprende la importancia

Inicialmente, muestra empatía hacia la importancia que tiene para el manipulador que cumplas sus peticiones.

Ejemplo. Entiendo que para ti es esencial que pasemos más tiempo juntos los fines de semana.

2. Explica tu perspectiva

Comunica de manera honesta que el uso constante de la manipulación basada en la culpa genera resentimiento en ti, incluso si finalmente accedes a sus solicitudes.

Ejemplo. Me he dado cuenta de que cuando siento que me estás presionando constantemente para hacer cosas, comienzo a sentirme incómodo.

3. Aborda las consecuencias

Hazle entender que este patrón de manipulación podría dañar la relación al generar distanciamiento, lo cual no es beneficioso para ninguno de los dos.

Ejemplo. Me preocupa que este patrón de manipulación pueda distanciarnos y no quiero que eso suceda entre nosotros.

4. Fomenta la comunicación directa

Anima al manipulador a expresar sus deseos de manera directa y a respetar tus decisiones cuando las tomes.

Ejemplo. Sería genial si pudiéramos expresar nuestros deseos de manera más abierta. Por ejemplo, si me dices directamente lo que necesitas, estaré dispuesto a cooperar.

5. Ofrece un incentivo positivo

Destaca que estás dispuesto a cumplir sus deseos cuando os comuniquéis de manera sincera. Aclara que tu disposición será genuina y que te sentirás bien haciéndolo.

Ejemplo. Si me pides las cosas de manera honesta y respetuosa, estaré encantado de hacer lo que pueda para satisfacer tus deseos. Será de verdad significativo para mí.

6. Prepara el terreno

Anticípate a discusiones futuras y recuerda este nuevo enfoque. Aborda cualquier intento de manipulación por culpa con calma y firmeza.

Ejemplo. Después de una de sus manipulaciones dile: «Recuerda, estamos tratando de comunicarnos de manera más abierta y respetuosa. Creo que podemos resolver esto sin recurrir a métodos que nos hagan sentir mal».

7. Paciencia y amabilidad

Mantén una actitud amable y paciente durante todo el proceso. La disposición a cambiar será mayor si te acercas desde la comprensión en lugar de hacerlo desde la ira.

Ejemplo. Sé que esto llevará tiempo, pero realmente quiero que nuestra comunicación sea más auténtica y libre de presiones. Estoy comprometido en que trabajemos juntos en esto.

LA ACTITUD PROTECTORA

Existen situaciones de manipulación más sutiles que las hasta ahora descritas, en las que el manipulador adopta el papel de «guardián». En realidad, hace que la víctima crea que no tiene la capacidad de cuidarse por sí misma y que necesita constantemente de su ayuda. En contrapartida, el manipulador exigirá que la víctima se someta a sus deseos. Esto conduce a que la supuesta protección se convierta en un control absoluto y dé lugar a una relación de profunda dependencia.

Piensa en una madre, Laura, y su hijo mayor, Diego, que está entrando en la adultez y comienza a buscar independencia en sus decisiones y acciones. Sin embargo, Laura constantemente se presenta como la «protectora» de Diego, insistiendo en que él necesita su orientación y consejo para tomar cualquier decisión. Cuando Diego menciona sus planes o deseos, Laura responde diciendo que no está segura de que Diego pueda manejarlo solo y que es mejor que siga sus indicaciones para evitar dificultades. A medida que pasa el tiempo, Diego empieza a sentir que su madre no confía en su capacidad para tomar decisiones y se siente atrapado en un ciclo de dependencia emocional y decisional en relación con su madre. En este caso, la aparente «protección» de Laura es tan controladora que ha generado una profunda dependencia en su hijo Diego.

TÉCNICA: EVITA LA MANIPULACIÓN A TRAVÉS DE LA ACTITUD PROTECTORA

Evitar la manipulación a través de actitudes protectoras puede ser un desafío, pero, si sigues estas indicaciones que te enumero a continuación, puedes encontrar una ayuda para mantenerte firme.

1. Reconoce las señales

Familiarízate con las señales de manipulación a través de actitudes protectoras. Esto te permitirá identificar cuándo alguien está intentando controlar o influir en ti bajo el pretexto de protección.

Ejemplo. Siempre que mi amigo empieza a ofrecerme ayuda excesiva y a tomar decisiones por mí sin que se lo haya pedido, me doy cuenta de que podría estar intentando manipularme a través de una actitud protectora.

2. Confía en tu intuición

Si sientes que alguien está utilizando una actitud protectora para manipularte, confía en tus instintos. Escucha tu intuición y presta atención a cómo te hace sentir la situación.

Ejemplo. Aunque mi compañero de trabajo insista en que su sugerencia es para mi beneficio, siento en mi instinto que algo no está bien y que podría ser una forma de control encubierta.

3. Cuestiona las intenciones

Si alguien está adoptando una actitud protectora de manera sospechosa, no dudes en hacer preguntas. Pide claridad sobre sus intenciones y motivaciones genuinas detrás de su protección.

Ejemplo. Cuando mi hermano mayor insiste en manejar mis finanzas «por mi bien», le pregunto directamente cuál es la verdadera razón que se esconde detrás de su interés repentino en mi dinero y si hay otras alternativas que puediéramos considerar.

4. Establece límites claros

Comunica tus límites de manera directa y respetuosa. Hazle saber a esa persona qué estás dispuesto a aceptar y qué no. Mantén una postura firme en cuanto a tu autonomía y tus decisiones.

Ejemplo. Le expliqué a mi vecino que, aunque aprecio su preocupación por mi seguridad, prefiero no tener una cámara de vigilancia en mi casa y le pedí que respetase mi decisión.

5. Toma decisiones claras

Investiga y recopila información sobre la situación antes de tomar decisiones importantes. Cuanto más informado estés, menos vulnerable serás ante las tácticas manipuladoras.

Ejemplo. Antes de aceptar la oferta de «protección» de mi colega para solucionar un problema en el trabajo, investigué acerca de la cuestión que había que solventar y obtuve más información para asegurarme de que no se trataba de una táctica manipuladora.

6. Busca apoyo

Conversa con amigos de confianza o familiares sobre tus inquietudes. A veces, obtener una perspectiva externa puede ayudarte a saber si estás siendo manipulado o no.

Ejemplo. Después de que mi amigo insistiera en que dejara mi trabajo actual porque decía que no era seguro, hablé con un amigo de confianza para obtener una perspectiva objetiva y asegurarme de que no estaba siendo manipulado.

7. Haz preguntas directas

Si alguien está actuando de manera protectora de manera excesiva, haz preguntas directas para entender sus razones. Pregunta por qué cree que es necesario intervenir y si hay alternativas que puedan considerarse.

Ejemplo. Cuando mi pareja comenzó a tomar decisiones importantes por mí bajo el pretexto de protegerme, le pregunté directamente por qué sentía la necesidad de intervenir y si podíamos considerar otras opciones juntos.

EL CASTIGO

El manipulador emocional rara vez emplea la violencia física: su agresión es de naturaleza psicológica. De esta manera, castiga a su víctima cada vez que no cumple con sus expectativas o demandas. Estos castigos pueden manifestarse de diversas maneras, desde comentarios humillantes y sarcásticos hasta un trato silencioso, donde se ignora por completo a la otra persona para que la otra persona se sienta ignorada, vea sus necesidades desatendidas y no tenga oportunidad de manifestar su postura, todo con el fin de mantener un control constante sobre la situación.

Ejemplo. Una pareja está discutiendo sobre cómo organizar unas vacaciones. El manipulador emocional comienza a menospreciar las ideas de la otra persona con comentarios sarcásticos y despectivos. Cuando su pareja intenta hablar para resolver el conflicto, el manipulador cambia repentinamente de tema y se muestra indiferente, con lo que consigue que la otra persona se sienta ignorada y desvalorizada. Con esta actitud, el manipulador logra ejercer control sobre la discusión y mantener su posición de poder.

TÉCNICA: CONTRA LA INDIFERENCIA

No tienes por qué tolerar una relación manipuladora o tóxica. Ante la indiferencia como forma de manipulación, puedes seguir estos pasos:

1. Reconoce la situación

Acepta que estás enfrentando una táctica manipulativa. Tomar conciencia es el primer paso para abordar el problema.

Ejemplo. Después de algunas semanas de recibir respuestas cortantes y evasivas de su compañero de trabajo, María se da cuenta de que está enfrentando una forma de manipulación basada en la indiferencia por parte de su compañero.

2. Comunica tus sentimientos

Exprésale a la persona cómo te hace sentir su actitud de indiferencia. Hablar abiertamente sobre tus emociones puede hacer que el manipulador tome conciencia del impacto de sus acciones.

Ejemplo. María decide hablar con su compañero de trabajo y le dice: «He notado que nuestra relación ha cambiado últimamente y me hace sentir frustrada e incómoda. Me gustaría entender si hay algún problema».

3. Establece límites

Si la indiferencia persiste, establece límites claros y saludables en tu relación con esa persona. Deja claro qué comportamientos no estás dispuesto a tolerar.

Ejemplo. Después de hablar con su compañero y no ver mejoras, María decide establecer un límite claro. Le dice: «No estoy dispuesta a seguir teniendo conversaciones durante las cuales siento que no se me escucha. Si no podemos comunicarnos de manera respetuosa, preferiría limitar nuestras interacciones laborales».

4. No cedas ante la manipulación

Evita ceder ante la presión que ejerce la indiferencia. Mantén tu autoestima y no te dejes manipular para obtener una reacción.

Ejemplo. A pesar de los intentos de su compañero por ignorarla, María se mantiene firme en su decisión de no dejarse influenciar por la indiferencia y sigue realizando su trabajo de manera profesional.

5. Practica el autocuidado

Enfócate en cuidar de ti mismo y en mantener tu bienestar emocional. Realiza actividades que te hagan sentir bien y refuercen tu autoestima.

Ejemplo. María decide dedicar tiempo a sus pasatiempos favoritos, como la lectura y el yoga, para mantener su bienestar emocional en medio de la situación estresante.

CRITICAR A LOS DEMÁS: EL CHISMORREO

Criticar es el deporte nacional independientemente del lugar donde nos encontremos. Es sorprendente que haya tantas personas que dan su opinión sobre otra gente, sobre su vida y sobre sus decisiones, aunque nadie se la haya pedido. Suelen ser opiniones malintencionadas o carentes de todo criterio cuyo único objetivo es hacer daño, menospreciar y disfrutar del pesar ajeno.

El chismorreo está tan arraigado en nuestra sociedad que lo podemos ver en multitud de espacios mediáticos. Las tertulias televisivas (la gran mayoría de los programas) los utilizan para proyectar críticas infundadas sobre la vida de los demás, incluso por parte de colaboradores que se suponen cualificados. Seguro que alguna vez has sido espectador de alguna tertulia de política (a todas horas en la televisión) en la que los participantes, en lugar de debatir ideas y propuestas, se dedican a criticar la vida personal de los políticos. Por ejemplo, en lugar de discutir políticas económicas, un colaborador comenta, sin evidencia alguna, que un político vive en un lujoso apartamento a expensas del contribuyente.

También las redes sociales se inundan de opiniones con carácter de «verdad absoluta» sobre lo que deben hacer los demás basado en suposiciones. Sin ir más lejos, imagina a una persona que comparte una foto suya disfrutando de unas vacaciones en la playa. En lugar de simplemente ver esa imagen, algunos individuos emiten comentarios que se convierten en críticas infundadas. Por ejemplo, alguien podría escribir: «¿Cómo se puede permitir esas vacaciones? Debe estar endeudado hasta las cejas». Estas suposiciones carecen de base, pero pueden propagarse rápidamente en internet y dañar la reputación de la persona de la foto.

Por lo que parece, este fenómeno no hace excepciones, nos «alcanza» a cualquiera de nosotros sin discriminación alguna y en cualquiera de las dos situaciones: somos **chismosos** o **criticados.** ¿En cuál te encuentras tú?

AUTOEVALUACIÓN: ¿ERES MUY CHISMOSO?
Responde a las siguientes preguntas con la opción que mejor describa tu comportamiento o actitud.

1. **¿Con qué frecuencia compartes rumores o historias sobre otras personas?**
   a. Casi nunca o nunca.
   b. Ocasionalmente.
   c. Con frecuencia.

2. **Cuando escuchas una noticia interesante sobre alguien, ¿sientes la necesidad de compartirla de inmediato?**
   a. Rara vez o nunca.
   b. A veces.
   c. Siempre siento la necesidad de compartirlo.

3. **¿Participas activamente en conversaciones chismosas sobre amigos, compañeros de trabajo u otras personas conocidas?**
   a. Casi nunca o nunca.
   b. De vez en cuando.
   c. Sí, a menudo participo en esas conversaciones.

4. **¿Te sientes incómodo o culpable después de haber compartido información negativa sobre alguien?**
   a. Sí, a menudo me siento incómodo o culpable.
   b. A veces me siento así.
   c. No, no me siento incómodo ni culpable.

5. **¿Has descubierto que tus chismes han causado problemas o malentendidos entre las personas?**
   a. Sí, en varias ocasiones.
   b. Ocasionalmente.
   c. No, mis chismes no han causado problemas.

6. ¿Buscas activamente información sobre la vida personal de otras personas para luego compartirla?
a. Casi nunca o nunca.
b. Ocasionalmente.
c. Sí, lo hago con frecuencia.

Puntuación:
- Cada respuesta «a» corresponde a 1 punto.
- Cada respuesta «b» corresponde a 2 puntos.
- Cada respuesta «c» corresponde a 3 puntos.

Suma tus puntos y consulta los resultados a continuación:
- **6-8 puntos.** Tienes un enfoque saludable de lo que son los chismes y tiendes a ser discreto y considerado en tus conversaciones. No sueles participar en chismorreos de manera excesiva.
- **9-12 puntos.** Tienes tendencias chismosas en ocasiones, pero aún mantienes un cierto nivel de moderación. Sería útil que reflexionaras sobre cómo tus acciones pueden afectar a otros.
- **13-18 puntos.** Tiendes a ser bastante chismoso en tus conversaciones y podrías estar compartiendo información sin pensar en las consecuencias. Considera que tus palabras pueden influir en las relaciones y de los demás y en la percepción que se tiene de ellos.

ANTES DE CRITICAR... LOS TRES FILTROS

Un día, un hombre se acercó a Sócrates y le dijo: «¡Sócrates! ¡Debo contarte lo que escuché acerca de un amigo tuyo!».

Sócrates levantó la vista y le dijo: «Espera un momento. Antes de decirme nada, ¿has pasado lo que vas a decir por los tres filtros?».

El hombre, sorprendido, preguntó: «¿Tres filtros? ¿Cuáles son?».

Sócrates sonrió y respondió: «El primer filtro es el de la verdad. ¿Estás absolutamente seguro de que lo que vas a decirme es cierto?».

El hombre vaciló durante un momento y luego dijo: «Bueno, no lo sé con certeza. Solo escuché hablar de ello».

Sócrates asintió y continuó: «El segundo filtro es el de la bondad. ¿Lo que vas a decirme es algo bueno o útil?».

El hombre reflexionó y respondió: «No, en realidad no. Es más bien lo contrario».

Sócrates continuó: «El tercer es el filtro de la necesidad. ¿Es necesario que me cuentes esto?».

El hombre pensó en esa cuestión un momento y finalmente dijo: «No, no es necesario en absoluto».

Sócrates sonrió y concluyó: «Entonces, si lo que vas a decirme no es cierto, no es bueno ni útil, y no es necesario, ¿por qué deberíamos siquiera hablar de ello?».

Muchas veces pasamos por alto estos tres filtros de los que hablaba Sócrates. Hay una tendencia a criticar sin restricciones que se presenta como un recurso gratuito, aunque en muchos casos carezcamos de argumentos sólidos para sustentar nuestras opiniones. Nos aventuramos a juzgar sin moderación, liberando nuestras opiniones sin consideración y dando rienda suelta a nuestras frustraciones acumuladas.

La crítica, cuando es lanzada sin fundamento, actúa como un mecanismo de escape para las propias carencias, un recurso para enmascarar la envidia, el odio o la soberbia que uno puede albergar en su interior. En última instancia, puede llevar a una pérdida de autenticidad y a un desencanto con uno mismo.

Deberíamos tener más en cuenta lo que nos dice el gran filósofo y después practicar con el ejercicio que te propongo a continuación.

EJERCICIO: REDUCE TU TENDENCIA A CRITICAR

El primer paso para abordar la tendencia a criticar es aumentar tu conciencia sobre las emociones y motivaciones que hay detrás de esta conducta. Este ejercicio te ayudará a reflexionar sobre tus críticas continuas y a explorar posibles razones subyacentes. Recuerda que este es un proceso personal y que, si es necesario, buscar el apoyo de un profesional puede ser beneficioso.

1. Reflexiona sobre críticas previas

Piensa en situaciones recientes en las que hayas emitido críticas hacia otras personas. Pueden haber sido en el ámbito personal, laboral o social.

Ejemplo. Recuerda esa ocasión en la que criticaste a tu amigo por su elección de llevar una dieta vegetariana. Le expresaste que no entendías cómo podía obtener los nutrientes necesarios sin comer carne.

2. Explora emociones subyacentes

Ahora, reflexiona sobre las emociones que sentiste en esas situaciones. ¿Qué te motivó a emitir esas críticas? Quizás enfado, envidia, inseguridad, frustración, entre otras razones. Anota estas emociones.

Ejemplo. Al expresar tus críticas, te sentiste frustrado y un poco molesto porque creías que tu amigo había adoptado una decisión poco saludable.

3. Haz autorreflexión

Para cada situación y emoción que consigas reconocer plantéate las siguientes preguntas:

- ¿Por qué me sentí frustrado y molesto por su elección de estilo de vida?
- ¿Cómo afectó mi crítica a nuestra relación y a su bienestar?
- ¿Qué podría haber hecho de manera diferente para expresar mis preocupaciones de manera más efectiva?

4. Identifica los patrones sobre críticas

Observa si hay patrones recurrentes en tus respuestas. ¿Hay temas o tipos de personas que tiendes a criticar más? Intenta identificar si hay raíces más profundas en tus experiencias pasadas que puedan estar influyendo en tu comportamiento.

Ejemplo. Te das cuenta de que tiendes a criticar cuando crees que las elecciones de los demás pueden afectar a su salud o bienestar. Esta tendencia puede estar relacionada con tu propia obsesión por llevar un estilo de vida saludable.

5. Busca ayuda profesional

Si sientes que hay raíces ocultas o temas emocionales profundos que están impulsando tu tendencia a criticar, considera buscar la ayuda de un psicólogo o de un terapeuta. Ellos pueden ayudarte a explorar estos aspectos en profundidad y brindarte estrategias para cambiar tu comportamiento.

Ejemplo. Decides que es importante abordar tu tendencia a criticar y tu preocupación excesiva por la salud de los demás. Optas por buscar la ayuda de un profesional para explorar estas dinámicas y aprender a comunicarte de manera más positiva.

6. Cultiva la empatía

Trabaja en desarrollar la empatía hacia los demás. Intenta ponerte en el lugar de la otra persona y comprender sus perspectivas y circunstancias antes de emitir críticas.

Ejemplo. Decides hablar con tu amigo nuevamente, pero esta vez, en lugar de criticar, le explicas que te preocupas por su bienestar y que te gustaría entender mejor cómo obtiene los nutrientes necesarios de su dieta vegetariana.

¿ERES VÍCTIMA DE LAS CRÍTICAS?

La mayoría de nosotros no somos fans de las críticas. Preferimos escuchar elogios sobre nuestras habilidades, apariencia y logros. ¿Quién no disfruta de los halagos, verdad?

No obstante, debemos luchar por manejar las críticas de manera saludable. Muchas personas se sienten devastadas cuando reciben comentarios negativos, pueden obsesionarse durante horas con una sola observación y, frecuentemente, se toman a mal cada pequeño comentario.

Este tipo de reacciones extremas a menudo se originan por una dependencia excesiva de la aprobación de los demás. En esencia, cuando nuestro sentido de autovaloración y nuestra autoestima no están bien cimentados, tendemos a dar un peso desproporcionado a las críticas y a interpretarlas como confirmación de nuestras inseguridades.

Este fenómeno es todavía mucho más pronunciado cuando en el pasado hemos sido víctimas de una constante falta de reconocimiento. En este caso, la preocupación constante sobre lo que los demás opinen de nosotros puede convertirse en un verdadero temor. Las críticas se arraigan en nuestro pensamiento y pueden llegar a dominar nuestra percepción de nosotros mismos.

Para entenderlo mejor, imagina que eres un estudiante universitario. Siempre has estado centrado en tus estudios y te has esforzado por obtener buenas calificaciones. Un día, después de recibir tus notas finales, un profesor de una asignatura te entrega tu examen con un comentario negativo sobre un error que cometiste en una de las preguntas. Aunque tu nota general es alta, ese comentario negativo te afecta profundamente.

Debido a que constantemente te preocupa lo que los demás piensen de ti, te obsesionas durante horas con ese comentario negativo que te ha hecho el profesor. Empiezas a sentirte inseguro sobre tu habilidad en esa asignatura y te tomas muy mal cada palabra crítica. Esa noche la dedicas a darle vueltas una y otra vez a ese comentario, que interpretas como una confirmación de tus inseguridades académicas.

TÉCNICA: HAZ FRENTE A LAS CRÍTICAS

1. Diferencia entre crítica constructiva y destructiva

El contraste entre una crítica constructiva y una destructiva radica en la forma en que se expresan. La crítica constructiva señala deficiencias, pero aporta consejos o sugerencias para su mejora, mientras que la crítica destructiva tiene como objetivo atacar directamente o desacreditar a la persona, sin brindar soluciones prácticas.

Ejemplo:

- **Crítica constructiva.** *Tu presentación fue sólida, pero podrías mejorar la claridad de tus puntos principales para mantener la atención del público.*
- **Crítica destructiva.** *Tu presentación fue aburrida y poco profesional, no tienes lo necesario para hablar en público.*

2. Tómate tiempo para responder

Cuando nos enfrentamos a la crítica, nuestro primer instinto es la defensa. Aunque la crítica pueda ser útil, a veces puede sentirse como un rechazo, lo que desencadena nuestra respuesta de «luchar o huir». En lugar de reaccionar de inmediato, es crucial resistir esa tentación. Tómate un momento para alejarte emocionalmente de la situación y considerar tu respuesta.

Ejemplo. Recibes un correo de tu jefe con comentarios negativos sobre tu informe. En lugar de responder de inmediato con defensas, esperas a estar más calmado para abordar sus observaciones de manera objetiva.

3. Evita el pensamiento extremo

Algunas personas tienen tendencia a pensar de manera extrema, viendo las cosas como completamente positivas o negativas. Este enfoque limita nuestra percepción de la realidad. Por eso es esencial reconocer este patrón y buscar una perspectiva más equilibrada.

Ejemplo. Después de recibir críticas en el trabajo, puedes pensar: «Soy un fracaso total en esto». En lugar de caer en este pensamiento extremo, sería mejor que te preguntaras «¿Dónde están las pruebas de que soy completamente incompetente en todas las áreas?».

4. Aclara las cosas a través de preguntas

La interpretación errónea de una crítica es común. Para evitar malentendidos, hacer preguntas es esencial. Si la crítica no es clara, pide información para asegurarte de que comprendes completamente el mensaje.

Ejemplo. Después de que un amigo critica tu elección de la película que fuisteis a ver al cine, puedes preguntar: «¿Me estás diciendo que no te gustó la película en general o solo algunas partes específicas?».

5. Descubre la verdad en la crítica

Casi siempre, incluso en la crítica, hay un ápice de verdad. La crítica puede reflejar cómo nos ven los demás. Mantén la mente abierta al escuchar y busca elementos de aprendizaje en las observaciones.

Ejemplo. Tu compañero de trabajo critica tu punto de vista en un proyecto. Reflexionas sobre su comentario y reconoces que podrías haber sido más organizado en tu enfoque.

6. Separa las emociones de los hechos

No todas las emociones son una representación precisa de la realidad. Al recibir críticas, las emociones pueden nublar nuestra percepción. Es importante cuestionar si las emociones reflejan la situación actual, experiencias pasadas o temores futuros.

Ejemplo. Tras recibir una crítica, te sientes enfadado. Reflexionas si estas emociones se basan en la crítica en sí o si están influenciadas por inseguridades previas.

7. Practica el autocuidado

Después de una crítica, nuestro ego puede resultar herido. Practicar el autocuidado es esencial para restaurar el equilibrio emocional. Realiza actividades que te relajen o te reconforten, como ver una película, tomar un baño relajante o disfrutar de tu comida favorita.

Ejemplo. Después de recibir críticas en el trabajo, decides tomarte una tarde libre para relajarte, leer un buen libro o quedar con un amigo.

LA ENVIDIA

Si has tenido la oportunidad de ver la película *Django desencadenado*, te sonará este diálogo:

«– Mire, amo, ese tiene un caballo.

– ¿Y tú quieres un caballo, Stephen?

– ¿Para qué quiero yo un caballo? Yo lo que quiero es que él no lo tenga...».

La envidia es un sentimiento complejo arraigado en las personas que surge de la comparación y la percepción de desigualdad. Cuando alguien siente envidia hacia otra persona debido a lo que tiene o logra, puede experimentar sentimientos de inferioridad o insatisfacción con su propia vida. Querer que a los demás les vaya igual de mal que a uno mismo es un sentimiento negativo que puede afectar a tu desarrollo personal y contribuir a un ambiente tóxico poco saludable.

La cercanía emocional también influye en la intensidad de la envidia. Cuanto más cerca estamos de lo que envidiamos, más intensa es esta emoción. Esto puede explicar por qué la envidia tiende a surgir en relaciones familiares o de amistad, en las que la proximidad y la comparación son ineludibles.

En última instancia, la envidia es un sentimiento humano muy común. Aprender a reconocerla y manejarla de manera saludable es esencial para mantener una autoestima sólida y relaciones interpersonales satisfactorias, así como para centrarse en las propias metas sin comparaciones malsanas con los demás.

AUTOEVALUACIÓN: ¿SOY ENVIDIOSO?

Responde honestamente a las siguientes preguntas para evaluar tus sentimientos de envidia y deseo para que a los demás les vaya mal. No hay respuestas correctas ni incorrectas, este cuestionario solo busca generar reflexión. Evalúa en qué medida te identificas con cada afirmación.

1. **¿Sientes envidia cuando te enteras de que alguien ha conseguido algo que tú también deseas?**
   a. No, nunca.
   b. A veces.
   c. Sí, con frecuencia.

2. **¿Te sientes incómodo cuando otros tienen éxito o prosperan?**
   a. No, nunca.
   b. A veces.
   c. Sí, con frecuencia.

3. **¿Has experimentado sentimientos negativos u hostiles hacia personas que tienen más éxito o felicidad que tú?**
   a. No, nunca.
   b. A veces.
   c. Sí, con frecuencia.

4. **¿Deseas que a los demás les vaya mal cuando te sientes frustrado o insatisfecho con tu propia vida?**
   a. No, nunca.
   b. A veces.
   c. Sí, con frecuencia.

5. **¿Te comparas constantemente con otras personas y sientes que estás en competencia con ellas?**
   a. No, nunca.
   b. A veces.
   c. Sí, con frecuencia.

6. ¿Te esfuerzas por destacar y sobresalir en situaciones sociales, incluso si eso significa menospreciar a los demás?
a. No, nunca.
b. A veces.
c. Sí, con frecuencia.

7. ¿Te sientes aliviado o satisfecho cuando escuchas noticias negativas sobre personas que te han causado envidia?
a. No, nunca.
b. A veces.
c. Sí, con frecuencia.

8. ¿Has experimentado una disminución en tu autoestima como resultado de los sentimientos de envidia?
a. No, nunca.
b. A veces.
c. Sí, con frecuencia.

9. ¿Estás dispuesto a trabajar en mejorar tu autoestima y en reducir los sentimientos de envidia?
a. Sí, estoy dispuesto a trabajar en ello.
b. No lo sé.
c. No, no estoy interesado en cambiar.

Una vez que hayas respondido a estas preguntas, suma tus respuestas en la categoría correspondiente. Cuantas más respuestas obtengas en la categoría «Sí, con frecuencia», mayor podría ser tu tendencia a experimentar envidia y desear que a los demás les vaya mal. Si estás interesado en abordar estos sentimientos, considera buscar apoyo y orientación para mejorar tu autoestima y relaciones interpersonales. La clave para superar la envidia o prevenir que se convierta en un problema racica en uno mismo, no en los demás ni en comparaciones autodestructivas con otras personas.

CONSEJOS: ¿CÓMO SUPERAR LA ENVIDIA?
Aquí tienes unos consejos que puedes poner en práctica para superar la envidia:

- **Practica la gratitud.** En lugar de enfocarte en lo que otros tienen y tú no, concéntrate en las cosas por las que estás agradecido en tu propia vida. Llevar un diario de gratitud puede ayudarte a mantener una perspectiva más positiva.
- **No te compares.** Aprende a valorarte a ti mismo por lo que eres y por tus logros personales, en lugar de compararte con los demás.

- **Establece metas personales.** Trata de que dichas metas sean realistas y trabaja en alcanzarlas. Esto te dará un sentido de propósito y logro.
- **Cuida tu bienestar emocional.** Comprende tus propias inseguridades y pon de tu parte para superarlas. La terapia y el asesoramiento pueden ser útiles para abordar problemas emocionales más profundos.
- **Limita la exposición a las redes sociales.** Las redes sociales a menudo promueven la comparación y la envidia. Plantéate reducir el tiempo que pasas en estas plataformas o procura seguir cuentas que promuevan mensajes positivos y saludables.
- **Fomenta la empatía.** Intenta comprender los sentimientos y las experiencias de otras personas.
- **Celebra los logros de los demás**. En lugar de sentir envidia cuando otros tienen éxito, celebra sus logros. De este modo, se fortalecerán tus relaciones y contribuirás a crear un ambiente más positivo.
- **Desarrolla tu confianza.** Cuanto más seguro te sientas en lo que haces, menos necesidad tendrás de compararte con los demás.

EL *BULLYING*

El *bullying* es una «enfermedad» social que nos ha acompañado toda la vida, aunque hoy en día tengamos la sensación de que hay más casos que en otros tiempos por el espacio que le dedican los medios de comunicación. No quiero sonar como el abogado del diablo, pero la realidad es que el *bullying* es un fenómeno que implica graves consecuencias negativas en el desarrollo personal del acosador y del acosado.

En última instancia, detener el ciclo del acoso requiere un enfoque holístico que incluya apoyo tanto para las víctimas como para los acosadores con el propósito último de que todos ellos aprendan a relacionarse de manera más saludable y positiva con los demás.

TEST: ¿ACOSADOR O ACOSADO?

Este test no tiene ninguna validez científica y no debe considerare un diagnóstico, pero sí que te ayudará a tener una idea general sobre si podrías tener tendencias de acosador o ser víctima de acoso.

Por favor, responde a las siguientes preguntas utilizando la siguiente escala:

1. Nunca.
2. A veces.
3. Frecuentemente.
4. Siempre.

Potencial acosador				
¿Suelo burlarme o ridiculizar a otras personas de manera repetida?	1	2	3	4
¿He difundido rumores falsos o información perjudicial sobre alguien?	1	2	3	4
¿Siento la necesidad de tener poder o control sobre los demás?	1	2	3	4
¿Me he involucrado en situaciones en las que otros se sienten incómodos o amenazados por mis acciones?	1	2	3	4
Potencial víctima de acoso				
¿Me siento constantemente intimidado, excluido o atacado por otros?	1	2	3	4
¿He experimentado cambios significativos en mi estado de ánimo debido a situaciones de acoso?	1	2	3	4
¿He evitado actividades o lugares por miedo a ser acosado?	1	2	3	4
¿He buscado apoyo o ayuda para manejar situaciones de acoso?	1	2	3	4

Suma tus respuestas para las preguntas sobre ser un potencial acosador.

Puntuación para el potencial acosador:
- **4-8 puntos.** Baja probabilidad de ser un acosador.
- **9-12 puntos.** Posible tendencia a ser un acosador.
- **13-16 puntos.** Mayor probabilidad de ser un acosador.

Haz lo mismo con tus respuestas sobre ser una potencial víctima.

Puntuación para la potencial víctima:
- **4-8 puntos**. Baja probabilidad de ser una víctima de acoso.
- **9-12 puntos.** Posible tendencia a ser una víctima de acoso.
- **13-16 puntos.** Mayor probabilidad de ser una víctima de acoso.

EL ACOSADO

Cuando se trata del *bullying*, es normal que nos pongamos del lado de la persona que está siendo acosada. ¿Por qué? Porque todos hemos pasado por momentos difíciles en la vida y podemos entender lo mal que se siente. Además, a nadie le gusta ver que una persona es tratada injustamente.

También, como seres humanos, nos preocupa el sufrimiento de los demás. No queremos que nadie pase por experiencias dolorosas y, cuando alguien está siendo maltratado, nos enfada y queremos que se haga justicia.

Supongamos que, en el colegio, un niño llamado Pablo es constantemente objeto de burlas y agresiones verbales por parte de sus compañeros. Lo llaman con nombres hirientes y lo excluyen de las actividades grupales. También crean rumores falsos sobre él y, a veces, recurren a la intimidación física, como empujarlo o quitarle sus cosas.

Pablo empieza a creer que él es el responsable de las críticas y burlas que recibe de sus acosadores. Comienza a sentirse poco valioso y poco querido. Su **autoestima** se desploma. Además, empieza a **dudar** de sus propias habilidades y de su apariencia física. Se pregunta por qué es el blanco de las burlas y si realmente hay algo mal en él. De esta manera, se **aísla** socialmente como mecanismo de defensa. Se siente más seguro estando solo que exponiéndose a más humillaciones. Eso le lleva a **desconfiar** de las intenciones de los demás. Ha experimentado el abuso repetido de sus compañeros, por lo que le resulta difícil confiar en nuevos amigos o incluso en adultos que podrían ayudarlo.

CONSEJOS: ¿QUÉ HACER SI ESTÁS EN EL PAPEL DE ACOSADO?

Habla con alguien de confianza. Comparte tu experiencia con un amigo cercano, algún miembro de tu familia o un adulto en quien confíes. Hablar sobre el acoso puede ayudarte a aliviar el estrés y a obtener apoyo emocional.

- **Habla sobre el acoso.** Si el acoso ocurre en la escuela, informa a tus profesores, al director o al personal escolar. En el entorno laboral, comunica el acoso a tu supervisor o al departamento de recursos humanos. Es importante que sea documentado y abordado de manera adecuada.
- **Mantén un registro.** Anota detalles sobre los incidentes de acoso, incluyendo fechas, lugares, personas involucradas y lo que sucedió. Esto puede ser útil para respaldar tus denuncias y llevar un registro de la situación.
- **Busca apoyo psicológico.** Considera la posibilidad de acudir a un psicólogo. El acoso puede tener un impacto significativo en la salud mental, y un profesional de la salud puede brindarte herramientas para manejar el estrés y fortalecer tu autoestima.

- **No te enfrentes al acosador.** Evita confrontaciones físicas o verbales con la persona que te acosa. Esto puede empeorar la situación y poner en riesgo tu seguridad.
- **Mantente en entornos seguros.** Trata de evitar situaciones en las que puedas encontrarte con el acosador sin que haya testigos, especialmente si temes por tu seguridad.
- **Fomenta tu autoestima.** Trabaja en construir y mantener una imagen positiva de ti mismo. Reconoce tus fortalezas y logros, y recuerda que el acoso no define quién eres.
- **No te culpes a ti mismo.** Recuerda que el acoso es responsabilidad del acosador, no tuya. No te sientas culpable por lo que estás experimentando.

EL ACOSADOR

Aunque es muchísimo más difícil empatizar con el acosador, es importante entender sus razones para poder ayudarle en su desarrollo personal y detener el ciclo del acoso. Voy a explicarlo con más detalle. Una razón por la que a menudo no empatizamos con el acosador es porque sus acciones son perjudiciales y crueles. Pueden causar daño físico o emocional a otros, lo que va en contra de nuestros valores de bondad y empatía.

Sin embargo, es crucial recordar que los acosadores no nacen, sino que se hacen. Muchos acosadores pueden estar lidiando con sus propios problemas personales, como baja autoestima, problemas familiares o la presión del grupo. Pueden sentirse inseguros y utilizar el acoso como una forma de sentirse poderosos o ganar aceptación de sus pares.

Prácticamente todos conocemos a Johnny Lawrence, el antagonista principal del protagonista de *Karate Kid* (1984), una película en la que nos cuentan la vida de Daniel LaRusso, quien se muda a una nueva ciudad y es acosado por Johnny y su grupo de amigos, todos miembros de un dojo llamado Cobra Kai. Johnny sigue la filosofía agresiva de esta escuela de kárate y acosa a Daniel debido a una rivalidad que comienza en una fiesta. Todos aborrecíamos a este personaje por cómo se comportaba con el protagonista.

A medida que avanza la película, se van revelando las dificultades personales a las que Johnny se enfrenta y cómo se empieza a cuestionar sus comportamientos violentos. Años más tarde, en la serie que continúa con la historia de este personaje, vemos cómo se humaniza, le observamos desde una perspectiva más comprensiva y empatizamos con sus luchas y su búsqueda de redención.

Empatizar con un acosador no significa justificar sus acciones, sino reconocer que también pueden estar pasando por dificultades personales. Al comprender sus motivaciones y ayudarlo a abordar sus problemas subyacentes, podemos contribuir a su crecimiento personal y apoyarlo cuando decida abandonar su comportamiento dañino.

En el caso que te explico a continuación, el perfil de acosador podemos verlo en Carlos, que, en un intento por encajar o sentirse poderoso, acosa a su compañero Andrés. Carlos lo insulta y ridiculiza ante otros compañeros de clase, lo excluye de las actividades grupales y comparte rumores falsos sobre él en las redes sociales.

Aunque no siempre es evidente, muchos acosadores pueden **sentirse culpables** por sus acciones, especialmente cuando su comportamiento es señalado por adultos o figuras de autoridad. A menudo, los acosadores tienen una **baja autoestima** que los lleva a buscar poder y control sobre otros como una forma de sentirse mejor consigo mismos. Sin embargo, estas acciones a menudo son contraproducentes y pueden dañar aún más su autoestima.

El comportamiento de Carlos puede dificultarle el establecimiento de relaciones saludables con otros. Sus compañeros pueden evitar a Carlos debido a su comportamiento agresivo o, peor aún, quizás estén con él por miedo. Su manera de actuar puede hacer que su reputación se vea dañada para el futuro en otros contextos.

CONSEJOS: ¿QUÉ HACER SI ESTÁS EN EL PAPEL DE ACOSADOR?

Si te encuentras en el papel de acosador o sientes la tentación de acosar a alguien, es fundamental que tomes medidas para cambiar ese comportamiento y busques ayuda. Aquí hay algunos consejos para dejar de acosar a otros:

- **Reconoce tu comportamiento.** Lo primero es ser consciente de que estás acosando a alguien. Aceptar que estás actuando de manera dañina es el primer paso hacia el cambio.
- **Reflexiona sobre tus acciones**. Tómate el tiempo que necesites para reflexionar sobre las razones que te impulsan a acosar a esta persona. ¿Qué te motiva a hacerlo?, ¿cuáles son tus propias inseguridades o problemas que te llevan a actuar de esta manera?
- **Busca ayuda profesional.** Considera la posibilidad de hablar con un psicólogo. Él puede ayudarte a explorar y comprender tus motivaciones y proporcionarte estrategias para cambiar tu comportamiento.
- **Asume la responsabilidad.** Reconoce y acepta la responsabilidad de tus acciones. Deja de culpar a otros o a la víctima por lo que está sucediendo.
- **Detén inmediatamente el acoso.** Detén cualquier forma de violencia que estés llevando a cabo. Elimina publicaciones ofensivas en las redes sociales, deja de enviar mensajes acosadores o hacer comentarios hirientes y frena cualquier comportamiento que cause daño a la otra persona.

- **Ofrece disculpas sinceras.** Si es seguro hacerlo, discúlpate con la persona a la que acosaste. Asegúrate de que tus disculpas sean sinceras y no intentes justificar tu comportamiento.
- **Busca formas saludables de expresar tus emociones.** En lugar de acosar a otros, busca formas saludables de expresar tus emociones y frustraciones. Esto puede incluir hablar con amigos, escribir un diario o practicar actividades que te ayuden a liberar el estrés.
- **Desarrolla la empatía.** Ponte en el lugar de la víctima e imagina cómo se siente. Trata de comprender las consecuencias emocionales que tu acoso puede tener en esa persona.
- **Busca apoyo social positivo**. Rodearte de amigos y personas que fomenten relaciones sanas y positivas puede ayudarte a cambiar tu comportamiento.

EL ESTATUS

Cuando se habla de estatus, siempre me viene a la cabeza la escena de la novela de Bret Easton Ellis *American Psycho*, donde el protagonista, Patrick Bateman, relata una tarde con sus amigos en Harry's:

«Los tres, Todd Hamlin, George Reeves y yo, nos encontramos en el Harry's, y el reloj marca alrededor de las seis de la tarde. Hamlin está vestido con un traje de Lubiam, lleva puesta una elegante camisa a rayas con un cuello largo de Burberry, una corbata de seda de Resikeio y un cinturón de Ralph Lauren. Reeves, por su parte, viste un impecable traje cruzado de seis botones de Christian Dior; acompaña su *look* con una camisa de algodón, una corbata estampada de Claiborne, zapatos de cuero con cordones de Allen Edmonds y, en su bolsillo, se asoma un pañuelo de algodón, probablemente de Brooks Brothers. Además, lleva puestas unas gafas de sol de la marca Lafont Paris. En cuanto a mi atuendo, lucho por estar a la altura con un traje de franela a rayas de Patrick Aubert, y mi corbata de seda presenta un atractivo diseño con lunares de Bill Glass».

A menudo, las personas tendemos a buscar nuestra valía en la adquisición de objetos costosos y lujosos. Este afán por mostrar un estatus social elevado puede llevar a una competencia insana y a una búsqueda interminable de validación externa.

La autoestima y el sentido de lo que valemos no deben depender de los objetos que poseemos. Siempre habrá alguien con algo mejor o exclusivo. La verdadera autoestima debe provenir de la aceptación y la valoración de uno mismo, independientemente de las posesiones materiales. La verdadera riqueza está en cómo nos sentimos con nosotros mismos y cómo tratamos a los demás, no en las etiquetas de diseñador que llevamos puestas.

¿Cuánto te pareces a Patrick Bateman y sus amigos?

AUTOEVALUACIÓN: ¿TU AUTOESTIMA SE BASA EN LOS OBJETOS QUE POSEES?

Responde a estas afirmaciones con sinceridad, indicando si es verdadero o falso en tu caso:

1. Siento que mi valía como persona está relacionada con las marcas de ropa y accesorios que uso.

2. Me siento más seguro y valioso cuando llevo ropa de diseñador o artículos costosos.

3. A menudo comparo mis posesiones materiales con las de otras personas y me siento inferior si tienen cosas mejores.

4. Compro cosas caras principalmente para impresionar a los demás o para mostrar mi estatus.

5. Me siento incómodo o inseguro cuando no tengo objetos caros o de marca.

6. Siempre estoy al tanto de las últimas tendencias de moda y trato de seguirlas para sentirme mejor conmigo mismo.

7. Creo que la opinión de los demás sobre mí está fuertemente influenciada por lo que tengo y uso.

8. Siento que las personas me respetan más cuando ven que tengo objetos caros.

Tras responder a estas afirmaciones, suma el número de respuestas **verdaderas.** Cuantas más respuestas verdaderas tengas, más probable es que tu autoestima esté influenciada por las posesiones materiales y los objetos que posees

La relación entre nuestro estatus social y nuestra autoestima es profunda y compleja, moldeando cómo nos percibimos a nosotros mismos en la sociedad. Nuestro estatus social, que abarca elementos como la **riqueza,** el **trabajo,** la **familia** y la **educación,** puede influir en nuestra autoimagen y en cómo evaluamos nuestra valía.

EL ESTATUS SOCIOECONÓMICO

Las personas con un alto estatus socioeconómico, es decir, con un buen nivel económico y acceso a oportunidades, a menudo se sienten más seguras y valoradas, lo que puede aumentar su autoestima. Por ejemplo, una persona que ocupa un puesto ejecutivo en una empresa exitosa puede sentirse valorada y respetada debido a su estatus socioeconómico.

En cambio, aquellos con un estatus socioeconómico más bajo pueden experimentar desafíos económicos y sentir que tienen menos control sobre sus vidas, lo que puede afectar negativamente a su autoestima. Por ejemplo, una persona que lucha por encontrar empleo puede sentirse desanimada y menos valiosa.

EJERCICIO: EXPLORA LA CONEXIÓN ENTRE TU ESTATUS SOCIOECONÓMICO Y TU AUTOESTIMA

Este ejercicio te permitirá explorar cómo el estatus socioeconómico puede influir en tu autoestima y cómo fortalecerla sin apoyarte en tu elevada posición social.

1. Realiza una autoevaluación inicial de tu autoestima

Tómate unos minutos para evaluar tu propia autoestima en una escala del 1 al 10, donde 1 es muy baja y 10 es muy alta.

Ejemplo. Supongamos que calificas tu autoestima con un 6.

2. Reflexiona sobre la influencia del estatus socioeconómico en la autoestima

Luego, piensa en cómo crees que tu estatus socioeconómico (nivel de ingresos, educación, ocupación) ha influido en tu autoestima. ¿Crees que ha tenido un impacto positivo, negativo o neutral? Anota tus pensamientos.

Ejemplo. Puedes escribir: «Siento que mi nivel de educación ha aumentado mi autoestima en ciertos contextos, pero a veces me siento inseguro debido a mis ingresos».

3. Analiza experiencias de impacto del estatus socioeconómico

Recuerda situaciones específicas en las que tu estatus socioeconómico haya influido en cómo te sientes contigo mismo. Puede ser en el trabajo, en tus relaciones personales o en otros aspectos de la vida. Describe una experiencia en la que te hayas sentido valorado y confiado debido a tu estatus socioeconómico. Después describe una experiencia en la que te hayas sentido menospreciado o inseguro debido al mismo factor.

Ejemplos:

- **Experiencia positiva.** *En mi trabajo anterior, mi jefe elogió mi capacidad para liderar equipos, lo que me hizo sentir valorado y seguro de mis habilidades profesionales.*

- **Experiencia negativa.** *En una reunión social, me sentí inseguro cuando mis amigos hablaron sobre sus vacaciones lujosas, ya que no puedo permitirme ese tipo de viajes.*

4. Reflexiona sobre los efectos de las experiencias en la autoestima

Reflexiona sobre cómo estas experiencias han afectado a tu autoestima en diferentes momentos de tu vida.

- ¿Te has sentido más seguro cuando tu estatus socioeconómico se ha reconocido positivamente?
- ¿Has sentido dudas sobre ti mismo en situaciones en las que te has comparado con otros de un estatus superior?

Ejemplo. He notado que mi autoestima tiende a elevarse cuando recibo reconocimiento por mis logros educativos, pero suelo sentirme inseguro cuando me comparo con personas que tienen trabajos mucho más lucrativos.

5. Reconoce las diferentes facetas de la autoestima

Reconoce que tu autoestima es multifacética y está influenciada por diversos factores, incluido el estatus socioeconómico. No solo es normal que estas influencias existan, sino que también es importante tomar conciencia de cómo te afectan.

Ejemplo. Aprecio que mi autoestima está influenciada por diferentes factores, incluido mi estatus socioeconómico. Esto me ayuda a entender mejor mis reacciones emocionales.

6. Fortalece tu autoestima más allá de tu estatus económico

Considera formas en las que puedes fortalecer tu autoestima independientemente de tu estatus socioeconómico. Esto podría incluir desarrollar habilidades, establecer metas personales, rodearte de personas que te apoyen y en las que puedas confiar y valorar tus logros personales más allá de factores externos.

7. Define acciones concretas para cultivar una autoestima saludable

Escribe una lista de al menos tres acciones concretas que puedas emprender para fortalecer tu autoestima y cultivar una imagen positiva de ti mismo.

Ejemplo. Mi lista es la siguiente:

- *Estableceré metas personales para mejorar mis habilidades de comunicación en el trabajo, independientemente de mi estatus.*
- *Buscaré grupos y actividades que compartan mis intereses y me brinden un sentido de pertenencia y apoyo.*
- *Recordaré y celebraré mis logros personales, incluso si no están directamente relacionados con mi estatus socioeconómico.*

8. Reevalúa tu autoestima después de la reflexión

Vuelve a evaluar tu autoestima en la misma escala del 1 al 10 que usaste al inicio del ejercicio. ¿Ha cambiado tu percepción después de reflexionar sobre la relación entre el estatus socioeconómico y la autoestima?

Ejemplo. Reevalúas tu autoestima y la calificas con un 7.

9. Saca conclusiones

Reflexiona sobre cómo este ejercicio te ha ayudado a comprender mejor la interacción entre estos dos aspectos en tu vida y cómo puedes trabajar para lograr una autoestima más sólida y saludable.

Ejemplo. Te das cuenta de que la exploración te ha ayudado a comprender mejor la manera en que el estatus socioeconómico influye en tu autoestima y qué medidas puedes adoptar para fortalecerla.

EL ESTATUS LABORAL

Aquellas personas con trabajos prestigiosos y bien remunerados tienden a sentirse muy valoradas y respetadas en su campo, lo que puede contribuir a una autoestima positiva. Por ejemplo, un cirujano de renombre puede tener una autoestima positiva debido a su reconocido estatus laboral.

Por otro lado, quienes tienen trabajos pocos valorados socialmente pueden sentirse subestimados, lo que puede afectar a su autoestima. Por ejemplo, un trabajador de la limpieza puede tener una baja autoestima si cree que no se reconoce la importancia de su labor.

EJERCICIO: EXPLORA LA CONEXIÓN ENTRE TU ESTATUS LABORAL Y TU AUTOESTIMA

Explorar la relación entre tu estatus laboral y tu autoestima puede ser un proceso revelador que te ayude a comprender cómo influyen tus circunstancias laborales en tu percepción de ti mismo. Aquí hay algunos pasos que puedes seguir para llevar a cabo esta exploración:

1. Refleja tus logros laborales y su impacto en tu autoestima

Haz una lista de tus logros laborales hasta el momento que incluya hitos importantes, promociones, proyectos exitosos y cualquier otro éxito relevante en tu carrera. Reflexiona sobre cómo estos logros han influido en tu autoestima y en cómo te ves a ti mismo en términos profesionales.

Ejemplo. Después de un arduo trabajo en un proyecto importante, logré liderar con éxito la presentación ante el equipo directivo. Sentí un gran orgullo por mi contribución , de manera que mi autoestima se reforzó y constaté que cuento con las habilidades suficientes para manejar situaciones desafiantes en mi trabajo.

2. Reconoce tus desafíos laborales y su influencia en la autoestima

Reconoce los desafíos que has afrontado en tu carrera. Puedes incluir situaciones difíciles, rechazos laborales o momentos en los que hayas sentido que no estabas cumpliendo con tus expectativas. Examina la manera en que estos desafíos han afectado a tu autoestima y cómo has lidiado con ellos.

Ejemplo. En mi trabajo anterior, hubo una reorganización del equipo y cambiaron mis funciones. Aunque inicialmente me sentí desorientado y frustrado, superé estos desafíos al comunicarme abiertamente con mi supervisor y compañeros de trabajo. Aprendí que puedo afrontar cambios y adaptarme, lo que mejoró mi autoestima.

3. Reflexiona sobre tus relaciones laborales y su conexión con tu autoestima

Reflexiona sobre cómo te relacionas con tus colegas y superiores en el entorno laboral. Considera si tienes una comunicación saludable, si te sientes valorado y si tus relaciones laborales han tenido un impacto en tu autoestima.

Ejemplo. Mi relación cercana con mis colegas y mi capacidad para colaborar de manera efectiva en proyectos me han hecho sentirme valorado en mi equipo. Saber que mi opinión es apreciada y que contribuyo al éxito general ha fortalecido mi autoestima laboral.

4. Identidad personal y relación con el trabajo

Pregúntate cómo se relaciona tu trabajo con tu identidad personal. ¿Te sientes identificado con tu trabajo? ¿Tu trabajo está alineado con tus valores y metas personales? Evalúa cómo afecta tu trabajo a tu autoestima.

Ejemplo. Ser diseñador gráfico se alinea perfectamente con mi pasión por la creatividad y el arte. Sentir que estoy viviendo mi pasión en mi puesto de trabajo me ha ayudado a construir una identidad laboral positiva y ha elevado mi autoestima.

5. Comparaciones en el ámbito laboral y su impacto en la autoestima

Reflexiona sobre si tiendes a compararte con tus colegas o personas en roles similares. Considera si estas comparaciones afectan a tu autoestima de manera positiva o negativa.

Ejemplo. A menudo me encuentro comparándome con un colega que parece avanzar más rápidamente en su carrera. Esta comparación ha disminuido mi autoestima porque siento que no estoy a la altura. Reconozco la necesidad de cambiar esta perspectiva para mantener una autoestima saludable.

6. Supera obstáculos en la carrera laboral y observa su efecto en tu autoestima

Examina cómo enfrentas los obstáculos en tu carrera. ¿Te sientes derrotado ante las dificultades o utilizas los desafíos como oportunidades para crecer? Analiza si estos obstáculos han influido en tu autoestima.

Ejemplo. Asumí un proyecto que presentaba desafíos técnicos significativos. A pesar de las dificultades, perseveré y encontré soluciones creativas. Superar este obstáculo me recordó mi capacidad de resolución de problemas y fortaleció mi autoestima.

7. Toma de decisiones profesionales

Reflexiona sobre el modo en que adoptas decisiones relacionadas con tu carrera. ¿Tomas decisiones que te empoderan y te hacen sentir confiado en tu trabajo, o te sientes limitado por el miedo o la inseguridad?

Ejemplo. Tomé la decisión de postularme para un puesto de liderazgo en mi empresa, a pesar de sentir cierta inseguridad. Al obtener el puesto, me di cuenta de que mi confianza en mis habilidades era justificada y mi autoestima se fortaleció.

8. Búsqueda de oportunidades de desarrollo y su impacto en tu autoestima laboral

Considera si buscas activamente oportunidades de desarrollo profesional y apoyo en tu carrera. Participar en programas de capacitación y buscar mentores u oportunidades de crecimiento puede tener un impacto positivo en tu autoestima laboral.

Ejemplo. Participé en cursos de desarrollo profesional. Sentir que estoy invirtiendo en mi crecimiento y aprendizaje ha aumentado mi autoestima al demostrarme que estoy comprometido con mi desarrollo laboral.

9. Autocrítica y diálogo

Piensa sobre la forma en que te hablas a ti mismo en relación con tu carrera. ¿Te criticas constantemente o eres tu propio defensor? Observa si la autocrítica influye en tu autoestima laboral.

Ejemplo. A menudo soy demasiado autocrítico si cometo un error en el trabajo, lo que ha llevado a una disminución en mi autoestima. Sin embargo, estoy trabajando en sustituir la autocrítica por autocompasión y reconocimiento de que los errores son oportunidades de aprendizaje.

10. Cambios en tu carrera laboral y su impacto en tu autoestima

Sopesa si los cambios en tu carrera, como un nuevo empleo o una promoción, han afectado a tu autoestima. Evalúa si estos cambios han generado una mejora en tu percepción de ti mismo en el ámbito laboral.

Ejemplo. Cambié de una posición de analista a un rol de gestión en mi empresa. Aunque inicialmente me sentí abrumado por las nuevas responsabilidades, lograr una transición exitosa me demostró mi capacidad de adaptación y crecimiento, con lo que mejoró mi autoestima.

EL ESTATUS FAMILIAR

Aquellos que son padres o cuidadores suelen sentirse valiosos porque cuidan y apoyan a sus seres queridos. El sentido de responsabilidad y afecto puede aumentar su autoestima. Por ejemplo, un padre que se dedica a criar a sus hijos puede experimentar una autoestima positiva debido a su papel en la familia.

En contraste, las personas que dependen de otros, como los hijos, pueden sentir una autoestima más baja debido a la percepción de falta de independencia. Por ejemplo, un adulto que vive con sus padres puede tener una autoestima más baja debido a su estatus de dependencia.

EJERCICIO: EXPLORA LA CONEXIÓN ENTRE TU ESTATUS FAMILIAR Y TU AUTOESTIMA

Te propongo un ejercicio sobre la relación de la autoestima con el estatus familiar.

1. Explora tu estatus familiar

Tómate un momento para reflexionar sobre tu estatus familiar. Esto incluye aspectos como tu rol en la familia (por ejemplo, hijo mayor, hijo menor...), las relaciones y dinámica familiar, las responsabilidades que tienes en la familia y cualquier otro factor que consideres relevante.

Ejemplo. Soy el hijo mayor en mi familia y he tenido la responsabilidad de cuidar y apoyar a mis hermanos menores. Mi familia siempre ha valorado mi sentido de responsabilidad y me han elogiado por ser modélico.

2. ¿Qué influencia tiene tu estatus familiar en tu autoestima?

Ahora, piensa en la manera en que tu estatus familiar ha influido en tu autoestima a lo largo del tiempo. Hazte preguntas como las siguientes:

- ¿Cómo me siento acerca de mi papel en la familia?
- ¿Las expectativas de mi familia han influido en la forma en que me percibo a mí mismo?

- ¿Mi estatus familiar ha tenido algún impacto en mis logros y metas personales?
- ¿Cómo influye mi relación con los miembros de mi familia en mi autoconfianza?
- ¿He experimentado comparaciones con otros miembros de la familia que hayan afectado a mi autoestima?
- ¿Mi estatus familiar ha influido en mi capacidad para tomar decisiones independientes y confiar en mis elecciones?

Ejemplo. Mi estatus familiar ha influido en mi autoestima de manera positiva, ya que me siento orgulloso de ser un hermano mayor en quien mis hermanos menores pueden confiar. Sin embargo, a veces también siento presión por estar obligado a ser un ejemplo perfecto, lo que puede afectar a mi autoconfianza en otras áreas.

3. Recuerda momentos significativos de impacto en tu autoestima

Recuerda momentos específicos en los que tu estatus familiar haya afectado a tu autoestima. Aquí puedes incluir situaciones en las que te hayas sentido apoyado y valorado por tu familia, así como ocasiones en las cuales hayas experimentado conflictos o presiones relacionadas con el papel que desempeñas en la familia.

Ejemplo. Recuerdo una vez que mi hermano menor me agradeció que le hubiera ayudado con sus tareas escolares y me dijo que quería ser como yo cuando creciera. Eso me hizo sentir valorado y reafirmó mi autoestima.

4. Identifica patrones en la relación existente entre el estatus familiar y tu autoestima

Observa si hay patrones recurrentes en la influencia que tu estatus familiar suele tener en tu autoestima. Pregúntate si existen situaciones específicas o dinámicas familiares que tiendan a tener un impacto negativo o positivo en cómo te sientes contigo mismo.

Ejemplo. He notado que tiendo a sentirme más seguro y confiado en mí mismo cuando estoy desempeñando un papel de apoyo en mi familia. Sin embargo, también he observado que en situaciones en las que no puedo cumplir con esas expectativas, mi autoestima disminuye.

5. Evalúa el impacto actual del estatus familiar en tu autoestima

Evalúa cómo tu estatus familiar actualmente impacta en tu autoestima. ¿Te sientes empoderado y respaldado por tu familia, o sientes que tu autoestima se ve afectada de manera negativa debido a las dinámicas familiares del presente?

Ejemplo. Mi estatus familiar sigue influyendo positivamente en mi auto-estima al brindarme una sensación de propósito y contribución. Aunque a veces siento la presión de tener un comportamiento modélico, también me enorgullece poder ser un apoyo para mis hermanos.

6. Planifica acciones para fortalecer tu autoestima en el contexto familiar

Basándote en tus reflexiones, considera acciones que puedas realizar con el fin de fortalecer tu autoestima en el contexto de tu estatus familiar. Podrías incluir establecer límites saludables, comunicarte abiertamente con los miembros de tu familia sobre tus necesidades y metas, buscar apoyo externo si es necesario y trabajar en desarrollar una autoimagen más sólida y positiva.

Ejemplo. Para fortalecer aún más mi autoestima en el contexto de mi estatus familiar, planeo establecer límites claros en cuanto a mis propias expectativas y perfeccionismo. También me comprometo a comunicarme abierta y honestamente con mis hermanos sobre mis propias luchas y desafíos, para que puedan verme como una persona real y completa, no solo como un hermano mayor idealizado.

EL ESTATUS EDUCATIVO

Las personas con una educación avanzada a menudo se sienten más seguras en sus habilidades y conocimientos, lo que puede contribuir a una autoestima positiva al creer que tienen mucho que ofrecer intelectualmente. Por ejemplo, una persona con un doctorado en Psicología puede tener una autoestima elevada debido a su alto estatus educativo.

En cambio, aquellos con niveles educativos más bajos pueden presentar inseguridades y sentir que no son tan competentes. Esto puede afectar negativamente a su autoestima al compararse con aquellos con educación superior. Por ejemplo, un individuo que no finalizó la educación secundaria puede tener una autoestima más baja debido a su percepción de menor valía educativa.

EJERCICIO: EXPLORA LA CONEXIÓN ENTRE TU ESTATUS EDUCATIVO Y TU AUTOESTIMA

Este ejercicio te mostrará la relación entre tu autoestima y tu estatus educativo.

1. Reflexiona sobre tu estatus educativo

Ejemplo. He obtenido una licenciatura en Psicología y actualmente estoy completando una maestría en consejería. He dedicado mucho tiempo y esfuerzo a mis estudios y he recibido elogios de profesores y compañeros por mi rendimiento académico.

2. Identifica cómo se relaciona con tu autoestima
Ejemplo. Mi estatus educativo ha tenido un impacto significativo en mi autoestima. Me siento orgulloso de mis logros académicos y me da confianza saber que he adquirido habilidades y conocimientos valiosos en mi campo. Sin embargo, a veces también siento presión para mantener un alto nivel de rendimiento y hay momentos en los que dudo de mis capacidades.

3. Examina experiencias pasadas y presentes
Ejemplo. Recuerdo cuando fui seleccionado para presentar mi investigación en una conferencia académica. Sentí una gran satisfacción y reconocimiento por mi arduo trabajo. Sin embargo, también he tenido momentos en los que me he comparado con compañeros que parecen tener un nivel educativo más avanzado y eso me ha generado inseguridades.

4. Identifica patrones y tendencias
Ejemplo. He notado que tiendo a sentirme más seguro y confiado en mí mismo cuando estoy aplicando mis conocimientos académicos en situaciones prácticas. Sin embargo, en situaciones sociales en las que no se discuten temas académicos, noto que mi autoestima disminuye un poco.

5. Considera el impacto actual
Ejemplo. En general, mi estatus educativo sigue influyendo positivamente en mi autoestima al proporcionarme una base sólida de conocimientos y habilidades. Aunque a veces me enfrento a desafíos y expectativas elevadas, me siento seguro de que estoy en el camino correcto para alcanzar mis metas profesionales.

6. Planifica acciones positivas
Ejemplo. Para fortalecer aún más mi autoestima en relación con mi estatus educativo, planeo practicar la autocompasión y recordar que mi valía no está únicamente determinada por mis logros académicos. También buscaré oportunidades para compartir mis conocimientos con otros de manera accesible y comprensible, lo que me recordará la importancia de mi educación en la vida de las personas.

INTENTAR AGRADAR A TODOS

Después de una agotadora jornada en el campo, un padre, su hijo y su burro emprendieron el regreso a casa. El hijo se encontraba montado en el burro y el padre iba a pie guiando. Mientras caminaban, se cruzaron con dos mujeres que regresaban del mercado tras vender sus productos. Estas mujeres no pudieron evitar mirarlos con enojo y comentaron en voz alta su desacuerdo con la escena que presenciaban.

Una de las mujeres exclamó: «¡Qué falta de respeto hacia su padre! ¡Debería ser el padre quien montara, no ese niño holgazán!». El hijo, avergonzado por las críticas, decidió bajarse del burro y le dijo a su padre: «Papá, lo que han dicho esas dos mujeres es cierto. El resto del camino lo haré a pie, y tú monta sobre el burro. Soy más joven y me canso menos, así que puedo caminar hasta casa».

El padre, agotado tras una larga jornada de trabajo, aceptó la sugerencia de su hijo y montó sobre el burro, mientras el joven tomaba las riendas y prosiguió caminando junto al animal. Sin embargo, su decisión no pasó desapercibida para los peregrinos que se cruzaron en su camino. Uno de ellos expresó su desaprobación en voz alta: «¡Qué padre tan malo! Él a lomos del burro y el pobre chiquillo, tan tierno, tiene que ir caminando. Hombres así no deberían tener hijos. ¿Y a eso lo llaman ser padre? Pues yo, a eso, lo llamo abuso de autoridad. ¡Se debería proteger a los niños de padres como este!».

Ante esta crítica, padre e hijo reconsideraron su decisión y optaron por montar juntos en el burro. Sin embargo, su elección pronto provocó otro tipo de comentarios. Mientras continuaban su viaje, se toparon con un hombre, que, visiblemente indignado, los señaló y gritó, atrayendo la atención de otros viajeros: «¡Bárbaros! ¡Desalmados! ¿No les da vergüenza? ¡Pobre animalito! Deben ser vagos y brutos para cargar de esta manera al burro. Ustedes, montados cómodamente, mientras el pobre animal jadea y extiende su lengua. No es justo que un ser tan agotado soporte el peso de los dos. Los denunciaré por crueldad. ¡Deberían ser privados de este pobre burrito!».

Sumidos en la vergüenza, padre e hijo decidieron desmontar y aligerar la carga del burro. Lo liberaron de las cuerdas, le proporcionaron comida y agua fresca y continuaron el camino a pie junto a él.

Finalmente, llegaron a su pueblo, caminando uno a cada lado del burro. Sin embargo, su llegada no pasó desapercibida, y un grupo de personas en la plaza Mayor se burló de ellos: «¡Vaya par de tontos! ¿Quién es más burro aquí, ellos o el pollino? ¿Por qué no se montan?».

De regreso a casa, padre e hijo compartieron su experiencia y llegaron a la conclusión de que, en el futuro, tomarían decisiones basadas en su propio juicio y no se preocuparían por complacer a todos, ya que cada persona tenía su propia opinión. Aprendieron que no era posible satisfacer a todos y que debían vivir de acuerdo con sus propios valores y principios.

Las personas siempre tenemos opiniones diferentes, y es imposible complacer a todos. En lugar de vivir nuestras vidas según las expectativas de los demás, **debemos tomar decisiones basadas en nuestros propios valores** y lo que consideramos correcto. La historia del burro, el niño y el padre nos recuerda que la honestidad con nosotros mismos es más importante que buscar la aprobación constante de los demás.

EJERCICIO: ¿TE GUÍAN TUS VALORES CUANDO INTENTAS AGRADAR A LOS DEMÁS?
Este ejercicio te ayudará a evaluar si tiendes a agradar siempre a los demás o si te guías por tus valores personales. Ten en cuenta que encontrar un equilibrio entre satisfacer tus propias necesidades y considerar las de los demás es importante en la vida. No se trata de eliminar por completo el deseo de agradar, sino de asegurarte de que tus acciones y decisiones estén en línea con tus valores fundamentales.

Aquí tienes los pasos que puedes seguir:

1. **Reflexiona sobre tus valores personales**
   Tómate un tiempo para reflexionar sobre cuáles son tus valores personales. Estos son los principios fundamentales que guían tus acciones y decisiones.

   - ¿Qué es importante para ti en la vida?
   - ¿Cuáles son tus creencias fundamentales?

   Anota estos valores.

   Ejemplo. Imagina que uno de tus valores personales es la honestidad y crees firmemente en decir siempre la verdad, sin importar la situación.

2. **Registra las decisiones y acciones cotidianas**
   Lleva un registro de tus decisiones y acciones cotidianas durante un período de tiempo, como una semana o un mes. Puedes hacerlo en un cuaderno o mediante una aplicación en tu teléfono móvil. Anota cada vez que tomes una decisión importante, ya sea en el trabajo, en tus relaciones personales o en cualquier otra área de tu vida.

   Ejemplo. Durante una semana, llevas un registro de tus decisiones y acciones. Uno de los días, en el trabajo, cometes un error en un informe importante, pero decides no informar a tu jefe sobre ese error porque temes que se enfade contigo.

3. **Evalúa las decisiones en relación con tus valores**
   Al revisar tu registro, pregúntate si cada decisión que has tomado se alinea con tus valores personales. ¿Actuaste de acuerdo con lo que realmente crees y valoras, o hiciste algo principalmente para complacer a otros o evitar su desaprobación?

Ejemplo. Al revisar tu registro, te das cuenta de que no informar a tu jefe sobre el error no estuvo en línea con tu valor de honestidad. Lo hiciste principalmente para evitar conflictos y no decepcionar a tu jefe.

4. Identifica patrones de comportamiento

Observa si encuentras patrones de comportamiento en los que tiendes a priorizar la aprobación de los demás en lugar de tus valores personales. Pueden manifestarse en situaciones en las que cedes ante las opiniones de los demás, incluso si no estás de acuerdo, o en las que evitas expresar tus opiniones y deseos para evitar conflictos.

Ejemplo. Encuentras un patrón según el cual a menudo evitas confrontaciones o situaciones incómodas al no expresar tu opinión honesta, incluso cuando sabes que deberías hacerlo.

5. Autoevaluación de satisfacción con tu manera de actuar

Después de identificar los patrones, reflexiona sobre si estás satisfecho con tu forma de actuar. ¿Te sientes auténtico y coherente con tus valores o te da la sensación de que estás sacrificando tus creencias personales con demasiada frecuencia para agradar a otros?

Ejemplo. Te das cuenta de que te sientes incómodo contigo mismo debido a este patrón y que no estás actuando de acuerdo con tu valor de honestidad. Quieres cambiar este comportamiento.

6. Establece metas para el cambio

Si descubres que a menudo te mueves en contra de tus valores para agradar a los demás, considera establecer metas para cambiar ese patrón.

Ejemplo. Decides que, en el futuro, cuando cometas errores en el trabajo, los informarás de inmediato, independientemente de las consecuencias, para honrar tu valor de honestidad.

7. Busca apoyo y retroalimentación

Habla con amigos cercanos, familiares o un terapeuta sobre tus observaciones y metas. A veces, obtener retroalimentación y apoyo de personas de confianza puede ser muy útil en este proceso de autodescubrimiento y cambio.

WENDY MOIRA ANGELA DARLING

Hay personas que tienen la imperiosa necesidad de buscar seguridad y de agradar a los demás constantemente. Los motivos son muy variados: el miedo al rechazo, la necesidad de sentirse aceptado, la búsqueda de seguridad, etc. Pero sobre todo hay un motivo que destaca: el miedo al abandono. Esta manera de actuar se llama el **síndrome de Wendy.**

Wendy A. Darling es conocida por su naturaleza cariñosa y su deseo de cuidar y complacer a los demás, especialmente a sus hermanos y a Peter Pan. A lo largo de la historia, vemos que Wendy se esfuerza por mantener un papel maternal y protector sobre los Niños Perdidos y Peter, y que siempre está dispuesta a hacer lo que sea necesario para mantenerlos felices y seguros. Sin embargo, esta constante necesidad de cuidar y agradar a los demás puede tener un impacto en su autoestima y bienestar emocional.

Wendy a menudo se encuentra atrapada en un ciclo de preocupación y cuidado excesivo de los demás. Su necesidad de sentirse valiosa y apreciada la lleva a sacrificar sus propias necesidades y deseos. Se preocupa profundamente por la felicidad de los demás, especialmente la de Peter Pan, y está dispuesta a seguir sus aventuras sin cuestionarlas, incluso cuando esto significa dejar atrás su hogar y familia en Londres.

Su deseo de ser la figura maternal de los Niños Perdidos, y su conexión con Peter Pan, también la llevan a momentos de celos y conflicto emocional. A medida que la historia avanza, Wendy se da cuenta de que está atrapada en un papel que la limita y la hace sentir insegura. Ella no solo anhela la atención y el afecto de Peter, sino que además lucha con la idea de crecer y dejar atrás su papel de «madre» de los Niños Perdidos.

Wendy se da cuenta de que debe encontrar su propio camino y perseguir sus propios deseos y sueños. A medida que gana confianza en sí misma, empieza a cuestionar la dinámica de su relación con Peter y su papel en Nunca Jamás. Aunque le duele dejar atrás a Peter y a los Niños Perdidos, Wendy se da cuenta de que su autoestima y bienestar emocional son igualmente importantes. ¿Tú eres como Wendy e intentas agradar a todo el mundo?

AUTOEVALUACIÓN: ¿INTENTAS AGRADAR A TODO EL MUNDO?

Responde a las siguientes preguntas con honestidad, eligiendo la opción que mejor se ajuste a tu comportamiento y actitudes. Al final del test, obtendrás un resultado que te indicará si tiendes a intentar agradar a todo el mundo.

1. Cuando alguien te pide un favor, ¿tiendes a aceptar, aunque en realidad no quieras hacerlo?
a. Sí, la mayoría de las veces.
b. A veces, depende de la situación.
c. No, solo si realmente puedo y quiero hacerlo.

2. ¿Sientes que la ansiedad o preocupación por lo que otros puedan pensar de ti te abruma?

a. Siempre, casi constantemente.

b. De vez en cuando.

c. No, rara vez me preocupo por eso.

3. ¿Evitas expresar tus opiniones cuando crees que podrían generar conflicto o desacuerdo?

a. Sí, muy a menudo.

b. En algunas ocasiones.

c. No, siempre expreso mis opiniones.

4. ¿Sientes que necesitas cumplir con las expectativas de los demás para sentirte valioso?

a. Sí, siempre busco cumplir las expectativas de los demás.

b. A veces me siento así.

c. No, no baso mi valía en las expectativas de los demás.

5. ¿Te resulta difícil decir «no» cuando alguien te pide algo, incluso si ya tienes demasiadas responsabilidades?

a. Sí, me cuesta decir «no».

b. A veces me siento presionado a decir «sí».

c. No tengo problemas en decir «no» cuando es necesario.

6. ¿Te sientes incómodo o culpable si percibes que alguien está enojado o molesto contigo?

a. Sí, me siento tan mal cuando alguien está enojado conmigo que llego a notar incluso malestar físico.

b. A veces me afecta, pero trato de manejarlo.

c. No me afecta mucho, cada uno es responsable de sus emociones.

7. ¿Te esfuerzas por mantener una imagen positiva ante los demás, incluso si eso significa ocultar tus verdaderos sentimientos?

a. Sí, a menudo trato de mostrar una imagen positiva: no soporto que los demás se enteren de que tengo problemas.

b. En ocasiones, depende de la situación.

c. No, soy honesto acerca de mis sentimientos y emociones.

8. ¿Sientes que agradar a los demás es más importante que satisfacer tus propias necesidades?

a. Sí, siempre priorizo a los demás.

b. A veces siento esa presión.

c. No, mi bienestar personal es una prioridad.

Resultados:
- **Mayoría de respuestas «a».** Tiendes a intentar agradar a todo el mundo en la mayoría de las situaciones. Puede ser beneficioso encontrar un equilibrio entre satisfacer tus propias necesidades y cuidar a los demás.
- **Mayoría de respuestas «b».** A veces no solo sientes la presión de agradar a todos, sino que también eres consciente de tus propias necesidades. Es importante seguir trabajando en establecer límites saludables.
- **Mayoría de respuestas «c».** Tienes una buena comprensión de tus límites y no te sientes obligado a agradar a todos. Mantén este equilibrio saludable entre cuidarte a ti mismo y cuidar a los demás.

EL EGOÍSMO SALUDABLE

El egoísmo saludable puede ser un antídoto eficaz contra el síndrome de Wendy que te ayude a equilibrar tus propias necesidades y deseos con tu naturaleza compasiva. A diferencia de un enfoque puramente egocéntrico, el egoísmo saludable se basa en el autocuidado y el establecimiento de límites, lo que puede fortalecer tu autoestima y capacidad para ayudar a los demás de manera más sostenible.

Por ejemplo, supón que tienes entre manos una entrega importante para la semana que viene en el trabajo. Sin embargo, tu jefe te pide que te hagas cargo de otro proyecto adicional que tiene un plazo muy ajustado. Sabes que, si aceptas, estarás abrumado y podrías comprometer la calidad de ambos proyectos.

En lugar de ceder a la presión de querer agradar a tu jefe y aceptar el proyecto adicional, decides practicar el egoísmo saludable. Te acercas a tu jefe y le explicas con respeto: «Aprecio la oportunidad de asumir este nuevo proyecto, pero en este momento ya tengo compromisos que requieren mi atención completa».

TÉCNICAS: CONTRARRESTA EL SÍNDROME DE WENDY

Te propongo unas técnicas para superar el síndrome de Wendy.

- **Establece límites claros.** Practicar el egoísmo saludable implica establecer límites claros en tus compromisos y responsabilidades. Esto te permitirá dedicar tiempo y energía a ti mismo sin sentirte abrumado por las demandas constantes de los demás. Al establecer límites, puedes cuidar de tu bienestar emocional y físico, lo que a su vez te ayudará a mantener una actitud más equilibrada en tus relaciones con otras personas.

  Ejemplo. Imagina que siempre te encuentras ayudando a tus amigos con sus problemas personales, incluso cuando te sientes agotado. Practicar el egoísmo saludable en esta situación implicaría establecer un límite claro al decir algo como esto: «Me encantaría ayudarte, pero en este momento estoy ocupado con mis propias responsabilidades. ¿Podríamos encontrar otro momento para hablar?».

- **Prioriza el autocuidado.** El egoísmo saludable implica hacer del autocuidado una prioridad. Esto puede incluir actividades que te brinden alegría, relajación y descanso. Al cuidarte a ti mismo, estarás en una mejor posición para cuidar a los demás de manera más efectiva y sin agotarte.

    Ejemplo. Supongamos que tienes un fin de semana ocupado con eventos sociales, pero necesitas tiempo para relajarte y recargar energías. Practicar el egoísmo saludable significaría reservar un tiempo para ti, incluso si eso significa perderte algunos eventos, para cuidar de tu propio bienestar.

- **Reconoce tus propias necesidades.** Practicar este tipo de egoísmo significa reconocer tus propias necesidades y deseos legítimos. No te sientas culpable por buscar aquello que te hace sentir realizado y feliz. Al satisfacer tus propias necesidades, fortalecerás tu autoestima y confianza, lo que puede ayudarte a mantener relaciones más saludables y equilibradas.

    Ejemplo. Digamos que siempre te sientes presionado para asumir tareas adicionales en el trabajo, pero sientes que estás descuidando tus propios proyectos. Practicar el egoísmo saludable en esta situación podría implicar hablar con tu jefe y explicar tus propias necesidades de tiempo y prioridades.

- **Aprende a decir «no».** Decir «no» de manera respetuosa y asertiva es una habilidad importante en el egoísmo saludable. No estás obligado a complacer a todos en todo momento. Al aprender a decir «no» cuando sea necesario, te empoderarás para tomar decisiones que sean coherentes con tus objetivos y prioridades.

    Ejemplo. Alguien te pide que hagas algo para lo que realmente no tienes tiempo. Practicar el egoísmo saludable podría implicar responder de manera asertiva: «Aprecio tu solicitud, pero en este momento tengo otros compromisos que debo cumplir. No puedo comprometerme a hacerlo».

- **Busca apoyo y comunica tus necesidades.** No tengas miedo de buscar apoyo cuando lo necesites y de comunicar tus necesidades a las personas que te rodean. Practicar el egoísmo saludable implica reconocer que está bien pedir ayuda y recibir apoyo emocional cuando lo necesitas.

    Ejemplo. Imagina que te sientes agobiado por el trabajo y las responsabilidades familiares. Practicar el egoísmo saludable podría significar hablar con tu pareja o familiares, explicar cómo te sientes y pedir su apoyo en la distribución de las tareas para aliviar tu carga.

LA COMPETITIVIDAD

La ambición de alcanzar metas, en muchas ocasiones influenciadas por los logros de otros, es un rasgo común en nuestra sociedad. Nos vemos motivados no solo a lograr, sino a superar lo que los demás han conseguido. La competición, fundamentalmente contra otras personas, se erige como una parte innegable de esta dinámica. Sin embargo, ¿somos por naturaleza seres competitivos o es esta actitud producto de una personalidad particular? ¿Deberíamos abrazar siempre la competitividad?

A continuación, exploraremos estos interrogantes y sus implicaciones en la psicología de la competencia. Pero antes reflexiona: ¿cómo afecta la competitividad a tu autoestima?

EJERCICIO: LAS OCHO PREGUNTAS

Cuando observamos algo que deseamos tener o ser, a menudo se despiertan emociones que pueden hacer mella en nuestra autoestima, llevándonos a sentirnos inferiores o insuficientes en ciertos aspectos. No obstante, la elección de cómo manejar estas emociones está en tus manos. Puedes permitir que la frustración y la envidia tomen el control, manifestándose en malos gestos, quejas y mal humor. O puedes plantearte las siguientes ocho reflexiones para aclarar qué relación mantienen tus emociones con tu autoestima:

- ¿Qué estoy observando en el otro que anhelo para mí?
- ¿Realmente encontraría satisfacción en lo que envidio o deseo del otro?
- ¿Poseer algo o ser así convierte al otro en alguien superior a mí?
- ¿Cómo ha alcanzado esa posición? ¿Es posible que yo también sea capaz de lograr algo así?
- ¿El esfuerzo necesario para alcanzar lo que veo en los demás vale la pena o, en realidad, prefiero no tenerlo?
- ¿Si tuviera lo que tiene el otro, me valoraría a mí mismo más o debería comenzar a valorar primero lo que ya poseo?
- ¿Estoy basando mi autovaloración en comparación con los demás? ¿De qué otras maneras podría valorarme?
- ¿Cuáles son los aspectos de mí mismo que valoro y que me llenan de orgullo?

Estas preguntas no solo te ayudarán a entender mejor tus deseos y motivaciones, sino que también te permitirán trascender la comparación constante y construir una autoestima más sólida basada en una apreciación genuina de tus propios logros y cualidades.

LA PERSONALIDAD COMPETITIVA EN EL ENTORNO SOCIAL

Es innegable que nuestra sociedad fomenta la competición y la búsqueda constante de superación ya desde edades tempranas. Esta actitud puede aportar beneficios al incentivar mejoras individuales, proporcionar motivación y funcionar como motor para alcanzar nuestras mejores versiones. Sin embargo, esta misma dinámica puede también traer consecuencias negativas, tales como malestar, tristeza, frustración y miedo. A menudo, la competición puede repercutir negativamente en la autovaloración personal y la autoestima. Este proceso puede limitar la capacidad para alcanzar metas propias, mientras observamos que otros las logran.

Supón que dos amigos han crecido juntos y compartido muchas experiencias desde la infancia. Ambos han sido alentados por sus familias a sobresalir en sus respectivas pasiones. Uno de ellos, Álex, está muy enfocado en ser el mejor en todo lo que hace. Siempre se esfuerza por obtener las calificaciones más altas en la escuela, ganar competiciones deportivas y recibir elogios por sus logros. A lo largo de los años, ha desarrollado una mentalidad competitiva que lo impulsa a superar constantemente a los demás.

Por otro lado, está Sofía, quien también es ambiciosa y se esfuerza por mejorar, pero su enfoque está más en superar sus propios límites que en compararse con otros. Aunque se esfuerza por alcanzar sus objetivos, su autovaloración no está ligada a ser mejor que los demás. A lo largo del tiempo, Sofía ha aprendido a celebrar sus logros personales y a encontrar satisfacción en su progreso individual.

Con el tiempo, Álex comienza a experimentar las desventajas de su constante búsqueda de superación competitiva. Entra en la universidad, donde se enfrenta a desafíos académicos más complejos y siente una presión más intensa que en el colegio para ser el mejor de su clase. Cada vez que no logra el primer lugar o no cumple sus propias expectativas, se siente frustrado y su autoestima disminuye. Su necesidad de superar a los demás lo lleva a compararse constantemente con sus compañeros y a sentir que su valía está en juego cada vez que no está en la cima.

Sofía, por su parte, también se enfrenta a desafíos en la universidad, pero su enfoque en la superación personal la ayuda a manejar las presiones de manera más saludable. Aunque busca mejorar y lograr sus objetivos, no siente la misma urgencia de ser mejor que los demás. Esto le permite mantener una perspectiva más equilibrada sobre su valía, y su autoestima no se ve tan afectada por los resultados de la competición.

AUTOEVALUACIÓN: BALANCE DE CÓMO ES TU COMPETITIVIDAD Y TU AUTOESTIMA

Responde a las siguientes preguntas para reflexionar sobre cómo la competitividad afecta a tu autoestima y cómo puedes encontrar un equilibrio saludable:

- ¿Sientes que constantemente te comparas con los demás en términos de logros, apariencia o éxito?
- ¿Te sientes presionado a ser el mejor en todo lo que haces, incluso si eso significa superar a los demás?
- ¿Tu autoestima se ve afectada negativamente cuando no obtienes los resultados que esperabas en comparación con los demás?
- ¿Sientes que tu valía personal está vinculada a ser el número uno o al reconocimiento externo?
- ¿Te encuentras constantemente preocupado por cómo te perciben los demás en relación con tus logros?
- ¿Has experimentado malestar, tristeza o frustración cuando no puedes superar a otras personas en ciertas áreas?
- ¿Encuentras difícil celebrar tus propios logros y sentirte satisfecho contigo mismo si no eres el mejor?
- ¿Has notado que esta actitud competitiva ha tenido un impacto en tus relaciones interpersonales?

Ahora, reflexiona sobre tus respuestas y considera lo siguiente:

- Si respondiste afirmativamente a varias de estas preguntas, es posible que la competitividad esté afectando a tu autoestima de manera negativa.
- Reconoce que es normal querer alcanzar metas y mejorar, pero es importante separar tu valía personal de tus logros en comparación con los demás.
- Encuentra satisfacción en tu progreso personal y establece metas realistas que te motiven a crecer sin poner en riesgo tu autoestima.
- Recuerda que todos tienen sus propias fortalezas y desafíos, y que la verdadera competición debe ser contigo mismo para ser una mejor versión de ti mismo.
- Si crees que la competitividad afecta negativamente a tu autoestima, considera la opción de hablar con un terapeuta para obtener apoyo y estrategias con las que manejar estos sentimientos de manera saludable.

EL LENGUAJE COTIDIANO Y LA COMPETITIVIDAD

Es fascinante la manera en que la competitividad está tan arraigada en nuestro vocabulario y pensamiento. Afirmaciones como «he ido al mejor restaurante de la ciudad», «mis hijos van al mejor colegio» o «tengo un salario más alto que el promedio en mi sector» reflejan la creencia de que, al acceder a lo mejor, nos convertimos en lo mejor. Muchas marcas capitalizan esta aspiración, incentivándonos a adquirir productos caros para proyectar una imagen de estar en «la cresta de la ola».

Estas creencias están tan internalizadas que a menudo se manifiestan de manera automática, sin reconocer el impacto que tienen en la percepción de nosotros mismos y en los demás. Ya desde que somos pequeños nos dicen «eres el mejor hijo del mundo», y aunque es una expresión que surge del afecto, se podría ajustar para no fomentar la competitividad. En lugar de comparar, nos deberían decir «eres un hijo generoso, inteligente y estupendo». De esta forma, se entiende que nuestra valía no depende de la comparación con otros.

EJERCICIO: TRANSFORMA TU LENGUAJE COTIDIANO
Este ejercicio te ayudará a concienciarte sobre cómo el lenguaje cotidiano y las comparaciones constantes pueden afectar a tu autoimagen y autoestima, así como a reestructurar estas expresiones para fomentar una mentalidad más positiva y equilibrada.

1. Identifica expresiones competitivas
Presta atención a las expresiones que utilizas o escuchas que resalten la idea de competir o compararse con otros.

Ejemplos:

- *Mi casa es más grande y elegante que la de los demás.*
- *Mi teléfono móvil es el mejor modelo del mercado.*
- *Mis vacaciones fueron mucho más lujosas que las de mis amigos.*
- *He quedado el primero de la competición, frente a todos los demás.*
- *Tengo el coche con más prestaciones del mercado.*

2. Registra expresiones competitivas
Anota las frases que hayas identificado en un cuaderno o dispositivo electrónico. Esto te ayudará a tener un registro claro y a hacer un seguimiento.

3. Reflexiona sobre creencias competitivas
Toma una de las frases que hayas registrado y pregúntate:

- ¿Por qué creo que acceder a lo mejor me convierte en el mejor?
- ¿Cómo me siento cuando comparo mis logros o posesiones con los de los demás?

Ejemplo. Me pregunto por qué siento que tener el mejor móvil del mercado me convierte en alguien mejor. Me doy cuenta de que esta creencia está relacionada con la idea de que valgo más si tengo acceso a lo mejor.

4. Transforma las expresiones competitivas
Transforma cada expresión competitiva en otra que resalte tus propias cualidades y logros sin depender de la comparación.

Ejemplo. Si has anotado la frase «tengo el mejor coche del mercado», podrías reestructurarla y pensar en esta otra: «Estoy satisfecho con mi elección de coche y de cómo se adapta a mis necesidades».

5. Crea nuevas frases positivas

Usando las reestructuraciones como guía de tus pensamientos, elabora nuevas frases que fomenten una autoimagen positiva basada en tus cualidades y méritos personales.

Ejemplo. Mis elecciones reflejan mis valores y necesidades; reconozco mis esfuerzos y logros sin compararme con los demás.

6. Usa las nuevas expresiones

Durante una semana, enfócate en emplear estas nuevas expresiones. Cuando sientas la tentación de compararte o competir, recuerda las frases reestructuradas y úsalas en su lugar.

7. Reflexiona sobre el impacto del nuevo lenguaje

Al final de la semana, reflexiona sobre cómo te has sentido al utilizar el nuevo lenguaje.

- ¿Has notado algún cambio en tu percepción de ti mismo?
- ¿Has experimentado menos presión o ansiedad relacionada con la competición?

LA ESENCIA DE LA COMPETITIVIDAD Y SU IMPACTO

No es intrínsecamente malo ser competitivo. De hecho, puede tener beneficios al impulsar mejoras individuales, establecer metas ambiciosas y aumentar el rendimiento. Lo que resulta dañino es valorar exclusivamente el esfuerzo en función de los resultados, comparándolos con los de otros.

La frase «competimos contra nosotros mismos» resuena poderosamente. La competición puede ser un estímulo, pero debemos valorar siempre el esfuerzo, reconocer las dificultades superadas y apreciar nuestro progreso. A partir de ahí, podemos evaluar los resultados y aprender de ellos sin compararnos con los demás. El objetivo es aspirar a superarnos sin competir con otros.

EJERCICIO: HACIA UNA COMPETITIVIDAD SANA

El objetivo de este ejercicio es reflexionar y desarrollar una perspectiva más equilibrada en relación con la competitividad, valorando tus esfuerzos y progresos personales sin depender de la comparación constante con otros.

1. Evalúa los beneficios y desafíos de la competitividad

Escribe en un papel los beneficios que ves en la competitividad. Luego, anota los desafíos o aspectos negativos que percibes, como la comparación constante con otros y la dependencia de resultados para sentir valía.

Ejemplo:

- **Beneficio.** *Motivación para mejorar y establecer metas ambiciosas.*
- **Desafíos.** *Comparación constante con otros, dependencia de resultados para sentir valía.*

2. Reflexiona sobre experiencias competitivas

Piensa en momentos en tu vida en los que has experimentado la competitividad. Puede ser en el trabajo, en actividades deportivas, académicas o en cualquier otro ámbito.

- ¿Cómo te sentiste en esos momentos?
- ¿Notaste algún impacto en tu autoestima o bienestar emocional?

Ejemplo. Recuerdo que en mi trabajo anterior siempre trataba de superar los logros de mis colegas. Me sentía emocionado cuando tenía éxito, pero ansioso cuando alguien hacía algo mejor que yo.

3. Identifica las comparaciones con otros

Reconoce si has tendido a compararte con otros en contextos competitivos.

- ¿Cómo te ha afectado?
- ¿Te has sentido más motivado o más ansioso?

Anota tus reflexiones.

Ejemplo. Sí, definitivamente me comparaba con mis colegas. Esto me llevó a sentirme inseguro en ocasiones y a centrarme demasiado en lo que estaban haciendo en lugar de valorar mi propio progreso.

4. Reflexiona sobre el significado de «competimos contra nosotros mismos»

Reflexiona sobre esta frase: «Competimos contra nosotros mismos».

- ¿Qué significa para ti?
- ¿Cómo podría aplicarse en situaciones competitivas?

Piensa en ejemplos concretos de cómo podrías cambiar tu enfoque para valorar el esfuerzo personal y el progreso que supone.

Ejemplo. Para mí, «competimos contra nosotros mismos» significa que debemos centrarnos en superar nuestros propios logros en lugar de compararnos con los de los demás; así, en mi nuevo trabajo, en lugar de medirme con mis compañeros, voy a establecer objetivos basados en mi mejora continua y en mis habilidades personales.

5. Establece metas personales y realistas
En lugar de compararte con otros, proponte metas personales y realistas basadas en tus propias habilidades y avances.

Ejemplo. Si estás en el trabajo, en lugar de compararte con un compañero, fíjate objetivos que se alineen con tu crecimiento profesional y desarrollo individual.

6. Visualiza una competitividad saludable
Cierra los ojos y visualiza una versión saludable de la competitividad en tu mente. Imagina cómo te sentirías al celebrar tus propios logros sin compararte constantemente con los demás. Observa que esta actitud afecta positivamente a tu autoestima y bienestar emocional.

Ejemplo. Cierro los ojos e imagino cómo me sentiré al alcanzar mis metas personales y celebrar mis propios éxitos. Siento una sensación de satisfacción y confianza en mí mismo al reconocer mi progreso sin preocuparme por los logros de los demás.

7. Adquiere el compromiso con una competición saludable
Escribe una declaración personal en la que te comprometas a practicar una competición saludable y equilibrada en tu vida. Anota cómo planeas valorar tus esfuerzos y reconocer tu progreso sin depender de la comparación con otros.

Ejemplo. Me comprometo a practicar una competición saludable y centrarme en mi propio crecimiento en lugar de compararme con los demás. Valoraré mis logros personales y me recordaré a mí mismo que cada paso cuenta en mi camino de mejora continua.

8. Aplica los nuevos enfoques
A medida que enfrentes situaciones competitivas en tu vida diaria, recuerda tus reflexiones y compromisos. Aplica gradualmente estos nuevos enfoques y observa cómo afectan a tu perspectiva y bienestar.

Ejemplo. En mi próxima reunión de equipo, en lugar de preocuparme por lo que otros estén logrando, compartiré mis propias metas y logros. Me enfocaré en aprender de los demás en lugar de compararme con ellos.

9. Evalúa el nuevo enfoque

Después de un tiempo, vuelve a leer tus anotaciones y evalúa cómo ha cambiado tu enfoque hacia la competitividad y cómo se ha reflejado en tu autoestima y bienestar. Ajusta tus estrategias, si es necesario, y continúa practicando una competición saludable.

EL DILEMA DE LA PERSONALIDAD COMPETITIVA: GANAR O PERDER

Basar nuestra autoestima y felicidad en la comparación con los demás conduce a dos resultados posibles: ganar o perder. Si ganamos, experimentamos un momentáneo bienestar, seguido por la ansiedad de mantener ese éxito. La posibilidad de fracasar nos causa estrés y agotamiento. Si perdemos, la frustración, la sensación de fracaso y la autoimagen negativa se apoderan de nosotros. Esta mentalidad polarizada puede generar estrés constante y limitar nuestra visión de logro y progreso personal.

Pensemos por un instante que eres un amante de la fotografía y disfrutas haciendo fotos en tu tiempo libre. Un día, mientras navegas por las redes sociales, encuentras el perfil de un fotógrafo con mucho talento que parece haber viajado por todo el mundo y ha capturado paisajes hermosos. Sus fotos tienen miles de «me gusta» y comentarios que elogian su trabajo, y él cuenta con un gran número de seguidores.

Empiezas a comparar tu propio trabajo con el suyo. Comienzas a pensar: «Mis fotos nunca salen tan impresionantes como las suyas. Además, nunca he tenido la oportunidad de viajar a esos lugares hermosos». Sientes que, cuando te comparas con este fotógrafo, tus fotos no son lo suficientemente buenas.

Para tratar de igualar su éxito, decides hacer un viaje con el fin de visitar algunos de los lugares exóticos que él ha fotografiado. Te esfuerzas por hacer fotos igual de buenas y las compartes en tus redes sociales con la esperanza de obtener el mismo nivel de atención y elogios.

Sin embargo, ya durante tu viaje te diste cuenta de que estabas más preocupado por obtener la «foto perfecta» que por disfrutar del momento y apreciar la belleza de los lugares que visitas. Estabas estresado y presionado por la necesidad de tener éxito en esta competición que te has impuesto a ti mismo.

Al final del viaje, aunque hiciste algunas de tus mejores fotos, estás agotado y sientes que no has disfrutado plenamente de la experiencia. Además, cuando compartes tus fotos en las redes sociales, aunque obtienes algunos elogios, no llegas a alcanzar la misma popularidad que el fotógrafo que tanto admirabas. Te sientes como si hubieras «perdido» esa competición.

EJERCICIO: EL DILEMA DEL AJEDREZ

Adapta este ejercicio a tus propias experiencias y contexto. El objetivo es explorar cómo una mentalidad competitiva puede influir en tus emociones y aprender a tomar medidas para manejarla de manera más saludable.

Imagina que participas en un torneo de ajedrez en tu colegio. En una ronda clave, te enfrentas a tu amigo Santiago, conocido por su talento. A medida que se acerca la partida, sientes una mezcla de emoción y nerviosismo.

1. Reflexión preliminar

Reflexiona sobre tus emociones y pensamientos antes del juego con Santiago.

- ¿Te sientes presionado a ganar para demostrar tu valía?
- ¿Cómo crees que esta mentalidad podría afectar a tu experiencia en el juego y a tu autoestima?

Ejemplo. Antes del juego con Santiago, te das cuenta de que estás pensando en la posibilidad de perder, lo que podría afectar a tu imagen ante los demás. Te preguntas si realmente disfrutas del ajedrez o si solo te concentras en ganar para impresionar a los demás.

2. Afronta el dilema

Tómate un momento para reflexionar sobre las siguientes cuestiones:

- ¿Cómo abordarás el juego con Santiago?
- ¿Te enfocarás solo en ganar o adoptarás una perspectiva más amplia?

Ejemplo. Te das cuenta de que estás atrapado en el dilema de ganar o perder. Te preguntas si hay una manera de abordar el juego de manera diferente, una que no se centre únicamente en el resultado final.

3. Genera posibles soluciones

Enumera tres posibles acciones que podrías tomar en esta situación.

Ejemplos:

- *Enfocarte en jugar lo mejor posible, independientemente del resultado.*
- *Disfrutar del juego como una oportunidad de aprendizaje y crecimiento.*
- *Hablar con tu entrenador o profesor acerca de los sentimientos y preocupaciones que te genera la partida.*

4. Considera las consecuencias

Imagina en tu mente las posibles consecuencias de esas acciones.

- ¿Cómo podrían influir en tu autoestima y disfrute del juego?
- ¿Cómo afectarían a tus emociones después del juego si ganas? ¿Y si pierdes?

Ejemplo. Piensas en cómo cada acción podría influir en tu autoestima y bienestar. Te das cuenta de que centrarte solo en ganar podría aumentar la presión y el estrés, mientras que enfocarte en el proceso y en aprender te permitiría disfrutar más del juego sin importar el resultado.

5. Haz una elección saludable

Elige la opción que consideres más saludable para tu bienestar y autoestima en este contexto.

- ¿Cómo puedes mantener una mentalidad equilibrada y centrada en el proceso, en lugar de solo en el resultado?

Ejemplo. Decides que tu mejor opción es enfocarte en el proceso y en aprender. Quieres disfrutar del juego y extraer todo lo positivo que puedas de la experiencia, independientemente de si ganas o pierdes contra Santiago.

6. Aplica la opción escogida durante el juego

Aplica la acción que hayas elegido durante la partida de ajedrez con Santiago. Después del juego, reflexiona sobre cómo te has sentido al haber tomado esa decisión.

- ¿Cómo ha influido en tu experiencia y percepción del juego?

Ejemplo. Durante la partida con Santiago, te encuentras disfrutando del proceso y aprendiendo de cada movimiento, sin estar obsesionado con ganar. Al finalizar te das cuenta de que te sientes realmente satisfecho con tu actuación y que has disfrutado del juego bastante más que en situaciones anteriores.

7. ¿Qué has aprendido?

Identifica las lecciones que has aprendido sobre cómo manejar la mentalidad competitiva en el ajedrez.

- ¿Cómo puedes aplicar estas lecciones en futuros desafíos competitivos y en tu actitud hacia el juego?

Ejemplo. Te has dado cuenta de que cambiar tu enfoque de la competición pura a la mejora personal y el aprendizaje tiene un impacto positivo en tu autoestima y bienestar en situaciones competitivas.

8. Comprométete con una mentalidad equilibrada

Establece un compromiso personal para cultivar una mentalidad equilibrada en tus futuras partidas de ajedrez.

- ¿Cómo puedes enfocarte en el proceso, el aprendizaje y el disfrute, en lugar de solo en ganar o perder?

Ejemplo. Te comprometes a mantener esta mentalidad equilibrada en las próximas partidas y en otras áreas de tu vida. Reconoces que disfrutar del proceso y aprender es más importante que simplemente ganar o perder.

LAS REDES SOCIALES

Las redes sociales nos permiten hablar con alguien al otro lado del mundo con un simple clic. Es como magia, ¿verdad? Pero a veces son un agotador huracán de información continua y de opiniones que nunca termina.

En las redes sociales compartimos nuestras vidas: fotos, historias, opiniones a veces, hasta lo que estamos comiendo. Es decir, pasamos largos períodos de tiempo conectados a ellas. Las empresas han tomado nota de esto y usan el poder de este nuevo espacio para influir en lo que pensamos y cómo vemos el mundo. ¿Recuerdas el poder de los anuncios en la televisión? Ahora, las redes sociales son la vía principal por la que nos llega la publicidad de las empresas y los *influencers* se han convertido en las estrellas de las redes sociales y, de alguna manera, en los «nuevos famosos».

Por otro lado, las redes sociales se han convertido en una herramienta clave para entablar nuevas relaciones, mantener contactos a distancia y acceder a una variedad de información. No obstante, su uso no siempre es beneficioso y, a veces, caemos en prácticas que dañan nuestra autoestima, como la **frustración**, la **procrastinación** y la búsqueda de una **versión idealizada** o de la **validación externa**. ¿Cómo usas tú las redes sociales?

AUTOEVALUACIÓN: LAS REDES SOCIALES Y SU IMPACTO EN TU VIDA

Responde a las siguientes preguntas con sinceridad y selecciona la respuesta que mejor se ajuste a tu situación.

1. ¿Con qué frecuencia consultas tus redes sociales durante el día?

a. Constantemente, varias veces por hora.
b. Al menos una vez por hora.
c. Varias veces al día.
d. Ocasionalmente.
e. Casi nunca o nunca.

2. ¿Cómo te sientes cuando ves publicaciones de amigos o conocidos en redes sociales?

a. Me siento inspirado y motivado.

b. A veces me siento bien, otras veces me siento inferior.

c. Suelo compararme con ellos y me siento inadecuado.

d. Me genera ansiedad y tristeza.

e. No me afecta mucho, no presto mucha atención.

3. ¿Cuánto tiempo sueles pasar en las redes sociales al día?

a. Más de cuatro horas.

b. De dos a cuatro horas.

c. Alrededor de una hora.

d. Menos de una hora.

e. Casi no las uso o no paso tiempo en ellas.

4. ¿Has sentido que tu autoestima se ve afectada después de usar las redes sociales?

a. Sí, con frecuencia.

b. En ocasiones.

c. Raramente.

d. No, casi nunca.

e. No lo he notado.

5. ¿Cómo reaccionas si no recibes muchos «me gusta» o interacciones en tus publicaciones?

a. Me siento decepcionado y menospreciado.

b. Me preocupa un poco, pero no le doy demasiada importancia.

c. No me afecta mucho, entiendo que no siempre todos interactúan.

d. No me importa, no busco validación en las redes.

e. No publico o no presto atención a las interacciones.

6. ¿Has experimentado sensaciones de exclusión o envidia al ver las publicaciones de otros en redes sociales?

a. Sí, muy a menudo.

b. A veces.

c. Ocasionalmente.

d. Raramente.

e. No, nunca.

7. ¿Has pospuesto tareas importantes debido al tiempo que pasas en las redes sociales?

a. Sí, constantemente.

b. En algunas ocasiones.

c. Rara vez.
d. Casi nunca.
e. No, nunca.

8. ¿Crees que tu bienestar emocional está influenciado por tu actividad en las redes sociales?
a. Sí, en gran medida.
b. En cierta medida.
c. Un poco.
d. Muy poco.
e. No, para nada.

Resultados:
- **Mayoría de respuestas «a».** Tu uso de las redes sociales parece estar afectando negativamente a tu autoestima. Considera tomar medidas para reducir el tiempo y la influencia que tienen en tu vida.
- **Mayoría de respuestas «b» y «c».** Eres consciente de los posibles efectos negativos de las redes sociales en tu bienestar emocional y estás tratando de equilibrar su uso.
- **Mayoría de respuestas «d» y «e».** Pareces tener un enfoque saludable hacia las redes sociales y su impacto en tu vida emocional. Sigue manteniendo ese equilibrio y autoconciencia.

LA FRUSTRACIÓN

Un aspecto que se ha de tener en cuenta es que las redes sociales ofrecen recompensas instantáneas, lo que puede llevar a una menor tolerancia a la frustración, especialmente en los más jóvenes. Esta falta de paciencia puede causar molestias cuando esperamos respuestas o nos encontramos con obstáculos en la vida real.

¿Cuántas veces has estado esperando una respuesta a un mensaje que enviaste a un amigo, a tu pareja o a algún familiar por alguna red social? Después de unos minutos, te das cuenta de que no ha respondido y comienzas a sentirte ansioso e impaciente. Te sientes frustrado por no obtener una respuesta inmediata y esa frustración se intensifica a medida que pasan los minutos. Esta falta de paciencia puede llevar a un estado de incomodidad cuando te encuentras con situaciones similares en la vida cotidiana, en la que las respuestas y los resultados no son instantáneos.

EJERCICIO: DESARROLLA TU TOLERANCIA A LA FRUSTRACIÓN CON LAS REDES SOCIALES

Con este ejercicio tendrás la oportunidad de ser consciente de cómo las recompensas instantáneas en las redes sociales pueden influir en tu paciencia en otras áreas de la vida. Con la práctica de estrategias para desarrollar tolerancia a la frustración, puedes mejorar tu autoestima, tu bienestar emocional y tu capacidad para lidiar con las expectativas insatisfechas de resultados inmediatos.

1. Reflexión personal

Tómate un momento para recordar una situación en la que hayas experimentado frustración al esperar una respuesta en las redes sociales tras haber enviado un mensaje a un amigo, a un familiar e incluso a un grupo. Piensa en cómo te sentiste mientras esperabas y cómo reaccionaste ante la falta de respuesta inmediata. Anota tus pensamientos y emociones en esa situación.

Ejemplo. Recuerdo una vez que envié un mensaje a mi amigo por WhatsApp. Estábamos planeando una reunión y quería su confirmación. Después de unos minutos sin respuesta, comencé a sentirme inquieto y ansioso. Mis pensamientos eran: «¿Por qué no responde?, ¿Estará enfadado conmigo?». Mi estado de ánimo cambió rápidamente a la preocupación.

2. Identifica emociones

Escribe las emociones que sentiste durante la espera y la frustración en esa situación.

- ¿Te sentiste ansioso, impaciente, enojado o irritado?

Anota estas emociones y trata de profundizar en cómo afectaron a tu estado de ánimo y comportamiento.

Ejemplo. Sentí ansiedad y preocupación durante la espera. Mi impaciencia se convirtió en inquietud y empecé a revisar mi teléfono constantemente en busca de su respuesta.

3. Analiza las consecuencias

Ahora, piensa en cómo esa falta de paciencia en las redes sociales podría haber afectado a tu capacidad para lidiar con situaciones similares en la vida real.

- ¿Has notado que tiendes a sentirte más frustrado o ansioso cuando las cosas no suceden de inmediato fuera de las redes sociales?

Anota cualquier conexión que puedas encontrar entre estas experiencias.

Ejemplo. Me di cuenta de que esta falta de paciencia en las redes sociales a menudo me hacía sentir ansioso en la vida real. Noté que en situaciones cotidianas en las que las cosas no suceden de inmediato, como esperar a ser atendido en una tienda, también sentía ansiedad y me impacientaba.

4. Utiliza estrategias para desarrollar la tolerancia a la frustración

Genera ideas sobre cómo podrías mejorar tu tolerancia a la frustración en estas situaciones. Estas son algunas sugerencias:

- **Practica la espera.** Proponte esperar un poco más de lo que normalmente lo harías antes de obtener una respuesta en las redes sociales. Esto te ayudará a acostumbrarte a la idea de que las respuestas no siempre son inmediatas.

    Ejemplo. Decido esperar al menos 30 minutos antes de revisar si mi amigo ha respondido. Así me voy acostumbrando a la idea de que las respuestas no siempre son instantáneas.

- **Distrae tu mente.** Si te encuentras esperando una respuesta y sientes ansiedad, intenta distraerte con otra actividad, como leer un libro, escuchar música o hacer ejercicio. De este modo puedes reducir la sensación de impaciencia.

    Ejemplo. En lugar de revisar mi teléfono, decido leer un capítulo de un libro que estoy disfrutando. Esto me ayuda a distraerme de la ansiedad y a enfocarme en algo positivo.

- **Establece expectativas realistas.** Reconoce que no todos están disponibles en todo momento para responder. A veces, la gente tiene otras ocupaciones. Establecer expectativas realistas te ayudará a manejar mejor la espera.

    Ejemplo. Recordé que mi amigo tenía un trabajo y otras responsabilidades. Me dije a mí mismo que no siempre se tiene la posibilidad de responder de inmediato.

- **Practica la comunicación personal sin internet.** Intenta tener conversaciones significativas fuera de las redes sociales. Esto te recordará que las conversaciones reales llevan tiempo y pueden ser más valiosas.

    Ejemplo. Decidí llamar a mi amigo para hablar sobre nuestros planes en lugar de depender de los mensajes en línea. Esto me recordó que las conversaciones en persona son más significativas.

5. Implementa las estrategias

Elige al menos una de las estrategias mencionadas y ponla en práctica la próxima vez que te encuentres esperando una respuesta en las redes sociales. Observa cómo te sientes y cómo reaccionas en comparación con situaciones anteriores. Lleva un registro de tus observaciones para evaluar cómo está funcionando la estrategia que elegiste.

Ejemplo. La próxima vez que espere una respuesta en las redes sociales, pondré en práctica la estrategia de esperar 30 minutos antes de revisar mi teléfono.

6. Reflexión final

Después de probar una de estas estrategias, reflexiona sobre cómo te sentiste durante la espera y si notaste algún cambio en tu nivel de paciencia y tolerancia a la frustración.

- ¿La estrategia te ayudó a manejar mejor la espera?
- ¿Has notado alguna mejora en tu reacción a situaciones similares en la vida real?

Ejemplo. Descubrí que esperar 30 minutos me hizo sentir menos ansioso y con más control. También noté que esta estrategia me ayudó a ser más paciente en otras situaciones de la vida cotidiana en las que las cosas no sucedían de inmediato. En general, me sentí más tranquilo y con mayor control de mis emociones.

LA PROCRASTINACIÓN

¿Dejas para el último momento estudiar para un examen y en su lugar te pones a hacer otra cosa más «importante»? ¿Eres de los que deja los platos sucios en el fregadero en lugar de lavarlos inmediatamente después de comer? ¿Has pospuesto una cita médica importante porque estás ocupado o no tienes ganas de ir? ¿Alguna vez has querido empezar una dieta, pero te has dicho: «Será mejor que empiece el lunes»? Si has respondido positivamente a alguna de estas preguntas, sin duda has sido víctima de la procrastinación.

Todos hemos procrastinado en alguna ocasión. Sin embargo, para algunas personas, esto puede convertirse en su *modus operandi* habitual, adoptando este hábito de una manera insana.

La procrastinación es el acto de posponer tareas importantes en favor de actividades más placenteras, pero menos productivas, que se ve intensificada por la presencia constante de las redes sociales en nuestras vidas. Estas plataformas ofrecen una variedad de estímulos y distracciones que pueden capturar nuestra atención y desviarla de las responsabilidades que debemos abordar. Cuando caemos en la procrastinación debido a las redes sociales, experimentamos una sensación inmediata de gratificación mientras evitamos llevar a cabo lo que deberíamos hacer. Sin embargo, este alivio momentáneo se traduce en una mayor carga de estrés y culpa a medida que se acerca la fecha límite y no hemos logrado cumplir con nuestras tareas.

La satisfacción inmediata que proporcionan las redes sociales puede fomentar comportamientos perjudiciales, como revisar constantemente el teléfono o perder el tiempo en aplicaciones. Si esta práctica se prolonga en el tiempo, puede causar intensos sentimientos de fracaso y baja autoestima.

AUTOCONOCIMIENTO: ABORDA LA PROCRASTINACIÓN Y EL USO DE REDES SOCIALES

Este ejercicio te ayudará a reflexionar sobre cómo la procrastinación y las redes sociales pueden influir en tus hábitos y cómo podrías afrontar los problemas que te causan de manera más efectiva.

Lee el siguiente supuesto y responde a las preguntas que lo acompañan. Al responderlas, estarás creando conciencia y desarrollando estrategias para evitar caer en patrones de procrastinación y mejorar tu productividad.

Tienes un importante examen dentro de una semana. Sabes que necesitas estudiar a fondo para obtener una buena calificación, pero durante los últimos días has estado postergando el estudio. En lugar de sumergirte en los libros, has estado revisando tus redes sociales, viendo vídeos en línea y realizando tareas domésticas que antes no te parecían tan urgentes.

1. **¿Has experimentado alguna vez situaciones similares en las que has pospuesto tareas importantes por otras actividades menos productivas?**
   Ejemplo. Sí, recuerdo que en el semestre pasado también postergué estudiar para un examen importante porque me parecía más divertido ver vídeos por internet.

2. **¿Cómo te sientes cuando estás procrastinando en lugar de abordar las tareas importantes?**
   Ejemplo. Me siento culpable y frustrado porque sé que debería estar estudiando, pero me cuesta dejar de revisar las redes sociales.

3. **¿Crees que las redes sociales son responsables de tu procrastinación? Si es así, ¿cómo crees que te influyen?**
   Ejemplo. Definitivamente las redes sociales son una distracción para mí. Cuando las abro para un breve descanso, termino perdiendo mucho tiempo en ellas y olvidando mis tareas.

4. **¿Has notado si la satisfacción inmediata que obtienes al procrastinar en las redes sociales afecta a tu nivel de estrés y autoestima a largo plazo?**

Ejemplo. Sí, he notado que mientras procrastino me siento aliviado, pero luego mi estrés aumenta cuando la fecha del examen se acerca y no he estudiado lo suficiente.

5. ¿Qué estrategias podrías implementar para evitar la procrastinación y mejorar tu enfoque en las tareas importantes, especialmente en un contexto en el que las redes sociales son una constante tentación?
Ejemplo. Podría establecer horarios específicos para estudiar y limitar el tiempo en redes sociales. También podría usar aplicaciones que bloqueen temporalmente el acceso a mis cuentas mientras estudio.

6. Si estás en medio de una tarea importante y sientes la tentación de revisar tus redes sociales, ¿qué podrías hacer para resistir esa tentación y mantener tu enfoque?
Ejemplo. Podría mantener el teléfono en otra habitación mientras estudio y establecer recompensas para cuando haya completado una cierta cantidad de tiempo de estudio.

7. ¿Has identificado algún patrón o desencadenante específico que te lleva a procrastinar con mayor frecuencia?
Ejemplo. Sí, noto que tiendo a procrastinar más cuando me siento abrumado por la cantidad de material de estudio o cuando me siento cansado.

8. ¿Cómo podrías recompensarte después de completar una tarea importante en lugar de recurrir a las redes sociales como recompensa inmediata?
Ejemplo. Después de estudiar durante una hora, podría darme un pequeño descanso para revisar redes sociales, pero solo durante un tiempo limitado.

9. En una escala del 1 al 10, ¿cómo estás de comprometido en superar la procrastinación relacionada con las redes sociales? ¿Qué pasos estás dispuesto a dar para lograrlo?
Ejemplo. Estoy comprometido en un 8. Estoy dispuesto a establecer un horario de estudio más estructurado, usar aplicaciones de bloqueo y buscar apoyo de amigos para mantenerme enfocado.

LA VERSIÓN IDEALIZADA

En la era digital actual, las redes sociales se han convertido en una ventana a las vidas de los demás que muestra historias perfectas. Sin embargo, detrás de las imágenes perfectamente editadas y las actualizaciones llenas de logros subyace una narrativa compleja que a menudo se aleja de la realidad. La versión idealizada que se presenta en las redes sociales puede tener un profundo impacto en cómo nos vemos a nosotros mismos y en cómo percibimos nuestras propias vidas.

Si quieres comprobarlo, solo tienes que coger tu móvil y navegar por una red social. Estará repleta de imágenes con cuerpos tonificados, comidas *gourmet*, destinos exóticos y alegres celebraciones. Las personas comparten los momentos más brillantes y exitosos de sus vidas, **creando una fachada** que oculta las luchas, los fracasos y las realidades cotidianas. Sin embargo, esta fachada no representa la totalidad de la experiencia humana. Al comparar tu día a día con estas imágenes, es fácil sentir que tu vida es peor que la de los demás y carece de brillo.

Al ver a otros logrando hitos y disfrutando de momentos aparentemente perfectos, tu autoestima puede sufrir un golpe. Comenzarás a medir tu propio valor en función de cuánto se parece tu vida a la de los demás, lo que te puede provocar sentimientos de insuficiencia, envidia y autoevaluación negativa.

Es fundamental recordar que lo que se muestra en las redes sociales es una pequeña porción de la vida de alguien. Las imágenes no capturan los desafíos, las inseguridades y los momentos difíciles que tienen todas las personas. Detrás de cada foto perfecta, puede haber una historia de esfuerzo, sacrificio y superación. Al olvidar este hecho, corremos el riesgo de compararnos con una ilusión en lugar de apreciar nuestras propias luchas y logros genuinos.

Para contrarrestar el impacto negativo de la versión idealizada de las redes sociales, hay que cultivar una autoestima resiliente, lo que implica reconocer que todos experimentamos altibajos en la vida y que la comparación no refleja la realidad completa. Apreciar nuestros propios logros, cultivar una mentalidad de gratitud y desarrollar una imagen de nosotros mismos basada en nuestras cualidades y valores intrínsecos son pasos esenciales para construir una autoestima sólida.

EJERCICIO: DESMITIFICA LA VIDA IDEAL DE LAS REDES

La vida idealizada que muestran las redes sociales puede tener un impacto significativo en nuestra autoestima y bienestar emocional. Sin embargo, mediante la práctica consciente y el cultivo de una imagen saludable de nosotros mismos, podemos contrarrestar estos efectos y disfrutar de una relación más equilibrada con las plataformas en línea. Para ello, sigue los siguientes pasos:

1. Reflexión inicial

Tómate un momento para reflexionar sobre cómo te encuentras después de navegar por tus redes sociales.

- ¿Sientes que tu vida no está a la altura de lo que ves en las publicaciones de otras personas?
- ¿Has sentido envidia, insuficiencia o tristeza después de compararte con lo que ves en la red?

Ejemplo. Después de un rato en Instagram, me he dado cuenta de que me sentía un poco inseguro sobre mi vida en comparación con las publicaciones de viajes y logros de mis amigos.

2. Identifica la ilusión

Elige tres cuentas en las redes sociales que muestren una vida idealizada. Pueden ser cuentas de celebridades, amigos o *influencers*. Examina cuidadosamente sus publicaciones y pregúntate:

- ¿Qué aspectos de sus vidas están presentando?
- ¿Qué podría estar oculto detrás de esas imágenes y actualizaciones?

Ejemplo. He elegido la cuenta de un influencer de viajes. He visto muchas fotos increíbles de destinos exóticos y momentos emocionantes, pero me he dado cuenta de que solo estaba mostrando los aspectos positivos de sus viajes y no las dificultades a las que se podría haber enfrentado.

3. La realidad detrás de las imágenes

Investiga un poco más sobre estas cuentas. Busca entrevistas o contenido donde estas personas compartan sus desafíos y momentos difíciles. Descubre las historias detrás de esas imágenes perfectas. Te ayudará a comprender que todos nos encontramos con dificultades, incluso aquellos que parecen tenerlo todo.

Ejemplo. He encontrado una entrevista en la que el influencer de viajes hablaba sobre problemas de logística que se le habían presentado durante sus viajes, pero que prefería no comentarlos en sus redes.

4. Haz una comparación consciente

La próxima vez que navegues por tus redes sociales, sé consciente de tus pensamientos y emociones. Si te sorprendes comparándote con las imágenes ideales, recuerda que estás viendo solo una parte de la historia. Si sientes que tu autoestima se ve afectada, detente y practica la empatía contigo mismo. Recuerda tus propios logros y aspectos positivos de tu vida.

Ejemplo. Mientras veía las fotos de viajes de mis amigos, recordé que también había tenido experiencias emocionantes y logros en mi propia vida que no comparto en redes.

5. Crea tu propia narrativa

Identifica tus propios éxitos, pasiones y momentos de felicidad en la vida real. Haz una lista de tus cualidades y valores personales que no se reflejan en las redes sociales. Comienza a crear tu propia narrativa basada en tu autenticidad y no en la comparación con los demás.

Ejemplo. He elaborado una lista de mis logros académicos y personales, así como de las cosas con las que disfruto en mi tiempo libre, y me he dado cuenta de que hay mucho que valorar en mi propia vida.

6. Fomenta la gratitud

Al final de cada día, anota tres cosas por las que estás agradecido en tu vida real. Esto te ayudará a enfocarte en tus propias bendiciones en lugar de compararte con lo que los demás suben a las redes.

Ejemplo. He anotado que estaba agradecido por mi familia, mis amigos y las oportunidades que tengo para aprender y crecer.

7. Practica la autoaceptación y compasión

Recuerda que todos tenemos inseguridades y momentos difíciles, independientemente de lo que muestren las redes sociales. Practica la autoaceptación y la autocompasión. Trátate a ti mismo con la misma bondad que tratarías a un amigo cercano.

Ejemplo. Me he recordado a mí mismo que nadie es perfecto y que todos nos encontramos con desafíos en la vida.

8. Desconecta temporalmente

Desconéctate durante un día de las redes sociales. Utilízalo para enfocarte en tus intereses y relaciones en la vida real. Observa cómo te sientes después de todas esas horas dedicadas a ti.

Ejemplo. He pasado un día disfrutando de actividades al aire libre, sin mirar el teléfono, y me he sentido mucho más relajado y en paz.

9. Haz una reevaluación periódica

Cada cierto tiempo, reevalúa qué te hacen sentir las redes sociales y su impacto en tu autoestima. Si notas que ciertas cuentas o plataformas te afectan negativamente, considera dejar de seguir esas cuentas o limitar tu tiempo en esas plataformas.

Ejemplo. Cada mes reviso cómo me siento después de usar las redes sociales y ajusto mis hábitos en internet si es necesario para mantener una mentalidad positiva.

LA VALIDACIÓN EXTERNA

En el mundo de las redes sociales, la validación externa se ha vuelto una moneda de cambio emocional. Las plataformas sociales ofrecen un espacio donde compartimos nuestras vidas, aspiraciones y logros en busca de aprobación y reconocimiento de los demás. Esta validación, en forma de «me gusta», comentarios y seguidores, puede tener gran impacto en nuestra autoestima.

Supongamos que compartes una foto de tus últimas vacaciones en una playa de esas de agua cristalina, como de película, en tu perfil de Instagram. Después de publicarla, observas constantemente cuántos «me gusta» recibes y cuántos comentarios elogiando tu elección de destino y tu apariencia. Cada interacción positiva te hace sentir validado y aceptado. Sin embargo, si recibes menos atención de la esperada, podrías sentirte decepcionado o incluso cuestionar la calidad de tus experiencias.

Esta búsqueda de validación externa te puede llevar a medir tu valor personal en función de la cantidad de aprobación que obtienes en las redes sociales. El número de «me gusta» y comentarios puede influir en cómo te sientes contigo mismo. Si tus publicaciones obtienen una gran cantidad de interacciones, puedes experimentar una sensación momentánea de satisfacción y autoestima. Pero si tus publicaciones pasan desapercibidas, podrías sentirte ignorado o menospreciado.

La validación externa en las redes puede generar un ciclo de dependencia emocional que nos lleve a buscar constantemente la aprobación de los demás para sentirnos bien con nosotros mismos. Esta búsqueda puede conducir a una falta de autenticidad, ya que te anima a crear una imagen atractiva de ti en lugar de compartir tus verdaderas experiencias y emociones.

EJERCICIO: TRABAJA LA VALIDACIÓN INTERNA Y REDEFINE LA VALIDACIÓN EXTERNA

Este ejercicio está diseñado para ayudarte a reflexionar sobre tu necesidad de validación externa y fomentar una mayor autovalidación y autoestima. Responde honestamente y tómate el tiempo para reflexionar sobre cada pregunta.

1. Reflexión y autoevaluación

Piensa en una reciente publicación que hayas compartido en las redes.

- ¿Qué te motivó a compartir esa publicación? ¿Buscabas algún tipo de validación o aprobación?

    Ejemplo. Recientemente he compartido una foto de un pastel que horneé. Quería mostrar mis habilidades en la cocina y recibir elogios.

- ¿Cómo te sientes cuando recibes muchos «me gusta» y comentarios positivos en tus publicaciones? ¿Y cuando apenas obtienes reacciones o las que te llegan son poco entusiastas?

Ejemplo. Me siento realmente bien cuando veo que mi publicación ha recibido muchos «me gusta» y comentarios elogiosos. Sin embargo, si no recibo elogios y aplausos entusiastas, me siento un poco desanimado y empiezo a cuestionar si lo que compartí era realmente interesante.

Imagina que las redes sociales no existieran y que nadie pudiera ver tus fotografías y comentarios.

• ¿Qué sentirías sobre ti y tus logros?

Ejemplo. En ese caso, me sentiría orgulloso de mis éxitos. Me centraría en cómo me siento personalmente sobre lo que he logrado sin depender de la validación de los demás.

2. Identifica validaciones internas

Enumera al menos tres logros personales o cualidades que te hacen sentir orgulloso. No tienen por qué ser necesariamente cuestiones relacionadas con las redes sociales.

Ejemplos:

• *Terminé un proyecto de arte que me llevó semanas.*
• *Fui capaz de correr 10 kilómetros sin detenerme.*
• *Aprendí a tocar una canción en la guitarra.*

Describe cómo te sientes cuando logras algo que te habías propuesto, incluso si nadie más lo sabe. ¿Sientes satisfacción y alegría interna?

Ejemplo. Sí, siento una gran satisfacción y alegría interna cuando consigo algo que me he propuesto. Es una sensación de logro personal que no depende de la validación externa.

3. Crea una narrativa de autovalidación

Basándote en tus éxitos y cualidades personales, crea una afirmación o declaración que te recuerde tu valía y autoestima.

Ejemplo. Mi valía proviene de mis esfuerzos y logros, que me proporcionan satisfacción personal. No necesito la validación en redes sociales para sentirme orgulloso de mí mismo.

Imagina que estás a punto de compartir algo en redes sociales. Antes de hacerlo, lee en voz alta la afirmación de autovalidación que creaste.

- ¿Cómo te sientes al hacerlo?
- ¿Cómo influye esta afirmación en tu motivación para compartir?

Ejemplo. Al leer en voz alta mi afirmación, siento una sensación de fortaleza y confianza en mí mismo. Esto me hace darme cuenta de que lo que comparto en redes sociales es una expresión de mí mismo y no solo un intento de buscar validación externa.

4. Practica la autovalidación
Durante los próximos días, cada vez que sientas la necesidad de buscar validación externa en redes sociales, detente un momento y repite tu afirmación de autovalidación. Reflexiona sobre tus propios logros y cualidades.

Ejemplo. Mientras estoy a punto de compartir una foto de mi jardín en redes sociales, recuerdo mi afirmación y me siento más motivado a compartirlo por mi propia satisfacción y no solo por los «me gusta».

Anota en un diario cómo te sientes tras practicar la autovalidación.

- ¿Notas algún cambio en cómo percibes la validación externa?
- ¿Te sientes más seguro y satisfecho contigo mismo?

Ejemplo. Después de practicar la autovalidación, noto que no estoy tan preocupado por la cantidad de interacciones en mis publicaciones. Me siento más seguro de mis logros y disfruto compartiendo sin depender tanto de la validación de los demás.

5. Reflexión final
Después de completar el ejercicio, reflexiona sobre tus sensaciones.

- ¿Has notado algún cambio en cómo buscas la validación externa?
- ¿Te sientes más conectado contigo mismo y menos dependiente de las interacciones en las redes?

Ejemplo. Sí, definitivamente he notado un cambio. Ahora valoro más mi propia satisfacción y me siento menos preocupado por la validación en redes sociales. Me noto más conectado con mis logros personales y mi autoestima se ha fortalecido.

CONCLUSIÓN

Un diamante no empieza siendo una piedra preciosa pulida y brillante. Una vez no fue nada especial, pero con suficiente presión y tiempo, se convirtió en algo espectacular. Yo soy ese diamante.

SOLANGE NICOLE

La autoestima no es una noción abstracta, sino un cimiento sólido en tu construcción vital. Hemos explorado tus sueños y deseos, desglosando las capas del autoconocimiento y enfrentado los «demonios» de los pensamientos negativos. En este periplo, has atestiguado que cada componente se entrelaza para formar una imagen más completa y auténtica de ti mismo.

El conocimiento de uno mismo es un viaje continuo, sin final definitivo, un constante proceso de crecimiento, autoaceptación y autodescubrimiento. A lo largo de estas páginas, has aprendido que el amor propio es el punto de partida fundamental. Al aceptarnos y amarnos incondicionalmente, creamos un terreno fértil para que florezcas en tus fortalezas y abraces las debilidades sin temor.

En la misma medida, el papel de tu actitud, pensamientos y relaciones no puede ser subestimado. Has aprendido a educar tu ego y a manejar los pensamientos negativos, sabiendo que eres el arquitecto de «cómo te percibes» por dentro y, en última instancia, de tu realidad externa. Del mismo modo has podido ver que tus interacciones con los demás son reflejos directos de tu autoestima y que, al rodearte de positividad y apoyo, nutres tu confianza y valía. Quererte a ti mismo es un tesoro invaluable que te guía en la búsqueda de una vida plena y significativa. Al reconocer su relación intrínseca con el autoconocimiento, el pensamiento positivo y la aceptación, has podido trazar un camino que te da poder para escribir tu propia historia. Habrás descubierto que, independientemente de tu pasado o circunstancias, la autoestima es una fuerza transformadora que reside en cada uno de nosotros, esperando ser despertada y nutrida.

Ahora estás «equipado» con un entendimiento más profundo de quién eres y cómo tu autoestima moldea cada aspecto de tu vida. Que este conocimiento te inspire para avanzar con determinación, a abrazar la autenticidad y a forjar un camino de aceptación sólida y duradera. En cada paso que des, recuerda que la autoestima es tu compañera constante, un faro interno que te guía hacia una vida en la que podrás realizar tus sueños.

EPÍLOGO

Cada nuevo día es una oportunidad para crecer, aprender y ser una versión mejor de ti mismo.

ANÓNIMO

Valentina empieza su día con el sol que brilla suavemente a través de la ventana. Siente que cada día es una oportunidad para mejorar. Se toma un momento para pensar en cómo quiere que sea su vida. Sabe que los sueños y deseos son como el motor que la hace avanzar y la anima a lograr lo que quiere.

Mientras desayuna, Valentina reflexiona sobre su propósito en la vida. Sabe que nunca es tarde para encontrar la felicidad y el éxito, sin importar lo que haya pasado antes. En su trabajo, Valentina recuerda lo importante que es valorarse. Entiende que la forma en que se ve a sí misma es diferente de cómo la ven otros. No se compara con los demás, porque sabe que todos somos únicos y especiales a nuestra manera. Aprende a construir una imagen positiva de sí misma y a pensar en lo que puede hacer, en lugar de detenerse en lo que no puede.

Valentina también se da cuenta de que es normal tener días difíciles. A veces, las cosas no salen como planeamos. Pero ha aprendido a manejar esas situaciones con una actitud positiva. Sabe que puede controlar su reacción ante lo que sucede. Una parte importante del crecimiento de Valentina es entender cómo procesa la información y cómo se comporta. Aprende a establecer metas realistas y a cuidarse a sí misma. Reconoce sus fortalezas y debilidades, y sabe que está bien no ser perfecta.

Asimismo, es consciente de cómo se relaciona con los demás. Se rodea de personas que la hacen sentir bien y evita a aquellas que la manipulan o critican. Aprende que no tiene que agradar a todos, y que su valía no depende de lo que otros piensen. Al final del día, Valentina piensa en todo lo que ha aprendido. Sabe que el camino hacia el crecimiento personal dura toda la vida. Aprende a quererse a sí misma y a manejar los pensamientos negativos. Se da cuenta de que ella tiene el control sobre cómo se siente y cómo piensa.

Todos podemos ser como ella y crecer cada día. Cuando aprendemos a valorarnos, a ser positivos y a rodearnos de personas que nos apoyen, podemos enfrentar los desafíos y ser más felices. El crecimiento personal es como un camino que nos lleva a ser la mejor versión de nosotros mismos, y nunca es tarde para empezar.

BIBLIOGRAFÍA

- Cañete, C. (2019). *El poder de confiar en ti.* Planeta. Barcelona.
- Easton Ellis, B. (2000). *American Psycho.* Debolsillo. Madrid.
- Emmons, R. A. & McCullough, M. E. (2003). «Counting blessings versus burdens: An experimental investigation of gratitude and subjective well-being in daily life». *Journal of Personality and Social Psychology.*
- García, T. (2022). *Quiérete mucho.* Vergara. España.
- García, M. (2014). «La manipulación en la construcción de la realidad internacional». *Razón y Palabra, 17.*
- Jiménez, J. S. G., & Varel, M. D. R. F. (2017). «*Gaslighting.* La invisible violencia psicológica». *Uaricha,* 14(32), 53-60.
- Kiyosaki, R.T. (2020). *Padre rico, padre pobre.* Debolsillo. Barcelona.
- Meldrum, L. (2021). *Gaslighting: The Silencing Weapon.*
- Portnow, K. E. (1996). *Dialogues of doubt: The psychology of self-doubt and emotional gaslighting in adult women and men.* Harvard University. ProQuest Dissertations Publishing.
- Reklau, M. (2020). *Quiérete ¡Y mucho!: 30 días para aumentar tu autoestima.* Maklau Publishing Ltd.
- Roiz, M. (1966). *Técnicas modernas de persuasión.* Pirámide. Madrid.
- Rojas, M. (2018). *Cómo hacer que te pasen cosas buenas.* Espasa Libros. Madrid.
- Rozin, P. & Royzman, E. B. (2001). «Negativity bias, negativity dominance, and contagion». *Personality and Social Psychology Review, 5*(4), 296-320.
- Sevdalis, N. & Harvey, N. (2007). «Biased forecasting of postdecisional affect». *Psychological Science;* 18: 678-681.
- Tormoen, M. (2019). «Gaslighting: How pathological labels can harm psychotherapy clients». *Journal of Humanistic Psychology.*
- Van Dijk, T. (2006). «Discurso y manipulación: discusión teórica y algunas aplicaciones». *Revista Signos,* 39(60): 49-74.
- Wellenzohn, S., Proyer, R. T., & Ruch, W. (2016). «Humor-based online positive psychology interventions: A randomized placebo-controlled long-term trial». *The Journal of Positive Psychology,* 11(6), 584-594.